■ 董金鑫　著

法学理念 · 实践 · 创新丛书

第三国强制规范在法院地国的适用研究

中国人民大学出版社
· 北京 ·

图书在版编目（CIP）数据

第三国强制规范在法院地国的适用研究/董金鑫著．—北京：中国人民大学出版社，2016.4
（法学理念·实践·创新丛书）
ISBN 978-7-300-22676-7

Ⅰ．①第… Ⅱ．①董… Ⅲ．①合同法—研究 Ⅳ．①D912．290．4

中国版本图书馆 CIP 数据核字（2016）第 053363 号

法学理念·实践·创新丛书
第三国强制规范在法院地国的适用研究
董金鑫 著
Disanguo Qiangzhi Guifan zai Fayuandiguo de Shiyong Yanjiu

出版发行	中国人民大学出版社		
社　　址	北京中关村大街 31 号	**邮政编码**	100080
电　　话	010－62511242（总编室）		010－62511770（质管部）
	010－82501766（邮购部）		010－62514148（门市部）
	010－62515195（发行公司）		010－62515275（盗版举报）
网　　址	http://www.crup.com.cn		
	http://www.ttrnet.com(人大教研网)		
经　　销	新华书店		
印　　刷	北京易丰印捷科技股份有限公司		
规　　格	170 mm×228 mm　16 开本	**版　　次**	2016 年 4 月第 1 版
印　　张	14 插页 1	**印　　次**	2016 年 4 月第 1 次印刷
字　　数	237 000	**定　　价**	39.80 元

2015 年中国法学会部级法学研究课题［CLS（2015）D151］
2015 年度青岛市社会科学规划研究项目（QDSKL150419）
中央高校基本科研业务费专项资金后期资助项目（15CX05025B）

序

董金鑫系我指导的国际私法方向的博士研究生，在攻博期间，公开发表了多篇学术论文，承担数项科研项目，并获得研究生国家奖学金等奖励，取得了较优异的成绩。就毕业论文的选题，结合个人的研究兴趣以及填补我国国际私法研究空白的需要，其以合同领域的第三国强制规范的适用为题，克服了时间紧迫、资料匮乏等种种困难，并取得外审评阅专家的一致好评，顺利通过了论文答辩，被学校推荐参加省级优秀博士论文的评选。毕业后他来到中国石油大学，在日常教学工作之余，又在此基础上不断完善，结合欧盟领域的晚近司法实践增加新的内容。本拟纳入武汉大学国际私法博士文库，因所在学校的资助，现准备在中国人民大学出版社出版。身为他的指导老师，欣然为之作序。

作为国际私法上的单边选法方法，国际强制规范无须冲突规范的指引，而根据自身维护公益所需的意图直接适用。就该问题，近年来学界发表了许多论文，本人在《中国社会科学》等刊物上也有著述，应该说对于国际强制规范的直接适用已有了不少共识。虽然第三国强制规范的适用得到包括《罗马公约》第7条第1款、《罗马条例I》第9条第3款等众多立法的肯定，但在我国却一直没有很好地进行研究，反映在2010年《中华人民共和国法律适用法》上，其第4条仅规定了我国强制性规定的直接适用。虽然这不妨碍中国法院在实体法框架下考虑外国此类规范的效力，但此种对适用法层面上的国际交往利益的漠视，亟待改变。

作为我国第一本论述第三国强制规范在法院地国适用的专著，该书的出版能够起到抛砖引玉的作用，为构建中国国际私法多元的选法体系尽绵薄之力。除系统分析第三国强制规范的基本内容以及发展历程外，该书还为第三国强制规范在法院地国的适用提供了多种选择，即不仅就第三国强制规范适用制度的设计提供可行的方案，而且考虑通过实体法和冲突法方式等变通方式加以适用，从中分析各自的优劣以及适合支配的情形。在论述第三国强制规范适用制度时，作者创造性地提出该制度不仅能打通第三国法进入合同准据法体系的道路，还能解决干预性规范作用于合同效力带来的问题，实现冲突法和实体法的有机结合。这对于明确民法和国际私法在公私法理论上的关系，亦有帮助。

在开题时，我也曾疑虑如此小的选题能否顺利完成一本博士论文。令人欣慰的是，作者能够潜心于国际私法基础理论的研究，搜集、消化包括德文、法文在内的大量外文文献，并结合民法理论知识展开研究，完成了一篇高质量的博士论文。这说明只要经过坚持不懈的努力，国际私法的许多基本问题仍有深挖、扩展的空间，这构成未来中国国际私法学努力的方向之一。

当然，文中也有不完善、不充分之处，有待作者进一步探索。未来应朝着更加部门化、实证化的方向迈进，以期能够解决该领域中更为具体的问题。相信在不久的将来，第三国强制规范在我国的适用能够获得立法的认可，以完善我国的国际私法体系。

是为序。

武汉大学法学院　肖永平

目 录

第三国强制规范在法院地国的适用研究

引　言

一、选题的背景和意义

（一）选题背景

目前，跨国商事交易以前所未有的速度增长，它在为各国带来机遇的同时，也产生大量的涉外纠纷。根据国际私法，涉外合同由以当事人选法为主要特征的自体法支配。此种选法自由已逐渐不加以对象及联系限制，呈现出绝对化的趋势。然而，由于市场失灵等缘故①，各国纷纷加大对私人商事交易的监管，不仅表现为反垄断、进出口管制等管制立法，还导致排斥意思自治的消费者保护、劳

① 外交安全战略的考虑构成美国频繁采取禁运等域外经济制裁的重要原因。此种制裁并不仅存在于直接限制商事交易，没收或冻结财产、停止或剥夺一国及国民权利资格以及拒绝承认和执行行政司法措施与判决等制裁方式多与合同有关。See Linos-Alexandre Sicilianos, *Les Sanctions Économiques en Droit International*, Brill Academic Publishers, 2004, p. 718.

动者保护等政策性法规的大量出现。[①] 从国际私法的角度，基于自身性质和目的确定适用范围的公益性立法，即所谓国际强制规范，不宜由当事人选择适用，构成自体法理论的例外。

此类国际强制规范如何适用值得关注。当其属于准据法所属国时，只要不违背法院地国公共秩序，即可视为准据法予以适用；当其属于法院地国时，如法院认为有适用之必要，同样可以确立其适用资格。[②] 既不属于法院地国又不属于准据法所属国的第三国强制规范的适用，被认为是国际私法领域最具争议的话题。[③] 一方面，如果法院地国一概不予承认，不仅影响个案的公正处理，还有违国际礼让要求[④]，不利于国家间的合作，甚至会出现因挑选法院地而造成跨国判决不一致的局面；另一方面，如果不加限制地认可，则会严重冲击合同机制，损害法院地国的利益，破坏国际交往的基础。

除相互尊重主权等少数要求之外，传统国际法不存在系统分配国家立法管辖权的明确规定。属人、属地甚至效果原则只是对各国立法范围的大致描述，在没有当事国约定时，正当与否并无明确的标准。[⑤] 同时，当代国际法已经从主权国家间的共存阶段发展到追求共同目标的合作阶段，在贸易、环境和人权等领域出现广泛适用的国际条约。[⑥] 此种格局有助于统一各国的监管立法，减少公法层面的法律冲突，降低国际经贸的交易成本，但对各国相互承认管制措施的域外私法效力没有直接的帮助。如此一来，单纯依靠国际法无法解决第三国强制规范在法院地国的适用问题；与此同时，国际法不反对一国为追求普遍利益而适用第三国强制规范。国家间关系的密切越发要求尊重彼此的重要政策，由此国际强制规范

---

① See Henry Mather, "Choice of Law for International Sales Issues not Resolved by the CISG", *J. L. & Com.*, Vol. 20, (2001) 203.

② 甚至有学者认为规定法院地强制规范是多余的，因为任何法院都必须遵从本国的立法意图适用那些规范涉外合同的法律。See A. L. Diamond, "Harmonization of Private International Law Relating to Contractual Obligations", *Recueil des Cours*, Vol. 199, (1986) 291-292.

③ See Frank Vischer, "General Course on Private International Law", *Recueil des Cours*, Vol. 232, (1992) 166.

④ See James J. Fawcett, "Evasion of Law and Mandatory Rules in Private International Law", *Cambridge Law Journal*, Vol. 49, No. 1, (1990) 53-55.

⑤ 如常设国际法院对管辖权的效果原则作出不违反国际法的判断。France v. Turkey, PCIJ Rep Series A, No 10. 另外，对于域外经济制裁是否违反《联合国宪章》以及国际强行法也莫衷一是。不过，对国家管辖权加以合理限制的主张于第三国强制规范适用制度的设计有启发意义。

⑥ See Joost Pauwelyn, *Conflict of Norms in Public International Law*, Cambridge University Press, 2003, p. 17.

不仅是准据法适用的例外机制，还构成地球村时代增强国际合作的方式。[①] 于是乎，适用第三国强制规范的互惠有助于国际协议的缔结，甚至会逐渐形成适用法层面的习惯国际法规则。

从实体法的角度，伴随着公法的大量增加以及私法公法化的趋势，如何处理公法性规定对合同效力的影响一直是合同法理论上的重大问题，学者们也热衷于从比较法角度探讨。以往为凸显国家利益的绝对至上，实践中大量本可履行的合同被认定无效，从而引发信任危机。从目前来看，合同并非违反任何强制规范都发生无效的后果，特别是《最高人民法院关于适用〈中华人民共和国合同法〉若干问题的解释（二）》[以下简称《〈合同法〉解释（二）》] 第 14 条将《合同法》第 52 条第 5 项中的强制性规定限于效力性强制规定。[②] 第三国强制规范适用理论的出现，使得该问题不再局限于一国民法或比较法的层面，而是导致发生多国、多领域的法律冲突，突出表现为如何处理使合同效力产生瑕疵的第三国法与维护交易关系的准据法和法院地国法之间的矛盾[③]；另外，从合同履行的角度，因第三国强制规范发生的履行障碍可以作为合同准据法下的事实予以考虑，这在国际民商事诉讼及仲裁的实践中层出不穷。

从冲突法的角度，1929 年审理塞尔维亚债务案[④]的常设国际法院认为，可能发生如下情形，法院认定适用于本案债务的法律在特定的国家根据该国国内法不起作用。也就是说，此类实施公共政策的法律的适用无可避免，即使合同的订立获得外国法的支持。作为当代合同领域国际私法代表的 1980 年《罗马公约》和 2008 年《罗马条例 I》不仅在欧盟层面统一了第三国强制规范适用制度，还对欧盟外国家和地区的立法产生重要的影响。从规则演进的角度，取代《罗马公约》的《罗马条例 I》对第三国强制规范有了新规定。它的出台基于何种考虑、如何解释以及对中国国际强制规范在欧盟的适用产生何种影响，值得探究。在第三国强制规范适用制度得以确立并不断发展的同时，运用实体法、冲突法方法等替代方式适用或考虑第三国强制规范的做法一直存在。此种替代方式有哪些情形、是

---

① Michal Wojewoda, "Mandatory Rules in Private International Law", *Maa. J. Eur. & Comp. L.*, Vol. 7, No. 2 (2000), 211.

② 此前主要从法律位阶限制导致合同无效的强制性规定的范围，如《最高人民法院关于适用〈中华人民共和国合同法〉若干问题的解释（一）》[以下简称《〈合同法〉解释（一）》] 第 4 条。

③ 更具体的问题是，如《合同法》第 52 条第 5 项之类的转介条款基于准据法的地位而适用，还是本身就系可直接适用的第三国强制规范的组成，抑或如何运用遵从法院地国法的做法。

④ P. C. I. J., 12. 6. 1929.

否可行、如何处理与第三国强制规范适用制度的关系，也需要在考察欧美国际私法理论和实践的基础上作进一步分析。

我国《涉外民事关系法律适用法》（以下简称《法律适用法》）第4条确立了我国国际强制规范的直接适用，其范围由《最高人民法院关于适用〈中华人民共和国涉外民事关系法律适用法〉若干问题的解释（一）》[以下简称《〈法律适用法〉解释（一）》] 第10条加以规定，形成全面的法院地强制规范适用制度。这将改变司法实践中利用公共秩序保留或法律规避制度适用中国国际强制规范的做法。[①] 虽然立法未就第三国强制规范的适用作出规定，但为涉外民事关系的法律选择在冲突规范之外开辟了新路，有助于第三国强制规范适用制度在中国的建立。

（二）选题价值

就理论价值而言，首先，国际强制规范由自身意图决定适用与否，此种单边选法方法与美国利益分析学说存在暗合。[②] 然与法院地强制规范不同，一方面，第三国强制规范的适用需要考虑更多因素，理论上存在更大的争议，有研究的必要；另一方面，这仍属一国法院如何对待外国法的范畴。它从单边主义出发，却弥补法院地强制规范直接适用的缺陷，实现双边选法的功能，无疑突破了传统选法理论。[③] 其次，从实体法的角度，第三国强制规范的适用不仅构成第三国公法性规范发生私法效果这一合同法上的重要命题，还表现为如何看待因第三国强制规范的适用造成的履行障碍。总之，此类争议的澄清，能够丰富当代国际私法的基本理论，也为比较合同法学的开展提供契机。

就现实价值而言，首先，中国是否要效仿欧盟等的立法实践在国际私法体系下正式建立第三国强制规范适用制度值得关注。考察其他国家通过第三国强制规范适用制度适用本国的国际强制规范，将有助于合理限定中国国际强制规范的适用范围。其次，于国际私法的审判实践，对于已经确立该制度的国家，如何正确理解、解释这一抽象规则仍是摆在法官和当事人面前的实际难题；对于其他国

① See Yongping Xiao & Weidi Long, "Contractual Party Autonomy in Chinese Private International Law", *Yb. Priv. Int. L.*, Vol. 11 (2009); Jieying Liang, "Statutory Restrictions on Party Autonomy in China's Private International Law of Contract", *J. Priv. Int'l L.*, Vol. 8, No. 1 (2012), 89-92.

② See Peter E. Nygh, "The Reasonable Expectations of the Parties as a Guide to the Choice of Law in Contract and in Tort", *Recueil des Cours*, Vol. 251 (1995), 378.

③ See Jürgen Basedow, "The Law of Open Societies: Private Ordering and Public Regulation of International Relations", *Recueil des Cours*, Vol. 360 (2012), 330.

家，能否运用实体法和冲突法方法实现第三国强制规范适用制度的合理替代，也值得思考。总之，第三国强制规范在法院地国的适用研究，有助于实现国家间的司法礼让，促进国际判决的一致，保护中国国民在对外交往中的利益，进而服务于对外开放的大局，便利跨国商事交易的顺利开展。

二、国内外研究综述

（一）国外研究状况

国外的研究成果比较丰富，其中德语文献最多。自 Schulte 出版《国际合同法中的干预规范的联系》以来[①]，已有数本专著就外国或第三国强制规范在法院地国的适用进行研究。目前的重点不在于是否适用，而在于如何适用。[②] 具体而言，关于第三国强制规范在法院地国的适用争议如下：

1. 支持和反对适用第三国强制规范的理由

就支持的观点，Guedj（1991）认为，虽然承认适用第三国强制规范会偏离萨维尼建立的冲突规范范式，但现代国家间政治、社会、经济的相互依赖要求最低限度的合作，进而使得法官在某些情况下适用第三国强制规范。区分适用的约束规则和合作的需要并不矛盾，可以通过赋予法官自由裁量权加以调和[③]；就反对的观点，Mann（1978）认为，包括第三国强制规范的外国公法应通过准据法予以考虑。如《罗马公约》第 7 条第 1 款会造成法律适用结果的不确定。[④] 此外，Ebrahimi（2005）认为该款存在以下备受批评的原因：（1）难以发现和判定外国强制规范；（2）与法院地强制规范发生利益冲突；（3）制度的模糊和不确定性；（4）过大的自由裁量导致结果不一致；（5）对当事人不公正；（6）法官任务的

---

① Dieter Schulte, Die Anknüpfung von Eingriffsnormen, insbesondere wirtschaftsrechtlicher Art, im internationalen Vertragsrecht, Ernst und Werner Gieseking, 1975.

② See Kerstin Ann-Susann Schäfer, "Application of Mandatory Rules in the Private International Law of Contracts", Peter Lang, 2010, p. 162. 我国学者也同意这种看法。参见徐冬根：《论法律直接适用理论及其对当代国际私法的影响》，载《中国国际法年刊》，78 页，1994。

③ Thomas G. Guedj, "The Theory of the Lois de Police, a Function Trend in Continental Private International Law", *Am. J. Comp. L.*, Vol. 39, No. 4, (1991) 671.

④ "F. A. Mann, Contracts: Effect of Mandatory Rules", in Kurt Lipstein, eds., Harmonization of Private International Law by the EEC, University of London, 1978, pp. 30-35.

繁重。[①]

Dickinson（2007）对《罗马条例 I》制定过程中支持和反对两方面的理由进行了总结。支持的理由有：（1）第三国强制规范能推动政府利益；（2）有助于礼让；（3）诚实选法，不必运用间接适用第三国法的机制；（4）能实现公正的结果；（5）避免挑选法院现象的发生；（6）有助于判决的承认和执行。反对的理由包括：（1）第三国强制规范构成合同债务的回溯调整，即类似于浮动性的准据法条款；（2）引入政府利益分析存在弊端；（3）构成对意思自治的不当限制；（4）造成法律选择结果的不确定。[②]

2. 第三国强制规范在法院地国的适用情形

关于适用方式，Chong（2006）认为一国可通过直接或间接方式赋予第三国强制规范以效力，分别对应特别联系和合同准据法理论。[③] 关于适用类别，Kuckein（2008）将第三国强制规范的适用分为事实适用和规范适用。前者注重外国干预法对合同所能产生的事实结果，后者则将之同化为《德国民法典》第 138 条下的公序良俗而发生规范效力。[④] Zimmer（1993）观察了德国法院对待外国经济法的实践，认为其可以根据《德国民法典》第 138 条作为规范予以考虑，也可以通过《德国民法典》第 242、281 条仅关注其事实后果。根据审判实践，对外国强制规范的冲突法考虑和实体法考虑的区别被高估了。[⑤]

3. 第三国强制规范在国际商事仲裁的适用

自 Mayer（1986）[⑥] 最早论述国际强制规范在国际仲裁的适用以来，从仲裁出发的文献较多，《美国国际仲裁评论》曾作专题研究。[⑦] 国际商事仲裁不存在

---

① Seyed Nasrollah Ebrahimi，"Mandatory Rules and Other Party Autonomy Limitations"，Athena Press London，2005，pp. 336-342.

② See Andrew Dickinson，"Third-Country Mandatory Rules in the Law Applicable to Contractual Obligations：So Long，Farewell，Auf Wiedersehen，Adieu?"，*J. Priv. Int'l L.*，Vol. 3，No. 1（2007），88.

③ See Adeline Chong，The Public Policy and Mandatory Rules of Third Countries in International Contract，*J. Priv. Int'l L.*，Vol. 2，No. 1（2006），40-47.

④ Mathias Kuckein，Die 'Berücksichtigung' von Eingriffsnormen im deutschen und englischen internationalen Vertragsrecht，Mohr Siebeck，2008，SS. 72-98.

⑤ See Daniel Zimmer，"Ausländisches Wirtschaftsrecht vor deutschen Zivilgerichten"，*IPRax*，Jah. 13，H. 1（1993），65-69.

⑥ See Pierre Mayer，"Mandatory Rules of Law in International Arbitration"，*Arb. Int'l*，Vol. 2，No. 4（1986），275.

⑦ *Am. Rev. Int'l Arb.*，Vol. 18，No. 1～2（2007）．该卷后来编纂出版，see George A. Bermann & Loukas Mistelis，eds.，*Mandatory Rules in International Arbitration*，JurisNet，LLC，2011。

法院地国，故多认为一切准据法外的国际强制规范都应视为“外国”强制规范①；也有将准据法之外的国际强制规范一律称为“第三国”强制规范②；还有学者将仲裁地的强制规范予以排除，专门研究准据法和仲裁地所属国法之外的第三国强制规范。③

4. 第三国强制规范与欧盟法的关系

一方面，《罗马公约》和《罗马条例 I》对第三国强制规范适用进行制度安排。特别在《罗马条例 I》颁布后，许多学者对其第 9 条第 3 款进行介评。Harris（2009）将该款分解为可以给予效力、合同义务、履行地、只要、不合法、应考虑、性质和目的以及适用或不适用的后果，分别予以解释。④ Hellner（2009）则从规范的范围、给予效力的方式、连结因素以及任意适用性等方面对比《罗马条例 I》第 9 条第 3 款与《罗马公约》第 7 条第 1 款的内容，探究条例带来的变化。⑤

另一方面，如何理解国际私法和欧盟法的关系，即欧盟成员国根据包括基础条约在内的欧盟法是否有义务适用作为第三国法的其他成员国的强制规范。Fetsch（2002）系统探讨了货物、服务、人员以及资本流动四个基本自由对成员国适用本国强制规范的限制以及对适用作为来源地国的其他成员国的强制规范的影响。⑥ Peruzzetto（2004）则认为欧盟成员国在国际私法中适用的外国强制规范应区分为其他成员国的国际强制规范和欧盟之外的国际强制规范。⑦

---

① Daniel Hochstrasser, “Choice of Law and ‘Foreign’ Mandatory Rules in International Arbitration”, *J. Int'l Arb.*, Vol. 11, No. 1 (1994).

② See Mag. Alfred Siwy, *The Impact of Mandatory Rules in International Commercial Arbitration*, Wien, (2011).

③ See Laurence Shore, “Applying Mandatory Rules of Law in International Commercial Arbitration”, *Am. Rev. Int'l Arb.*, Vol. 18, No. 1～2 (2007), 91-93.

④ See Janathan Harris, “Mandatory Rules and Policy under the Rome I Regulation”, in Franco Ferrari, *Rome I Regulation*, Sellier, 2009, p. 291.

⑤ See Michael Hellner, “Third Country Overriding Mandatory Rules in the Rome I Regulation: Old Wine in New Bottles?”, *J. Priv. Int'l L.*, Vol. 5, No. 3 (2009), 455-468.

⑥ Johannes Fetsch, Eingriffsnormen und EG-Vertrag. Die Pflicht zur Anwendung der Eingriffsnormen anderer EG-Staaten, Mohr Siebeck, 2002.

⑦ See Johan Meeusen, et al., eds., *Enforcement of International Contracts in the European Union*, Intersentia nv., 2004, p. 348.

（二）国内研究状况

1. 中国内地（大陆）

内地（大陆）专门针对第三国强制规范适用的文献不多[①]，多在论述国际强制规范时附带介绍，缺乏系统性。关于能否适用，徐冬根教授（2005 年）归纳为否定说和肯定说，后者又包括有限适用说、平等适用说、比拟说以及最密切联系说[②]；就适用途径，肖永平教授、龙威狄博士（2012 年）认为，此类规范可以通过冲突法和实体法途径来实现，前者包括第三国强制规范适用的专门规定、规避外国法律以及公共政策，后者则关乎合同法律关系的效力或履行。[③]

至于适用所要考虑的因素，徐崇利教授（1993 年）认为考虑因素有二：一是立法所属国在空间上与合同联系的紧密程度，二是立法强制适用效力的大小。[④] 肖永平教授（2008 年）认为，不仅要探讨第三国强制规范体现的政策及该国是否有重大利益，还要考察与案件或当事人的联系。[⑤] 王立武教授（2012 年）认为，应综合考虑第三国、法院地国乃至准据法所属国政策的实现、利益的维护和国际秩序的促进、当事人的正当利益、个案的公正和实质正义等因素，并在相互比较、衡量的基础上作出权衡。[⑥] 另外，外国公法在国际私法的地位这一适用第三国强制规范的前提，近年来也引起学界的关注，为第三国强制规范在中国的适用扫清理论障碍。[⑦]

2. 中国台湾和香港地区

台湾地区对国际强制规范适用的研究起步稍晚，但也有一批高质量的成果。单从方法论的提炼上，台湾地区的研究达到前所未有的高度。[⑧] 只是 2010 年修订

---

① 据笔者所知，只有如下 3 篇公开发表的论文，卜璐：《第三国强制性规范在国际私法中的适用》，载《苏州大学学报》，2013（6）；肖永平、董金鑫：《第三国强制规范在中国产生效力的实体法路径》，载《现代法学》，2013（5）；谷馨：《第三国家的强制性规则简论》，载《深圳职业技术学院学报》，2010（4）。

② 参见徐冬根：《国际私法趋势论》，414～418 页，北京，北京大学出版社，2005。

③ 参见肖永平、龙威狄：《论中国国际私法中的强制性规范》，载《中国社会科学》，2012（10）。

④ 参见徐崇利：《试论涉外经济合同管制立法的适用问题》，载《比较法研究》，1993（4）。

⑤ 参见肖永平：《法理学视野下的冲突法》，332 页，北京，高等教育出版社，2008。

⑥ 参见王立武：《国际私法强制性规则适用制度的发展趋势》，载《政法论丛》，2012（1）。

⑦ 虽然在探讨这一问题时，往往伴随着纯公法诉讼中的法律冲突以及公法作为准据法在涉外私人诉讼中适用等第三国强制性规范适用外的其他问题。参见许军珂：《论公私法的划分对冲突法的影响》，载《现代法学》，2007（3）。

⑧ 此类规范经历从实体法到法则，再到方法的发展过程，构成与冲突法方法相并列的法律适用方法。参见吴光平：《重新检视即刻适用法》，载《玄奘法律学报》，2004（2）。

的“涉外民事法律适用法”未予以规定，第三国强制规范的适用在近期不是热点。[①] 虽然香港法院经常遭遇当事人基于既非其选择的法律又非法院地法的第三国强制规范提出抗辩的情形，但理论上没有多少研究。[②] 该问题在Johnson（2005年）撰写的目前唯一的香港冲突法专著——《香港冲突法》[③] 中被简短提及，其中一并列举了部分香港法院的判决。[④] 另外，Wolff（2010年）在撰文探讨香港冲突法的前景时，曾附带对香港法院处理外国合同不法问题所援用的传统英国普通法规则进行介绍。[⑤]

总之，无论中国内地（大陆）还是港台，对第三国强制规范在法院地国的适用问题尚缺乏足够的重视。这既构成本研究的基础，也是选题得以确立的重要因素。

三、研究范围和思路

（一）研究范围

首先，根据实际争议的状况以及个人的研究偏好，本书以合同领域的第三国强制规范在法院地国的适用为研究对象。这不表示在民事主体、侵权、物权等财产权乃至婚姻家庭继承等领域不存在适用的空间，但无法与合同相提并论。如果第三国强制规范的适用在合同之外频繁出现，则说明冲突规范有修正的必要。目前随着弹性连结点及分割适用法律的广泛运用，上述领域援引国际强制规范适用制度的可能性不大。而只要允许当事人合意选择法律且国家继续行使经济管制职能，则公益和私益的冲突必然使得第三国强制规范成为涉外合同法律适用面临的难题。

其次，为明确论述的中心，第三国强制规范的适用集中于涉外民事诉讼的法律适用阶段。尽管本书使用仲裁裁决予以证明，也希望能对国际商事仲裁处理

---

① “公平交易法”不受准据法支配，可借助“涉外民事法律适用法”第7条法律规避的规定适用。参见陈荣传：《公平交易法对涉外授权契约的直接适用》，载《月旦法学教室》，2013（9）。

② See Philip Smart，Andrew Halkyard，*Trade and Investment Law in Hong Kong*，Butterworths Asia，1993，pp. 463-464.

③ Graeme Johnson，*The Conflict of Laws in Hong Kong*，Sweets & Maxwell Asia，2005，p. 146（在不具有准据法资格时，非香港强制法只有构成履行地不法，才能导致法院拒绝执行该合同）。

④ Dow MBF Ltd. v. Detrick Ltd.，［1987］2 HKLY137；广东汇立投资有限公司 v. Wong Man Pan，［2003］HKEC 1454；Mobil Oil Hong Kong Ltd. v. Or Wing Ching，［2005］HKEC 367。

⑤ See Lutz-Christian Wolff，“Hong Kong's Conflict of Contract Laws：Quo Vadis?”，*J. Priv. Int'l L.*，Vol. 6，No. 2.（2010），476.

"外国"或"第三国"强制规范的适用有所帮助[①]，但对可仲裁性[②]、仲裁员援用法律的权限、裁决承认和执行，不作过多关注。[③] 另外，对于第三国强制规范对诉讼管辖权的确立及判决承认和执行的影响也不予以深究。

再次，本书着力于第三国强制规范在法院地国适用的特殊问题。但出于结构的安排和论述的完整，对国际强制规范的基本问题也有所涉及。关于法院地强制规范与第三国强制规范适用的异同，本书也将结合具体事例予以探讨。

最后，第三国强制规范在法院地国的适用不包括统一国际实体公约的适用要求。诸如《国际货币基金协定》第 8 条第 2 款 b 项对成员国彼此尊重外汇管制的域外效力的规定不在讨论之列。第三国强制规范基于此类要求在法院地国的适用不是国际礼让的结果。一国缔结或参加的条约规范优于一切冲突法的考虑。在满足此类规范要求的情况下，包括公共秩序保留在内的一切冲突法排除外国法适用的借口都不得运用。虽然此种实践对于推动法院地国适用第三国强制规范起到一定影响，但因为方法论的差异，宜另行探讨。

（二）研究思路

本书分为三大部分：一是第三国强制规范适用的基础内容，包括适用的基本内涵和历史发展过程；二是第三国强制规范适用的主体部分，包括作为一般适用方式的第三国强制规范适用制度和作为替代适用方式的实体法和冲突法方法；三是第三国强制规范适用的前沿问题，包括作为第三国强制规范的中国法的域外适用以及第三国强制规范在中国适用的可行途径。具体如下：

四、研究方法

（一）历史分析方法

本书专章探讨第三国强制规范适用的历史发展。尤其在欧盟层面确立第三国

---

① 仲裁确立适用法的方法与诉讼差异较大，不必遵循特定国家的冲突法。无论《罗马公约》《罗马条例 I》还是其他国际私法，只能成为仲裁员确立适用法的参考。包括《国际商事合同通则》在内的非国内法对国际强制规范的适用也表示必要关切。See Oliver Remien, "Public Law and Public Policy in International Commercial Contracts and the UNIDROIT Principles of International Commercial Contracts 2010: A Brief Outline", *Uniform Law Review*, Vol. 18, No. 2, p. 262.

② 该问题在仲裁中极为重要。美国法院审理的三菱案最早承认在国际强制规范支配的领域可以进行国际仲裁。Mitsubishi Motors Corp. v. Soler Chrysler-Plymouth, Inc., 473 U. S. 614 (1985).

③ 因国际强制规范而在国际商事仲裁领域引发的潜在司法冲突，应特别关注。See Luca G. Radicati Brozolo, "Arbitrage Commercial International et Lois de Police", *Recueil des Cours*, Vol. 315 (2005).

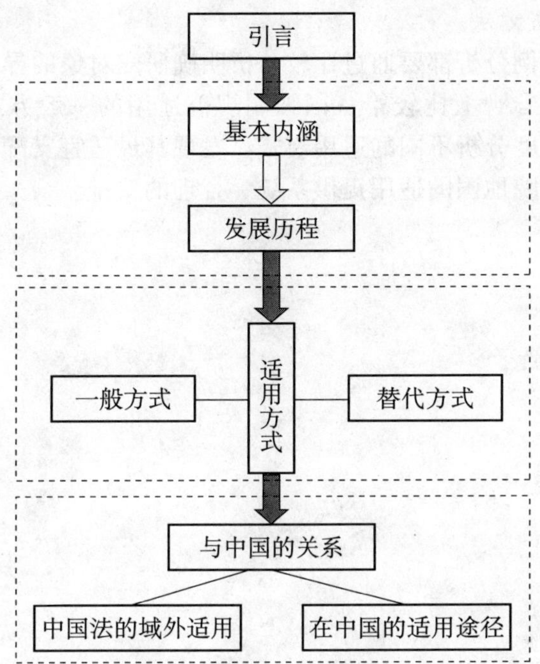

强制规范适用制度的立法进程中，明晰各方就是否适用以及如何适用的争议和主张，并得出此一阶段立法和司法的经验、教训，为系统解决第三国强制规范在法院地国的适用问题提供借鉴与参考。

（二）规范分析方法

规范分析对第三国强制规范适用制度的建立必不可少。本书主要针对《罗马公约》和《罗马条例Ⅰ》的正式文本以及立法提议和草案，同时结合其他的国际条约和国内立法进行分析，为中国的第三国强制规范适用制度的设计提供立法参考。此外，第三国强制规范适用制度的替代问题也离不开对各国实体法及冲突法规范的分析。

（三）案例分析方法

首先，无论是通过一般方式还是替代方式适用第三国强制规范，都最终在案件中予以体现，如此才能发现第三国强制规范在法院地国的适用途径和实施效果，从而明晰第三国强制规范适用中存在的障碍以及所需的条件；其次，在正式的适用制度建立之前，荷兰等国家的司法实践曾经在特定情况下考虑第三国强制规范的直接适用；最后，作为第三国强制规范的中国法在域外的适用也要通过案例予以展现。

（四）比较分析方法

规范分析和案例分析都要通过比较分析明确研究对象的异同以及解决方法的优劣。本书不仅在宏观上比较第三国强制规范适用的一般方式和替代方式的差异，还从微观的角度分析不同的适用模式，发现其最适宜支配的案件情形，为第三国强制规范在法院地国的适用提供系统、合理的安排。

第一章 第三国强制规范在法院地国适用的基本内涵

第三国强制规范（third country mandatory rules，*drittstaatlicher eingriffsnormen*）是指既不属于本应适用的法律体系所属国又不属于法院地国，而为维护重大公益有必要直接适用于国际民商事案件的强制规范。① 法院地国之所以特别对待此类规范，不仅因为其反映了所属国重大公益而需要自主决定国际适用范围，更是为了维护本国的国际交往利益，实现案件的公正审理。本章从概念界定和理论学说两方面探讨第三国强制规范适用的基本内涵，以增加对该问题的认识。

第一节 第三国强制规范在法院地国适用的界定

为探讨第三国强制规范在法院地国的适用，本节采用要素分解的方式，分别

① 本应适用的法律体系，是指冲突规范指引的支配合同主要事项的准据法所在的法律体系。为运用第三国强制规范，在法律选择过程中通过冲突法机制排除本应适用法律体系的准据法资格，进而指向第三国强制规范所属的法律体系。为行文方便，准据法所属国也指代本应适用的法律体系所属国。

明确国际强制规范、第三国以及适用的内涵，以便产生直观的认识。其中，国际强制规范构成论述的重心。除介绍国外情况外，还结合《〈法律适用法〉解释（一）》第10条进行阐述。

一、国际强制规范的界定

第三国强制规范界定的前提是明确何为国际私法中的国际强制规范（internationally mandatory rules）。① 雇凶杀人合同的执行会导致第三人生命的剥夺，认定合同无效的规定显然构成国际强制规范，无论准据法为何。② 但此极端情形并不常见。需要详尽分析。

（一）国际强制规范的表述

国际强制规范在不同的国家有不同的表述。学理上，英语常用表述有超越型制定法（overriding statutes）、强制规范（peremptory norms）、自我限定的规则（self-limited rules），法语表述为公序法（*lois de police*）、直接适用的法（*règles d'application immédiate*），德语表述为干预规范（*eingriffsnormen*）③，荷兰语表述为优先规范（*voorrangsregels*）④，意大利语表述为必须适用的规范（*norme di applicazione necessaria*）⑤等。中文文献以往多采用直接适用的法，近期国际强制规范的表述广受欢迎。

立法上，《罗马公约》英文文本使用强制规范（mandatory rules），无法区别于当事人不能协议减损的强制规范。《罗马条例I》使用超越型强制条款（overriding mandatory provisions），体现此种规范不顾准据法适用的特别意图。《法律

① 对应德语 *international zwingenden Normen*，葡萄牙语 *normas internacionalmente imperativas*，是指有国际意义（无须冲突规范指引）的国内强制规范，其“国际”（internationally）修饰“强制”，对应经冲突规范指引的强制规范（internally mandatory rules，*intern zwingende Normen*），不同于国际法上的国际强制规范（international mandatory rules）。

② See Patrick J. Borchers，“Categorical Exceptions to Party Autonomy in Private International Law”，*Tul. L. Rev.*，Vol. 82，No. 5（2007—2008），1652.

③ Kurt Siehr，Ausländische Eingriffsnormen im inländischen Wirtschaftskollisionsrecht，RabelsZ，Bd. 52，H. 1-2，（1988），41. 对应法语是 *normes d'intervention*。

④ Boele-Woelki，et al.，“Dutch Private International Law at the End of the 20th Century：Pluralism of Methods，in Symeon C. Symeonides，*Private International Law at the End of the 20th Century：Progress or Regress?*”，Kluwer Law International，2000，p. 299.

⑤ F. Pocar，Norme di Applicazione Necessaria e Conflitti di Leggi in Tema di Rapporti di Lavoro，Riv. dir. int. priv. proc.，Vol. 3，（1967），734. 对应法语为 *lois d'application nécessaire*。

适用法》第 4 条和《〈法律适用法〉解释（一）》第 10 条都沿用强制性规定这一常用表述，容易产生误解。

（二）国际强制规范的定义

国际强制规范的定义众说纷纭，立法长期没有规定。《罗马条例 I》第 9 条第 1 款中的超越型强制条款指，一国为保护诸如政治、社会或经济运行之类的公共利益而被视为至关重要的条款，以至于对属于适用范围的所有情况，不论根据本条例指引的合同准据法如何都必须适用。

这离不开欧盟法院的贡献。[①] 在 1999 年审理的 Arblade 案[②]中，欧盟法院对作为国际强制规范同义语的公序法[③]的含义提出看法。涉案比利时法要求雇佣者应为所有在该国工作的雇员支付社保费用并作记录，而在比利时开展经营活动的法国公司因违反该规定被提出刑事指控。法国公司辩称，比利时法与《欧共体条约》第 59 条、第 60 条关于联盟内服务自由流动的规定不符，该自由只受体现成员国至关重要公共利益的规则限制。故引发在满足来源国社保要求的前提下，派遣工人到比利时工作的法国公司是否要服从比利时社会保障监管安排的争议。就该问题，比利时法院提请欧盟法院作出先决裁定。欧盟法院认为：成员国涉及公共秩序和安全的法律同样需要遵循欧盟法的最高性和普遍性要求。在公约明确规定其作为联盟自由例外并满足一国至关重要利益的情况下，此类国内立法背后的动机应予以考虑。因此，法院将公序法解释为“其遵循对保护成员国的政治、社会或经济秩序如此重要以至于该国领土内的所有人和法律关系都遵守的国内法条款”。

从内容上看，Arblade 案对国际强制规范的解释处于国内民法典对公序法的规定向《罗马条例 I》过渡的阶段。形式上采用前者的属地要求，与《罗马条例 I》满足适用范围的所有情况都无须考虑冲突规范的要求遥相呼应[④]；实质上采纳法国国际私法理论对公序法的解释，即必须对保护一国的政治、社会或经济秩序至关重

① Eva Lein, “A Short Commentary on the ‘Rome I’ Proposal”, *Yb. Priv. Int. L.*, Vol. 7 (2005), 407.

② ECJ, 23 November 1999, Joint cases C-369, 376/96 (Arblade and Leloup).

③ 该案涉及的《比利时民法典》第 3 条第 1 款与《法国民法典》第 3 条第 1 款相同，即有关公序和安全的法律（*lois de police et de sûreté*）对境内居民均有约束力。法语的 *police* 源自希腊语的 *politeia*，在当时的历史背景指国家运行。See Jan-Jaap Kuipers, *EU Law and Private International Law*, Martinus Nijhoff Publishers, 2011, p. 130.

④ 都说明必须根据自身范围适用。不同的是，《罗马条例 I》中的国际强制规范可能出现超属地适用即域外适用。See Jürgen Basedow, “The Law of Open Societies”, *Recueil des Cours*, Vol. 360 (2012), 432.

要，也基本为《罗马条例 I》所采纳。然仔细分析，不难发现该案并未考虑国际私法问题，而是判断国内立法是否与欧盟基本自由相称①，定义国际强制规范是无心之举。② 争议在于比利时施加的管制措施是否满足建立统一内部市场的欧盟法需要成员国尊重作为来源地国的其他成员国法律的要求。欧盟法院的解释旨在解决欧盟法和成员国法间的纵向公法冲突，不涉及冲突规范指引准据法的问题。③ 但该案于判断国际私法上的国际强制规范也有所帮助。为维护重大公益，国际强制规范往往会发生法律适用上的公私法两层效果，即不仅可以超越区域法甚至国际条约④，还能排斥能导致外国法适用的选法机制。

（三）国际强制规范的判断标准

国际强制规范必须是不能为当事人排除的规范。任意规范不构成基本政策的表达，没有理由优先于外国准据法。⑤ 然更关键的超越准据法适用的意图⑥需要满足实体法和冲突法的两重要求，即符合公益标准和超越标准。⑦ 前者来自 Arblade 案，后者在《罗马公约》即已确立，共同反映在《罗马条例 I》的定义中。

1. 公益标准

公益标准作为实体法标准，根据《罗马条例 I》，是指国际强制规范应构成于保护一国诸如政治、社会或经济运行之类的公共利益至关重要的强制规范。虽然之前的立法例没有规定，但从弗朗西斯卡基斯提出公序法理论以来，维护公共利

① See Ivana Kunda, "Defining Internationally Mandatory Rules in European Contract Conflict of Laws", *GPR*, Vol. 4, No. 5, (2007), 219（针对欧盟自由的判决中对强制规范的定义能够构成国际强制规范的定义）。

② See Andrea Bonomi, "Overriding Mandatory Provisions in the Rome I Regulation on the Law Applicable to Contractual Obligations", *Yb. Priv. Int. L.*, Vol. 10 (2008), 297.

③ Dieter Martiny, VO (EG) 593/2008 Art. 9 Eingriffsnormen, in Münchener Kommentar zum BGB, 5. Auflage, C. H. Beck, 2010, Rn. 29（Ingmar 案更多建立在欧盟法最高性的原则上）。

④ 当然要满足区域法和国际条约预留的公共利益的例外。

⑤ See Andrea Bonomi, "Mandatory Rules in Private International Law", *Yb. Priv. Int. L.*, Vol. 1 (1999), 223.

⑥ See Susanne Knofel, "Mandatory Rules and Choice of Law: A Comparative Approach to Article 7 (2) of the Rome Convention", *J. Bus. L.*, No. 3 (1999), 250（意图可通过规范用语及解释方式得出）。

⑦ See Ivana Kunda, "Internationally Mandatory Rules of a Third Country in the European Contract Conflict of Laws, Rijeka: Faculty of Law", 2007, pp. 146-169; Ivana Kunda, "Defining Internationally Mandatory Rules in European Contract Conflict of Laws", *GPR*, Vol. 4, No. 5 (2007), 210-222.

益在学理上一直作为国际强制规范判断标准。[①]《〈法律适用法〉解释（一）》规定必须“涉及中华人民共和国社会公共利益”，顺应冲突法立法潮流。

首先，公益标准要与公共秩序保留相区别。传统大陆法系多认为国际强制规范代表公共秩序的积极功能。在中国的语境下，公共秩序更是常借由公共利益和社会利益来表述。[②] 言二者的关系，不应停留在作用机制的差异[③]，更要关注内涵的不同。国际强制规范与国家及其机构的功能和运行密切相关，从而维护经济秩序和社会福利。追求一国特别目标的条款并非为确保基本道德价值和正义关系，而是服务于国家行政及相关活动的运行。[④] 而作为外国法适用调节机制的公共秩序保留，更表现为基本道德观念或法律原则[⑤]，偏向于公序良俗。

其次，需要对社会公益施加程度要求。如认为任何涉及公共利益的规范都构成国际强制规范，则现代国家的立法没有不以维护经济、社会等公益为目的，都可认为具有此种特征。国际强制规范仅仅构成法律适用的例外，并非一般性地发挥法律选择的功能。《罗马条例 I》前言第 37 项说明，只有在特殊情况下，法院才可基于公共政策的考虑例外地适用超越型强制条款，故在公益保护上存在程度差异。[⑥] 如同适用公共秩序保留时要区分国内和国际公序，必须将此处的社会公益限于对监管国至关重要的情形。这不仅在于保护对象范围的广泛性，更在于对社会实际影响的方方面面。[⑦] 只有监管性法律的实质核心条款才能被视为国际强制规范。[⑧]《〈法律适用法〉解释（一）》没有对社会公益施加任何限制，容易导

---

① 不仅关乎公共政策，而且反映如此重要的公共政策，以至于必须适用。See Pierre Mayer, “Mandatory Rules of Law in International Arbitration”, *Arb. Int'l*, Vol. 2, No. 4 (1986), p. 275. 狭义强制规范必须能实现所隶属法律体系中特别重要的具体目标，即通常出于政治、经济或社会目标。See Trevor C. Hartley, “Mandatory Rules in International Contracts”, *Recueil des Cours*, Vol. 266 (1997), 345.

② 参见林燕萍：《〈涉外民事关系法律适用法〉第 4 条及其司法解释之规范目的》，载《法学》，2013 (11)。

③ 作用机制的不同只是描述二者形式上的差异，不能说明产生差异的原因，即公益性质的不同。

④ See Frank Vischer, “General Course on Private International Law”, *Recueil des Cours*, Vol. 232 (1992), 102.

⑤ 特别表现在承认和执行外国仲裁裁决案件中，我国法院对公共政策的援引十分谨慎，如 ED&F 曼氏（香港）有限公司申请承认和执行伦敦糖业协会仲裁裁决案。

⑥ See Yvon Loussouarn, “Cours Général de Droit International Privé”, *Recueil des Cours*, Vol. 139 (1973), 328.

⑦ 应综合考虑规范所属领域的特点、目的、内容、实施方式、法律效力及政策因素。参见肖永平、龙威狄：《论中国国际私法中的强制规范》，载《中国社会科学》，2012 (10)。

⑧ See Gralf-Peter Calliess ed., *Rome Regulations*, Kluwer Law International, 2011, p. 200.

致强制性规定直接适用的滥用，应加以修订。

再次，要注意理解不一的情况。没有条约约束时，一国可以自行界定本国的重大公益。① 然某些规范在一国构成国际强制规范，却在其他国家不被视为出于政治、经济或社会运行等重大公益的需要。② 反映在第三国强制规范适用上，法院地国没有理由接受与本国理解不一致的公益范围。虽然中国没有第三国强制规范适用制度，出于域外适用本国强制规范的考虑，要加以关注。

最后，公益标准存在局限。除了难以确定外，容易忽视其他因素。传统普通法采用目的解释探求本国制定法的域外适用意图，但过分强调立法意图会产生不良后果：对法律适用至关重要的因素，如州际和国际的协调、司法活动的简单、容易以及结果的确定、统一和可预见等需要，会被忽略。③

2. 超越标准

冲突法层面的超越标准，是指国际强制规范的适用由自身决定，即必须适用。有学者认为国际强制规范无须冲突规范指引的缘故在于自身包含单边冲突规范④，与其他规范本质上没有区别。⑤ 这是机械的看法。萨维尼的选法体系建立在法律关系系统分类的基础上，单边冲突规范也采取演绎的方式；而国际强制规范从具体规范出发，根据意图确立适用范围，需要司法归纳。二者在特定情形下有模糊之处⑥，但实质上存在方法论的差异。

从裁判角度看，超越标准对强制规范或所在法律文件的适用范围条款进行形式审查。用语分析是规范性质判断的常用方式。⑦ 如果文义上能确切无误地得出超越冲突规范的地位，即构成国际强制规范。这特别表现为明确不顾当事人选法

---

① 一国应考虑本国签订的国际条约。除文物保护、反腐败外，还应注意自由贸易的例外，如《关税与贸易总协定》第20条规定的一般例外以及第21条规定的安全例外。符合此类例外的管制措施不仅具有国际法上的正当依据，还往往影响外贸合同的效力或履行，与重大公益密切相关。

② See Pippa Rogerson, *Collier's Conflict of Laws*, 4th ed., Cambridge University Press, 2013, p. 323（例如英国法允许诉因转让，而根据一些外国法这是非法的）。

③ See David St. L. Kelly, *Localising Rules in the Conflict of Laws*, Woodley Press, 1974, pp. 88-89.

④ See Kurt Lipstein, "General Principles of Private International Law", *Recueil des Cours*, Vol. 135 (1974), 204; Alexander J. Bělohlávek, *Rome Convention - Rome I Regulation*, Juris Publishing, 2010, p. 1482.

⑤ 参见《中国大百科全书·法学》，331页，北京，中国大百科全书出版社，1984；谢石松：《论国际私法中的"直接适用的法"》，载《中国国际法年刊》，441页，2011。

⑥ 如《合同法》第126条第2款形式上是单边冲突规范，但其实仅针对《中外合资企业法》《中外合作企业法》此类法律文件中特殊强制规范的适用，与国际强制规范适用制度相似。

⑦ 国内法对强制规范的判断常考虑规范是否存在"不得""应当""禁止"之类的用语。

或客观准据法而适用，如英国 1996 年《雇佣权利法》第 204 条“雇佣准据法”第 1 款——为本法之目的，适用于雇佣的法律是否是英国或英国某一区域的法律并不重要；1976 年联邦德国《标准条款法》第 12 条第 2 项——当合同适用外国法，如果另一方当事人于缔约时在本法有效的区域拥有住所、经常居所或作出接受承诺，本法仍应适用。有时，适用范围条款或强制规范的用语仅仅表述属地或域外适用，并未规定和冲突规范的关系，如 1977 年苏格兰《婚姻法令》第 1 条第 1 款——不满 16 周岁的苏格兰居民不得结婚[①]，即采用居民属人联系表示其国际强制性质。此种情形下必要时仍需要结合规范目的判断所涉公共利益是否充分。

除采用单边冲突规范外，中国不存在明确不顾当事人选法或客观准据法而适用的规定。就第二种情形，如《反垄断法》第 2 条规定，该法适用于中国境外对境内市场竞争产生排除、限制影响的垄断行为，故域外效力于必要时可以直接作用于私人合同案件。再如《产品质量法》第 2 条、《劳动法》第 2 条都旨在强调在中国境内的统一适用，难以表明直接适用的属性。无论如何，法律适用范围条款不具有实体价值，仅可作为存在的证据，自身不构成国际强制规范。

《〈法律适用法〉解释（一）》也采用超越标准，即具有超越当事人选法和客观连结点指引准据法的功能。但不宜同时将“当事人不能通过约定排除适用”和“无须通过冲突规范指引”作为判断依据，否则，看似强调它的直接适用性，却多余无益。如果把“当事人不能通过约定排除适用”视为国际强制规范在实体法的表述，那么任何强制规定都可满足该要求；如果视为不会因为选择域外法而排除适用，则同“无须通过冲突规范指引”而直接适用要求重复，因冲突规范包括当事人选法。

3. 公益标准和超越标准的关系

公益标准和超越标准的关系如何，是出于维护公益不得不适用，还是要求直接适用的态度表明其对公益至关重要？如果是前种理解，则英国 1996 年《雇佣权利法》第 204 条之类的国际强制规范资格有被否定的可能，因为维护特定人群利益是否构成重大公益存在争议。

合理的做法是审慎采用文义解释和目的解释。一方面，从文义解释的角度，

---

① 该法构成包含特别冲突规范的制定法，与超越型制定法不同。See Lawrence Collins, et al., eds., *Dicey, Morris & Collins on the Conflict of Laws*, 14th ed., Sweet & Maxwell, 2006, p. 21.

明确表示不顾合同准据法只构成被该国视为至关重要公益的强有力的初步证据。[①] 如果证明这样做不合理[②]，则不被视为国际强制规范。另一方面，当没有明确表示，只有在清楚地证明规范维护至关重要的公益时，才能解释为不顾合同准据法而适用。目的解释应兼采主观和客观标准，一并考虑立法制定时的意图以及在当前社会环境发挥的作用。[③] 不过，表述应设定为递进关系，因为毕竟只有公益标准才能反映国际强制规范的实质属性，而超越标准构成冲突法上的形式反映。

（四）国际强制规范的属性和适用范围

关于国际强制规范的属性和适用范围未取得一致意见，这为认识国际强制规范带来困难，有必要予以澄清。

1. 国际强制规范的属性

关于国际强制规范是公法还是私法，众说纷纭。弗朗西斯卡基斯认为它处于公、私法的灰色区域。[④] 受私法公法化的影响，国家持续地干预私人经济生活，公、私法分界不甚明显，这为定性带来困难。对该问题的解答需要对进入民事领域的强制规范进行划分。由于国际强制规范必然能调整民事关系，离不开与民法典相关的强制规范的分类范畴。[⑤] 根据与传统民法典的关系，可将强制规范分为前置型、外接型以及内设型。[⑥] 前置型强制规范对应宪法、行政法等传统公法强制规范，外接型强制规范对应消费者保护法、劳动法等特别私法（*sonderpri-*

---

① See Richard Plender & Michael Wilderspin, *The European Private International Law of Obligation*, 3rd ed., Sweet & Maxwell, 2009, p. 335.

② 梅耶认为公序法是直接适用的法的一部，后者还包括有违国际精神的希望普遍适用的法律如《法国民法典》第311～15条，一国对境外国民施加义务的法律如《荷兰民法典》第992条，以及希腊对国民境外结婚的宗教形式要求，皆非因重要公益而直接适用的法。See Pierre Mayer, "Les lois de police étrangères", *JDI*, Vol. 108, n° 2 (1981), 288-290.

③ See David St. L. Kelly, *Localising Rules in the Conflict of Laws*, Woodley Press, 1974, p. 91（目的解释会出现当初意图不再有效或不同历史时期存在不同目标的情况）；Hilding Eek, "Peremptory Norms and Private International Law", *Recueil des Cours*, Vol. 139 (1973), 61（50年前认为纯粹保护个人的法律可能具有社会功能）。

④ See Pierre Mayer, "Les lois de police étrangères", *JDI*, Vol. 108, n° 2 (1981), 301-302.

⑤ See A. V. M. Struycken, "General Course on Private International Law", *Recueil des Cours*, Vol. 311 (2004), 411.

⑥ 参见钟瑞栋：《民法中的强制规范》，147页，北京，法律出版社，2009；Jürgen Basedow, et al., *Max Planck Encyclopedia of European Private Law*, Oxford University Press, 2012, p. 1230（强制性规范可以区分为单纯国内强制规范、国际强制规范以及特别私法规范）。

vatrecht)[①]，内设型强制规范主要指传统民法典中旨在为私人交易设置框架的强制规范[②]，如有关合同成立、违约责任。

首先，国际强制规范不大可能出现在内设型强制规范。萨维尼式的双边冲突规范服务于拥有传统民法典的中立民法体系，良好运行的前提是各国民法规范能够普遍交换，由此借助法律关系的确定分类和单一连结点的指引中立选法。可交换性[③]不限于民法中的任意规范，还包括内设型强制规范。就合同领域，随着意思自治理念的兴起，允许当事人对强制规范支配的领域进行法律选择成为共识，只有在例外时才允许运用公共政策保留变更法律选择的结果。

其次，国际强制规范存在于对应宪法、行政法等领域的前置型强制规范。一方面，此种公法规范位于以民法典为表现形式的私法体系外，不属于准据法的范畴。无论根据属地、属人还是其他标准，都由自身意图决定。另一方面，前置型强制规范往往要求作用于合同效力，故涉外民事审判需要予以关注。即使认为经冲突规范指引的准据法包含公法强制规范，也无法解决第三国法的适用，发生直接适用问题。

最后，国际强制规范还可能存在于外接型强制规范。此种规范乃是国家政策作用于私人生活的结果，标志着民法从技术性或中立性转向政策性，私法的理念从关注当事人的意思到强调身份。从国内法的角度，特别私法外接于传统民法体系，构成一般规则的例外。从国际私法的角度，为实现该领域强制规范适用的目的，宜制定特别类型的冲突规范。私人生活的相近以及民事立法的趋同使得外接型强制规范能在较大范围内交换，宜由双边冲突规范支配。但由于国际私法立法的滞后以及各国在特殊人群保护上的意见不一，仍有作为国际强制规范适用的可能。

尽管存在不周全的可能，国际强制规范多具有公法或准公法的性质。这不代表一切公法都是国际强制规范，要考虑以下因素：首先，其只有在涉外民事审判中才体现其价值。如果发生公法诉讼，由于公法层面的适用具有严格属地性，没有区分的必要。其次，必须能直接作用于涉外民事案件，成为裁判依据，对私法不发生效果的公法规范不构成。冲突法着眼于公法对私法关系产生的效果即当事

---

① Andrea Bonomi, "Overriding Mandatory Provisions in the Rome I Regulation on the Law Applicable to Contractual Obligations", *Yb. Priv. Int. L.*, Vol. 10 (2008), 291 (*lois de police* '*de protection*' 和 *lois de police* '*de direction*')。

② See Peter E. Nygh, *Autonomy in International Contracts*, Oxford University Press, 1999, p. 203.

③ 可交换性并非指各国法律完全一致，而是规则的具体差异处于法院地国能忍受的限度内。

人违法承担的民事责任，尤其对合同效力的影响，不关注行政或刑事制裁。[①] 故只有通过《合同法》第 52 条第 5 项纳入私法体系的强制性规范才具有国际强制规范的资格。[②]

2. 国际强制规范的适用范围

国际强制规范并非在任何案件中都必须适用，不满足适用范围限定，不存在直接适用的问题。[③] 冲突规范的功能在于确定法律规则延伸的领域。实体规则本身具有适用范围，表现为法律适用范围条款，如《民法通则》第 8 条。[④] 一般而言，此种技术性规范比较宽泛，既适用于本国人，又适用于本国一切物和民事活动，使得冲突规范有作用的余地。国际强制规范既然无须冲突规范的指引，必然要根据自身的因素或其他法律适用条款决定适用范围，不可能在与案情毫无关联时适用。[⑤]《罗马公约》《罗马条例 I》都要求国际强制规范的超越法特性限定在适用范围满足的情形。[⑥] 英国传统国际私法存在超越型制定法和自我限定型制定法的区分。自我限定型制定法的适用限制在与所属国存在具体关联的人、物、事件、时间和地点，但不能不顾冲突规范而适用；超越型制定法无须冲突规范的指引，但必然明示或默示进行自我限定，如不能认为 1996 年《雇佣权利法》适用于全世界的雇佣合同，而不顾与案情的联系。在 Lawson 案[⑦]中，英国上议院认为：《雇佣权利法》中的不公平解雇条款主要适用于解雇时仍在英国工作的雇员，合同约定的雇佣地并不重要。当雇员在数国工作时，雇佣地应该是他的住所；当雇员被派遣到国外工作时，只有在雇佣与英国有强烈联系时才能适用，如为在英

① See Frank Vischer, "General Course on Private International Law", *Recueil des Cours*, Vol. 232 (1992), 151.

② See Jieying Liang, "Statutory Restrictions on Party Autonomy in China's Private International Law of Contract", *J. Priv. Int'l L.*, Vol. 8, No. 1 (2012), 105（国际强制规范的范围要小于国内强制规范，则《法律适用法》第 4 条与《合同法》第 52 条第 5 项的强制性规定一致，甚至更窄）。

③ A. V. M. Struycken, "General Course on Private International Law", *Recueil des Cours*, Vol. 311 (2004), 406.

④ 参见张晓东、董金鑫：《冲突法性质、归属的法理学分析》，载《法治研究》，2010 (1)。

⑤ See Kerstin Ann-Susann Schäfer, *Application of Mandatory Rules in the Private International Law of Contracts*, Peter Lang, 2010, p. 114.

⑥ 《罗马公约》要求第三国强制规范应根据该国法律必须适用，规定法院地强制规范是在其为强制的情形下适用，都暗含着要满足自身适用范围的要求。而《罗马条例 I》明确要求国际强制规范满足其适用范围。

⑦ Lawson v. Serco, [2006] UKHL 3; [2006] 1 ALL ER 823; Uglješa Grušič, "The Territorial Scope of Employment Legislation and Choice of Law", *The Modern Law Review*, Vol. 75, No. 5 (2012), 738-751.

国开展的业务而派出。更极端的是，普通法还存在自我否定型制定法，即一旦超出自身适用要求，在冲突规范指引时也不适用。[①]

2007年法国最高法院确立了《1975年12月31日分包法》中保护分包人的强制性规范构成《法国民法典》第3条和《罗马公约》第7条下的公序法。当建筑工程位于法国时，在法国的外国分包人可以依据该法直接对项目所有人就工程款提起诉讼，不管主合同或分包合同的法律选择条款如何。[②] 法国最高法院在2011年4月27日探讨了该法适用范围。[③] 意大利通讯向法国CS通讯购买工业设备，法国CS通讯将付款请求权让渡给他人，并分包给另一家意大利公司。后来法国CS通讯因不能偿债被托管，分包人根据该法直接向意大利通讯主张债权，认为在未经分包人先前书面许可的情况下承包人无权转让主合同付款请求权。法国最高法院认为：考虑到该法保护分包人的目标，在案情与法国缺乏充分联系时，不构成国际强制规范。与通常适用建筑合同不同，本案构成未来之物的买卖。工业设备未在法国制造，故不存在密切属地联系，无法达到援引公序法的程度。

《〈法律适用法〉解释（一）》未作出规定，容易导致国际强制规范的滥用。有必要强调其在满足自身限定的适用范围时才可在个案直接适用。此外，国际强制规范的适用范围与作为形式判断标准的超越标准关系密切。虽然并非所有的自我限定规则都是国际强制规范，但仍构成初步证据。

（五）国际强制规范的种类

1. 指导性国际强制规范和保护性国际强制规范

关于国际强制规范的类型，梅耶认为其包括竞争法、货币管制、环境保护法、禁运措施、封锁和抵制，也可能为了保护弱势的交易者，如工人以及商事代理人。[④] 类似的是，费舍尔认为，其不仅包括监管市场和国内经济、保护国家土地财产利益、保护货币资源、控制证券市场以及环境保护等的法律，还包括保护

① See Lawrence Collins, et al., eds., *Dicey, Morris & Collins on the Conflict of Laws*, 14th ed., Sweet & Maxwell, 2006, pp. 23, 29（如1977年《不公平合同条款法》第27条第1款）。

② 30 November 2007, *Ch Mixte*, decision 06-14.006.

③ Cass. com., 27 April 2011, decision 09-13524.

④ See Pierre Mayer, "Mandatory Rules of Law in International Arbitration", *Arb. Int'l*, Vol. 2, No. 4 (1986), 275.

弱者、保护儿童、抚养等社会法。① 根据保护公益的不同性质，可以将国际强制规范分为指导性和保护性国际强制规范。② 前者体现强烈的国家干预经济意图，存在于外汇管制、外贸管制、反垄断等领域③，具有明显公法性质，在需要调整涉外民事关系时无须冲突规范指引。以保护消费者、劳动者或其他弱势群体为宗旨的强制规范能否构成则存在着争议。④

《罗马公约》未给予明确答复，欧盟法院也没有加以解释⑤，缔约国的认定大相径庭：法国法院通常将保护弱者的规定视为国际强制规范⑥，德国法院则严格遵守公益标准。⑦ 故同一案件在不同缔约国审理发生不同的适用结果。表面上，《罗马条例 I》对国际强制规范的定义更接近于德国法，但公益和私益本身没有明确界限，不能狭隘地理解为国家利益。⑧ 为弱势群体制定的法律带有公益考量，有利于正常、合理竞争秩序的形成。⑨ 何况缔约国法院的态度并非泾渭分

---

① See Frank Vischer, "General Course on Private International Law", *Recueil des Cours*, Vol. 232 (1992), 157.

② See J. D. González Campos, "Diversification, Spécialisation, Flexibilisation et Matérialisation des Règles de Droit International Privé", *Recueil des Cours*, Vol. 287 (2000), 371-377.

③ 此外，还应该包括保护文化遗产和禁止歧视的规定。See Peter E. Nygh, *Autonomy in International Contracts*, Oxford University Press, 1999, p. 203.

④ Jürgen Basedow, Wirtschaftskollisionsrecht: Theoretischer Versuch über die ordnungspolitischer Normen des Forumstaates, RabelsZ, Bd. 52, H. 1-2 (1988), 17-38（现代经济管制措施分为维护制度法和保护特殊人群法，前者才可单边适用于国际情形）。

⑤ 欧盟法院没有解释权限，直到议定书签订才有所改观。See James J. Fawcett & Janeen M. Carruthers, eds., *Cheshire, North & Fawcett: Private International Law*, 14th ed., Oxford University Press, 2008, p. 672.

⑥ See Richard Plender & Michael Wilderspin, *The European Private International Law of Obligation*, 3rd ed., Sweet & Maxwell, 2009, pp. 351-353.

⑦ 在一起借贷案中，法院强调《德国民法施行法》第 34 条的强制规范只有在呈现公共利益因素时才可适用，不仅仅保护和协调缔约方之间的相冲突利益，如纯粹私人利益。BGH, 13. 12. 2005, RIW, No. 5, (2006), 389. 相反，在审理中奖通知效力的案件中，法院认可了《德国民法典》第 661a 条关于"经营者须向消费者履行中奖承诺"的规定具有干预规范性质，理由是该款虽然没有明确其具有超越属性，但通过打击欺诈消费者的行为维护正当公平的竞争秩序，符合公共利益的要求。BGHZ 165, 172.

⑧ See Jan-Jaap Kuipers, *EU Law and Private International Law*, Martinus Nijhoff Publishers, 2011, p. 95.

⑨ See Michael Hellner, "Third Country Overriding Mandatory Rules in the Rome I Regulation", *J. Priv. Int'l L.*, Vol. 5, No. 3 (2009), 459（禁止无许可证销售镇静剂是为了使国民免于因滥用此种物质而遭受身心损害，但也具有降低犯罪以及医药成本的社会价值。同样，租金控制法平衡土地所有人和租户的关系，但也有提供可负担的住房以及避免分化的社会价值）。

明。法国法院曾将保护商事代理人的法律排除于公序法之外[①]，德国法院直接适用维护残疾人劳动权利的法律。[②] 在欧盟法院明确解释之前，欧盟成员国仍大致延续传统司法实践中的做法。[③]

《〈法律适用法〉解释（一）》第 10 条认为国际强制规范存在但不限于劳动者权益保护、食品或公共卫生安全、环境安全、金融安全、反垄断和反倾销等情形。由于列举了劳动者保护，故倾向于将保护性强制规范纳入国际强制规范的范畴，但能否最终构成仍需司法实践认定。

2. 半国际强制规范和完全国际强制规范

根据超越冲突规范的程度，国际强制规范可分为具有有限超越效力的半国际强制规范和有充分超越效力的完全国际强制规范。[④] 前者不因当事人选择外国法而丧失适用资格，后者可优于客观准据法的指定。[⑤] 半国际强制规范构成合同客观准据法，只能排除当事人选择的法律；完全国际强制规范不仅能够排除当事人选法，还能在根据最密切联系原则确立准据法的情况下直接适用。故似乎只有后者才满足国际强制规范的定义，毕竟无须冲突规范的指引包括客观准据法。但半国际强制规范本身就属于客观准据法的范畴，如同时满足公益要求，与定义并无矛盾。

从英国法的角度，这取决于用语。其 1996 年《雇佣权利法》第 204 条第 1 款排除所有雇佣准据法，故该法被视为完全国际强制规范，而《不公平合同条款法》第 27 条第 2 款仅针对当事人选法情形，故该法被视为半国际强制规范。然二者都旨在保护弱者的利益，不应加以区别。立法者可能没有将注意力放在国际私法上，也未做到与冲突规范相协调。[⑥]

---

① 《法国商法典》第 L134—1 条有关给予代理人补偿的规定，仅构成国内公序法。Com.，28. 11. 2000.

② 《社会法典（康复和残疾人参与）》（SGB IX）第 85 条规定，针对残疾人的正常解雇，须事先获得救济总署的许可，否则无效。《工作母亲保护法》第 9 条第 3 款对孕妇的劳动权进行特别保护。

③ See Jan-Jaap Kuipers, Sara Migliorini, "Qu'est-ce que sont les Lois de Police?", *European Review of Private Law*, Vol. 19, No. 2 (2011), 187. 欧盟法院倾向于由成员国决定保护性强制规范是否构成国际强制规范。United Antwerp Maritime Agencies (Unamar) NV v. Navigation Maritime Bulgare, Case C. 184/12.

④ See Peter Kaye, *The New Private International Law of Contract of the European Community*, Aldershot, 1993, p. 243.

⑤ Mathias Kuckein, Die 'Berücksichtigung' von Eingriffsnormen im deutschen und englischen internationalen Vertragsrecht, Mohr Siebeck, 2008, S. 181.

⑥ 在《罗马公约》背景下，《雇佣权利法》第 204 条第 1 款不应作为该法直接适用的依据，能否适用取决于《罗马公约》第 6 条的指引；只有在未能援引时才可以考虑借助公约第 7 条第 2 款。尽管结果相似，但援用法律路径不同。But see James J. Fawcett & Janeen M. Carruthers, eds., *Cheshire, North & Fawcett on Private International Law*, 14th ed., Oxford University Press, 2008, p. 732.

典型的半国际强制规范如《罗马公约》第 5 条第 2 款和第 6 条第 1 款以及《罗马条例 I》第 6 条第 2 款和第 8 条第 1 款：在合同约定的法律不利于弱者时，消费者住所地和劳动者工作地的强制规范可以超越当事人选择的法律。可见，半国际强制规范与保护性强制规范密切相关，不过它出现在已经为保护性强制规范的适用制定特别冲突规范的情形。即使认为保护性强制规范不构成国际强制规范，也不妨碍其作为半国际强制规范发挥作用。当冲突规范为某些强制规范的适用作出调整时，说明其具有法律选择价值。

3. 国内法、国际条约和超国家法中的国际强制规范

国际强制规范属于国内法的范畴。如前所述，此“国际”是指规范的法律选择地位，即与冲突法的关系，并非法律渊源。故分类关键在于其能否存在于国际民商事领域的统一法公约或超国家法当中。①

国际民商事公约多以统一各国合同法的任意条款为目的，提供可供选择的规则，如《国际货物销售合同公约》。那些合同订立、权利和义务乃至履行中不允许当事人选择的规范多为解决私人争议，并非出于公益需要②，不构成国际强制规范。然此类纳入缔约国法律体系的统一公约与国际强制规范在适用方式上相似，不仅无须冲突规范的指引，而且《海牙规则》等运输公约包含的承运人责任限制条款是强制的。就此，民商事国际公约构成真正的“国际”私法，完全可以说其中的强制规范构成“国际”强制规范。但公约的直接适用终究是缔约国承担义务的结果，只需援用公约和国内法关系的法律适用条款③，法院无须考虑统一公约中的强制规范是否构成国际强制规范；但在未加入公约时，仍应根据规范的意图认定是否构成国际强制规范。

此外，国际强制规范是否存在于欧盟法值得探讨。首先，有些欧盟基础条约中的公法性规定无可争议地构成国际强制规范，如认定对联盟发生效果的垄断协议无效的《欧洲联盟运行条约》第 101 条④（原《欧洲共同体条约》第 81

① 有学者认为超国家体系还包括联合国安理会决议等国际法内容。See Marc Blessing, *Impact of the Extraterritorial Application of Mandatory Rules of Law on International Contracts*, Helbing & Lichtenhahn, 1999, p. 14. 虽然一国司法审判应关注国际法特别是国际强行法的要求，但能否直接作为判决依据存疑。

② 公约调整范围不包括合同或条款的效力。另外，统一实体国际公约具有便利国际交易开展的公益属性，只是此种国际公益与国际强制规范维护的一国重大公益不属于同一范畴。

③ 如我国法官须援引《民法通则》第八章“涉外民事关系的法律适用”第 142 条第 2 款。

④ 该条规定：下列协议因与内部市场不符而被禁止：所有影响成员国贸易的协议，所有意图或影响阻止、限制、扰乱内部市场竞争的协议……本条禁止的所有协议或决定都应自动无效。

条)。其次，为保护弱势商事交易人并促进统一有序内部市场的建立，欧盟理事会、欧洲议会在民商事领域颁布了许多次级立法。从法律选择的角度，需要成员国国内法实施的指令是否构成国际强制规范存在争议。在 Ingmar 案[①]，英国公司代销美国加州公司的货物，约定适用加州法。由于加州公司解约时未给予补偿，代理人援引实施 1986 年《商事代理人指令》的英国法提出索赔。英国高等法院认为，合同适用加州法，依该法被代理人解除合同不必支付补偿金。原告上诉，英国上诉法院提请先决裁定。欧盟法院认为：《商事代理人指令》第 17、19 条不仅保护商事代理人的利益，还有助于联盟设业自由的实现以及公平竞争的开展。为实现基础条约的目标，上述条款有必要在联盟内普遍遵守，不论选择何国的法律。[②]

仅此不能说明该法构成国际强制规范。[③] 即使将保护消费者的强制规范视为国际强制规范，针对法人的商事代理规则也不可同日而语，何况各国未达成共识。另外，实施《商事代理人指令》的成员国立法的超越冲突规范的效力是因为其构成国际强制规范还是由于联盟法高于成员国法的缘故有待解决。反映在《罗马公约》(《罗马条例 I》)，实施指令的英国法是通过《罗马公约》第 7 条第 2 款(《罗马条例 I》第 9 条第 2 款）还是第 20 条（第 23 条）适用，值得探讨。[④] 考虑到成员国对保护性强制规范态度迥异，后者更具有说明力。

二、第三国的界定

上文探讨了国际强制规范的一般理论和表现，接下来第三国强制规范具有何种特别性质，即专门研究的缘由。另外，第三国的类型也值得关注。

---

① Ingmar GB Ltd. v. Eaton Leonard Technologies Inc., C-381/98, [2000] E. C. R. 1-9305.

② 该案引起很大争议，美国学者予以否定评价。See Johan Erauw, "Observations about Mandatory Rules Imposed on Transatlantic Commercial Relationships", *Hous. J. Int'l L.*, Vol. 26, No. 2 (2004), 263-286.

③ See Ivana Kunda, "Defining Internationally Mandatory Rules in European Contract Conflict of Laws", *GPR*, Vol. 4, No. 5 (2007), 216 (考虑 Arblade 案，要么欧盟法院在 Ingmar 案中错误地认定国际强制规范，要么其误解国际强制规范机制，从而使不应适用的欧盟内部强制规范得以适用)。

④ 《罗马条例 I》第 3 条第 5 款新增欧盟法适用规定，但限于全部因素发生在欧盟的情形。See Jan-Jaap Kuipers, *EU Law and Private International Law*, Martinus Nijhoff Publishers, 2011, p. 72.

（一）第三国法律适用问题的特殊性

第三国是指法院地国和本应适用的法律体系所属国之外的国家。[①] 第三国强制规范本身是全部的国际强制规范，只是观察角度不同。由于涉外民事诉讼的管辖和法律适用分离的缘故，必然出现法院地国和准据法所属国，则之外的国家是第三国。

第三国强制规范处于准据法和法院地法之外。一方面，以英国为代表的审判实践表明，由于重大公益要求适用的外国强制规范，在法院地公共政策容忍时可基于准据法的地位适用；另一方面，与法院地强制规范相比，第三国强制规范属于外国法。以往各国通过公法属地适用、公共秩序保留、法律规避制度、定性为程序等途径突破准据法的指引，适用不具有准据法资格的法院地强制规范。伴随着国际强制规范适用理论的兴起，许多国家确立了国际强制规范适用制度，但往往限于本国法；即使赋予了第三国强制规范以适用资格，也无一例外地加以限制。故第三国强制规范与法院地强制规范二元并立，值得探讨。

如果认为准据法和法院地国法外的第三国法没有适用资格，同时将冲突规范指引法律体系的规则都包含在准据法当中，会产生“费舍尔式疑问”：在合同当事人没有选择法律时，1955 年《国际货物买卖法律适用公约》会指向卖方营业地法。除非援用公共政策保留，可以实现卖方所在国出口禁令希望发生的民事制裁。此时，买方所在国的进口禁令被完全无视。区分的原理是什么？为何特别优待准据法下的公法？[②]

费舍尔的观点较为有力。具有明显公法性质的强制规范由自身政策决定，这是功能主义立法的必然。建立在传统私法体系的萨维尼式的冲突规范，即使指向国际强制规范所在法域，也仅出于私法考虑。[③] 公法适用的联系要素与选择私法体系的连结点只是偶然重合，特别在当事人选择中立法（neutral law）的情形。[④]

---

① Peter Hay, “Flexibility versus Predictability and Uniformity in Choice of Law”, *Recueil des Cours*, Vol. 226 (1991), 382.

② Frank Vischer, “General Course on Private International Law”, *Recueil des Cours*, Vol. 232 (1992), 166.

③ 有学者认为当事人在法律选择时仅仅期待服务于矫正正义的中立型强制规范构成准据法，那些基于分配正义的公法性强制规范不能通过选择适用。See Mahmood Bagheri, *International Contracts and National Economic Regulation*, Kluwer Law International, 2000, pp. 190-191.

④ See Jürgen Basedow, “The Law of Open Societies”, *Recueil des Cours*, Vol. 360 (2012), 328.

由此可推断，国际强制规范适用制度应考虑准据法所属国强制规范的直接适用[①]，即一并处理外国准据法所属国和第三国的强制规范。[②]

出于法律选择的便捷性，冲突规范指引的法律体系中的国际强制规范，只要满足自身适用范围且不严重违反法院地公共政策，即可作为准据法适用，无须援引国际强制规范适用制度。将之剥离于准据法，正如判断强制规范的国际性，存在分类和运用的困难。特别是在第三国强制规范适用制度尚未建立的国家，通过统一联系理论，利用冲突规范的柔性选法机制恰好实现原本作为第三国强制规范的法律规范在法院地国的适用。故经由传统冲突规范适用准据法所属国强制规范不乏支持观点。[③] 这促使本书将研究对象限制在第三国强制规范。当然如果认为应扩展到所有的外国国际强制规范，也不影响论述。

（二）第三国出现的情形

1. 假第三国和真第三国

根据准据法所属国与法院地国的关系，可分为假第三国和真第三国。当上述国家为同一国，即发生假第三国。在法院地国看来，第三国法为全部的外国法；如果分属两国，此时才是真正意义上的第三国，至少存在三个可能适用法律的国家，如合同适用英国法，德国法院是否考虑美国的外贸禁止。常见的情况是法院地国法和准据法重合。当仅仅干预规范是外国法时，实际只有两个法域的法律发生冲突，发生不真实的第三国。[④]

理论上需要探讨准据法所属国、法院地国和第三国等多国情形，甚至存在若干与案件有联系且希望其国际强制规范适用的第三国，但经常出现准据法所属国和法院地国为同一国，只涉及一个外国[⑤]，此时的第三国仅仅是援用冲突规范的

---

① 费舍尔将《瑞士联邦国际私法》第 13 条限于特别私法情形，不包括特别联系支配的公法。Frank Vischer，Zwingendes Recht und Eingriffsgesetze nach dem Schweizerischen IPR-Gesetz，RabelsZ，Bd. 53，H. 3（1989），439-445.

② 费舍尔一度认为法院应适用准据法所属国的强制规范。Frank Vischer，"The Antagonism between Legal Security and the Search of Justice in the Field of Contract"，*Recueil des Cours*，Vol. 142（1974），22.

③ Kurt Siehr，Ausländische Eingriffsnormen im inländischen Wirtschaftskollisionsrecht，RabelsZ，Bd. 52，H. 1-2（1988），96；Ole Lando & Peter Arnt Nielsen，"The Rome I Regulation"，*C. M. L. R.*，Vol. 45，No. 6（2008），1719（之所以不规定准据法强制规范的适用是因为其理所当然由准据法支配）.

④ Dieter Martiny，VO（EG）593/2008 Art. 9 Eingriffsnormen，Rn. 34.

⑤ 可能出现两个以上国家存在利益牵涉的情形，但只有一国强制规范要求适用。如法院地国和准据法所属国均为 A 国，案件涉及 B 国针对 C 国甚至是 C 国与 D 国间的贸易采取禁运的效力。尽管不主张本国法的适用，C 国或 D 国对案件结果存在利益。这极为罕见。

结果，其国际强制规范在法院地国的适用会发生特别问题。①

2. 构成客观准据法所属国的第三国和其他第三国

根据第三国与最密切联系国的关系，可分为客观准据法所属国及其他第三国。② 第三国经常表现为没有选择法律时应适用的法律所属国。如果不存在当事人选法，则直接适用在实践中并不突出。但可适用的第三国法不需要与合同存在最密切联系，此外仍有存在的可能。客观准据法对主观选法的超越并非直接适用的唯一理由。要求单边适用的第三国强制规范不属于双边选法模式的范畴，本身不关注准据法的确立标准。只是在准据法支配的理念下存在牵连。凡此种种，都表明第三国强制规范的直接适用并非合同准据法的内部修正，而是外在限制。

三、适用的界定

规范和规范的适用是问题的两面。前者具有实体法特点，但只有充分考虑冲突法层面的适用才能体现特征，毕竟它是从法律适用的角度对实体强制规范的分类。故实体法和冲突法在国际强制规范适用上交织一体。③ 严格意义的国际强制规范的适用是指作为适用法调整涉外合同关系；但广义上包括将外国强制规范纳入合同准据法考虑的情形。④ 综合已有理论和实践，适用表现为不同形态。具体而言，第三国强制规范在法院地国的适用可以通过直接适用制度、实体法方法以及冲突法方法，后两者共同作为直接适用的替代方式。

（一）第三国强制规范直接适用制度

直接适用制度构成第三国强制规范最直接有效的适用方式，已经为欧盟内外的立法接受，表明了该领域的发展趋势。问题在于如何有效设置这一制度。从功能的角度看，它既要解决第三国法、准据法和法院地国法之间的地域法律冲突，又要为公法强制规范进入私法体系打通道路。

---

① 如以往认为第三国强制规范的直接适用须借助准据法的转介条款，其实是法院地国法发挥作用。又如以实体法方法考虑第三国强制规范发生的私法效果，也宜在准据法为法院地国法时进行。

② 有学者将客观准据法所属国之外的第三国称为“第四国”。See Symeon C. Symeonides, *Codifying Choice of Law around the World*, Oxford University Press, 2014, p. 158.

③ See Michal Wojewoda, “Mandatory Rules in Private International Law”, *Maa. J. Eur. & Comp. L.*, Vol. 7, No. 2 (2000), 184.

④ Dieter Martiny, VO (EG) 593/2008 Art. 9 Eingriffsnormen, Rn. 52.

（二）实体法方法

第三国强制规范适用的实体法方法是将规范产生的情势作为准据法下的事实考虑。理论上曾被称为间接适用[①]，然脱离具体的语境容易引发歧义。[②] 对于缔约时已存在的第三国强制规范，借助准据法下的公共政策或公序良俗作用于合同效力；对于缔约后颁行的第三国强制规范，考虑援引艰难情势、不可抗力、合同落空或履行不能等概念免除或减轻不履约的责任。[③] 事实考虑一般不会出现法律依据不足，通过适当解释一定程度上能满足第三国强制规范在法院地国的适用需要。

（三）冲突法方法

第三国强制规范还可通过确立为准据法的方式适用，这构成本书的冲突法方法。第三国强制规范如何构成准据法？在冲突法方法发挥作用的情形，此时的第三国是指法院地国和根据正常选法机制确立的本应适用的法律体系所属国之外的国家。如果不采取此种方式，则其要作为法律而适用，只能借助第三国强制规范适用制度。具体而言，出于规范的意图以及个案正义的需要，法院地国专门基于适用本不具有准据法资格的外国强制规范之目的，通过合同冲突法的制度、规则或例外转而确立规范所属法律体系的准据法地位。此时，本不构成准据法的第三国强制规范被融入双边选法机制当中。

第二节　第三国强制规范在法院地国适用的理论学说

关于第三国强制规范的适用存在大量的理论学说。这不仅逐步构成适用方法论，也丰富了国际私法的选法理论。本节探讨的理论学说，有的整体处理第三国强制规范与法律选择理论的关系，有的具体解决第三国强制规范在法院地国的适用方式；有的支持，有的反对。为消除法院地国适用第三国强制规范的理论障碍，应该分别加以讨论。

---

① See Adeline Chong, "The Public Policy and Mandatory Rules of Third Countries in International Contract", *J. Priv. Int'l L.*, Vol. 2, No. 1 (2006), 40-47.

② 与直接适用相比，经冲突规范指引作为准据法可以认为是间接适用，考虑到中国国际私法普遍存在直接调整和间接调整的分类。参见韩德培主编：《国际私法新论》，4 页，武汉，武汉大学出版社，2003。

③ See Jürgen Basedow, "The Law of Open Societies", *Recueil des Cours*, Vol. 360 (2012), 328.

一、传统选法理论

传统选法理论包括法则区别说、法律关系本座说以及孟西尼三原则。虽然整体选法理论没有直接针对第三国强制规范，但或多或少与第三国强制规范在法院地国的适用有关。

（一）法则区别说

作为国际私法奠基人的巴托鲁斯试图用法则区别说（*Statutentheorie*）解决中世纪意大利城邦国家之间的法律冲突。[①] 它从具体法则出发，分析规范意图，确立适用范围。巴托鲁斯在探讨禁止性和许可性法则的同时，为合同、侵权、物权等领域确立双边规则，不免使解决法律冲突的方法发生杂糅。[②] 值得注意，他特别强调令人厌恶的禁止性法则不得域外适用[③]，体现出法律适用的单边主义。然而，法则区别说由于不能很好地区分单边和双边方法，未能确立国际强制规范的直接适用。

（二）法律关系本座说

作为现代国际私法的始祖，萨维尼在利用法律关系本座说构建冲突法体系的同时[④]，也发现各国法律体系中那些具有严格积极、强制性的法律规则由于它们的性质不适合自由对待。[⑤] 与一般规则不同，诸如政治、治安或国家经济性质（*einen politischen*，*einen polizeilichen oder einen volkswirtschaftlichen Charakter*）的规则不适用双边冲突规范，只能由规范所属国适用。

就其范围，并非所有的强制规范都构成双边选法的例外。关于成年年龄的法律是强制性的，但能产生域外效力，区分的关键在于立法者的意图。他期待此类规则会随着各国法制的发展逐渐减少。现代社会需要单边适用的强制规范非但没

---

① 巴托鲁斯处在后注释法学兴旺的时期，法则区别是重要的注释方法。

② 如果认为禁止女儿继承的法则不得根据继承适用规则的指引而适用，则可以认为禁止规则是对选法机制的矫正。

③ See Joseph Henry Beale，trans.，*Bartolus on the Conflict of Laws*，Harvard University Press，1914，p. 32.

④ 参见［德］马丁·沃尔夫：《国际私法》（上），李浩培、汤宗舜译，39页，北京，北京大学出版社，2009。

⑤ Friedrich Karl von Savigny，System des heutigen römischen Rechts，Vol. VIII，Veit & Comp.，1849，S. 33.

有减少，反而大量增加，特别表现为保护私人交易者利益的规则。[①] 然法律关系本座说建立在近代私法体系之上，公法干预乃至私法公法化不在考量之内。那些严格积极、强制性的法律规则，如限制犹太人取得不动产的规定，现在的确不复存在。[②] 更何况国际强制规范只是补充双边选法方法。[③] 总之，萨维尼的学说为国际强制规范在双边选法体系的适用预留了空间，为单边选法理论的复兴埋下了伏笔。由于国际强制规范只能由制定国的法院适用[④]，不存在相互承认的问题，故几乎没有域外适用第三国强制规范的可能。

（三）孟西尼三原则

同一时期，意大利孟西尼在都灵大学作《国籍作为国际法基础》演讲时提出法律适用三原则[⑤]，即国籍、意思自治以及公共秩序。该学说重视国籍在法律选择中的作用，标志着近代属人法（*lex patriae*）的兴起。[⑥] 然而，他没有忽视属地性法律[⑦]的适用，并且将属地公共政策视为法律适用原则，改变了将其作为国际私法例外的认识。公共政策不仅用以排除外国法，还被赋予适用本国法的积极功能。[⑧] 自此包含重大公益而需要自身确定适用要求的法律[⑨]笼罩在公共政策积极适用的光环下[⑩]，一直到国际强制规范适用理论的出现才得以改变。基于属地性的需要，孟西尼关于公共秩序的学说只针对法院地国法，同样不考虑外国公序法。

---

① See Peter E. Nygh, *Autonomy in International Contracts*, Oxford University Press, 1999, p. 1999（此类规范超越属地性质，不仅影响外国人在本国的交易，还延伸至本国人在国外缔结的交易）。

② 另一类例外是如奴隶制之类的外国特别法律制度传统上多通过公共秩序保留加以应对。

③ Paul Heinrich Neuhaus, Abschied von Savigny?, RabelsZ, Bd. 46, H. 1, (1988), 17-18.

④ 萨维尼特别关注严格、积极的强制规范在判断债之有效性的作用，法官仅应适用本国的此类规范，否则，即使属于准据法所在的法律体系，亦无须考虑。Friedrich Karl von Savigny, System des heutigen römischen Rechts, Vol. VIII, Veit & Comp., 1849, S. 276.

⑤ F. K. Juenger, "General Course on Private International Law", *Recueil des Cours*, Vol. 193 (1985), 164.

⑥ Rodolfo de Nova, "Introduction to Conflict of Laws", *Recueil des Cours*, Vol. 118 (1966), 467.

⑦ 此类属地性的法律主要是公法规定。See Franco Mosconi, "Exceptions to the Operation of Choice of Law Rules", *Recueil des Cours*, Vol. 217 (1989), 129.

⑧ Seyed Nasrollah Ebrahimi, *Mandatory Rules and Other Party Autonomy Limitations*, Athena Press London, 2005, p. 253. 积极适用从萨维尼的观点即可得出，但孟西尼明确融入国际私法体系。

⑨ 公共政策积极适用在立法上表现为间接限制的立法模式，如《法国民法典》第3条第1款（在公序法理论出现前，该款被视为积极公共秩序，早于萨维尼的学说）、1865年《意大利民法典》第28条。

⑩ 19世纪末，卡恩将公共秩序分为保留条款（*prohibitivgesetze*）和禁止规范（*Prohibitivgesetze*），未脱离公共秩序范畴。Franz Kahn, Abhandlungen aus dem internationalen Privatrecht. Erste Abhandlung. Die Lehre vom ordre public, Jherings Jahrbücher für die Dogmatik des deutschen Rechts, Bd. 39 (1898), 6.

二、反对直接适用的理论

反对直接适用第三国强制规范的理论包括外国公法理论、准据法理论以及实体考量和事实理论。此类理论排斥设置第三国强制规范适用制度，有的完全不适用第三国强制规范，有的借助冲突法方法和实体法方法来解决这一问题。

（一）外国公法理论

外国公法理论遵循属地性原则解决公法冲突，可分为外国公法不适用和权力理论，对应属地性原则（*Territorialitätsprinzip*）的消极运用和积极运用。该理论是对待外国公法在本国适用的传统理论，与第三国强制规范的适用关系重大。

1. 外国公法不适用理论

外国公法的不适用一度构成法律适用原则，尽管理论基础并不牢固。它源于曼斯菲尔德勋爵在1775年审理Holman案[①]时作出的附带评论（*obiter dictum*），即没有国家会考虑其他国家的税法。法国卖方向英国买方出售一批茶叶，约定在敦刻尔克交付。卖方因买方没有支付货款而在英国起诉。由于卖方在缔约时知悉买方会将货物走私到英国，它们对合同的合法性发生争议。关于法律适用，勋爵认为：在英国法院的诉讼应适用英国法，但于外国订立的合同应该适用诉因产生国的法律，故各国都应认为许多案例应该由其所发生的外国法决定。该原则不应在本案适用，毕竟没有国家会考虑其他国家的税法。

从语境及时代背景来看，勋爵认为合同适用订立地法，不必是法院地法。在国外订立、依据订立地国法为有效的合同一般可获得英国法院认可。但他敏锐地察觉到合同准据法不应支配税法等公法规范。合同虽然在法国订立，但就是否违反英国税法，不能因为符合法国税法的缘故有效，即法国税法不具有替代英国税法的功能。[②] 至于单纯违反外国税法对合同效力的影响不在考虑之内，毕竟该案并未出现此种情形。勋爵的观点被错误理解，作为一国法院不适用外国公法的依据，即出现所谓的公法禁忌（public law taboo）。[③] 早在19世纪中期，英国学者

① Holman v. Johnson，[1775]，98 Engl. Rep. 1120（1 Cowp. 341）.

② 该问题适用英国法。根据普通法，法院不应该对那些诉因建立在非法或不道德的基础上的当事人施以援手。但原告在敦刻尔克交货，未参与不法行为的实施，故不存在合同非法的情形。

③ See A. F. Lowenfeld，"Public Law in the International Arena"，*Recueil des Cours*，Vol. 163（1979），322 ff.；William S. Dodge，"Breaking the Public Law Taboo"，*Harv. Int'l L. J.*，Vol. 43，No. 1（2002）.

维斯特莱克提出异议：没有国家有义务赋予其他国家税法以效力的原则曾获得许多著名法学家的支持，尤其在贸易为国家垄断的时代。出于平等对待的考虑，该原则没有获得普遍正义的支持，应该放弃。此种做法认为人的尊严义务限于本国人，这是野蛮时代的永恒标志，即为维护本国及本国人的经济利益，允许走私者签订违反友好国家法律的合同。①

外国公法的不适用在英美冲突法理论占有一席之地，也被大陆法系采纳。②在20世纪中期，公法冲突法（*öffentlichen Kollisionsrechts*）理论在德国兴起，该理论认为私法冲突法仅仅解决各国私法的适用问题，公法在本国领土外没有效力③，故被称为国际公法的内向单边主义（*introvertierte Unilateralität des Internationalen öffentlichen Rechts*）。④ 凯格尔等支持传统国际私法的德国学者又加以提炼，认为：涉及政治或经济政策的规定不涉及当事人之间的正义，而是国家利益，宜由另一套冲突法体系支配。⑤ 该问题不属于国际私法的范畴，而应由国际行政法解决。只有在外国有能力实施时，一国法院才可以适用。⑥

该理论构成在公共政策保留外排除外国法的理由，然而因对外国公法无例外地普遍反对而从未成为国际私法的主导思想。当外国公法隶属于准据法时，只要对可适用的私法体系产生影响，即应加以考虑。⑦ 不宜视为执行外国公法诉讼请求，因为此时发生无效或履行不能的私法效果不同于对当事人实施公法处罚。⑧当发生公法诉讼，法院只能根据立法规定或司法限定的本国公法的适用范围单边

---

① John Westlake, *A Treatise on Private International Law*, W. Maxwell, 1858, pp. 185-186. 在Boucher案中，Hardwicke勋爵认可了从葡萄牙走私黄金至伦敦的合同，否则会切断英国从此种贸易获得的收益。Boucher v. Lawson, (1736) Cunn. 144.

② 关于法国不适用外国公序法的理由，see Ali Mezghani, Méthodes de Droit International Privé et Contrat Illicite, *Recueil des Cours*, Vol. 303 (2003), 254-260（国际私法仅指私法，公法应由自身决定适用）。

③ F. A. Mann, "Conflict of Laws and Public Law", *Recueil des Cours*, Vol. 132 (1971), 120.

④ Kurt Siehr, Ausländische Eingriffsnormen im inländischen Wirtschaftskollisionsrecht, RabelsZ, Bd. 52, H. 1-2 (1988), 74.

⑤ See F. Klein, et al., eds., *Basle Symposium on the Röle of Public Law in Private International Law*, Vol. 49, Helbing & Lichtenhahn, 1991, p. 132.

⑥ Soergel, Kommentar zum BGB, 10th ed., 1970, vol. 7, note 283-284. Cited in F. A. Mann, "Conflict of Laws and Public Law", *Recueil des Cours*, Vol. 132 (1971), 120. 这契合了权力理论。

⑦ See Ernst Rabel, *The Conflict of Laws-A Comparative Study*, University of Michigan Press, 1947, p. 566.

⑧ See G. van Hecke, "Foreign Public Law in the Courts", *Rev. Belge Dr. Int'l*, No. 1 (1969), 65. 即使在公法诉讼，一国有时也需要关注外国公法实施效果，如消极承认在外国已执行的刑罚。

适用之。外国公法的不适用尚且能得到维持。[①] 法院可以在私人诉讼中考虑外国公法发生的私法效果，而不受理外国当局基于该国公法提起的诉讼，或在此类诉讼中执行外国公法。

传统上公法性强制规范的适用范围被严格限定，故是否承认在本国的效力问题并不突出。反而，公法的属地适用被视为各国相互尊重主权的重要表现。随着跨国交往的日益频繁，各国经济管制立法难以遵守属地适用的要求，否则，无法实现经济良好运行的职能。于是乎，公法的适用范围由属地走向属人、消极属人甚至效果原则，跨国经济实体要面临交易活动地国之外的监管。经济管制法的域外适用引起国际法学者的热议，但传统国际公法没有明确限制立法管辖权。只要在境内施行，即使针对域外行为，也不能视为干涉他国内政。能否域外立法以及是否承认外国域外措施在本国的效果主要由国内法决定。

从实体法的角度看，大陆法系和英美法系事实上都存在公法和私法的分类。[②] 将公、私法并列，在于避免公权力过分干预私人生活，为市民社会预留空间。然在当代，国家对公共福利和经济秩序的关注已经扩大到私人关系，公法干预成为常态，如对雇佣合同、租赁协议进行限制。可以说经济法是公权力介入经济生活的结果。[③] 由于社会生活的发展，国际私法也不能先验（*a priori*）地将公法排除在外。

另外，对外国公法不适用的反对体现在众多立法和文件当中。除《瑞士联邦国际私法》第 13 条规定“不得仅以外国法具有公法性质排除适用”外[④]，1975 年国际法协会威斯巴登会议通过的外国公法适用决议认为[⑤]，冲突规范指引的外国公法性条款，无论保护私人还是国家利益，除非受公共政策保留的限制，否则

---

① See Lawrence Collins, et al., eds., *Dicey, Morris & Collins on the Conflict of Laws*, 14th ed., Sweet & Maxwell, 2006, p. 100（英国法院对如下诉讼没有管辖权：以直接或间接方式执行外国惩罚性、税收性或其他公法性法律）；Mathias Kuckein, Die ‘Berücksichtigung’ von Eingriffsnormen im deutschen und englischen internationalen Vertragsrecht, Mohr Siebeck, 2008, S. 208 ff.（区分承认和单纯执行外国惩罚性、税收性或其他公法）；Jürgen Basedow, et al., “Foreign Revenue Claims in European Courts”, *Yb. Priv. Int. L.*, Vol. 6 (2004), 1-70。

② 尽管在法律体系上，英美法对公、私法区别的认识远没有大陆法系那么重视。

③ See Frank Vischer, “General Course on Private International Law”, *Recueil des Cours*, Vol. 232 (1992), 150.

④ 参见《韩国修订国际私法》第 6 条、《吉尔吉斯民法典》第 1167 条以及《突尼斯国际私法》第 38 条。

⑤ See The Application of Foreign Public Law, Institut de Droit International: Session of Weisbaden - 1975；张利民：《经济行政法的域外效力》，291～293 页，北京，法律出版社，2008。

不影响适用。决议强调，外国公法不适用没有一致的理论和实践依据，经常与公共政策重复，产生与当代国际合作不相符的结果。这反映了国际合作的理念以及国家对私人生活的频繁监管以及由此发生的公、私法区分困难[①]，由此国际社会对国际私法案件适用外国公法的态度发生转变。但是，此种统一联系没有根本解决外国公法的适用问题。毕竟它往往表现为适用范围由自身决定的政策性立法，一旦规范属于准据法所属国和法院地国外的第三国，决议便无能为力。然而这打破了外国公法在国际私法中适用的坚冰，使其进入冲突法的视野，为第三国强制规范适用制度的出现扫除了障碍。

2. 权力理论

类似于外国公法理论，权力理论（power theory，*Machtteorie*）将外国强制规范从合同准据法中排除，原则上只能基于属地的积极效力在本国法院适用。至于公法的域外适用，只有在规范所属国能够实际执行才会为另一国法院所考虑。与国际礼让要求所适用的外国法具有合理性不同，即使不合理也有可能迫使法院考虑外国强制规范。[②] 如第三国针对法院地国颁布与敌贸易禁令，该国国民将无法履行贸易合同，否则会发生公法制裁。此时，法院地国基于上述禁令的违反免除或变更履行义务，是因为第三国对主权范围内的人或物有权支配。

权力理论表现为外国公法的不适用，然如发生权力支配情形，又构成外国公法适用或承认的依据，从而反映属地性因素的积极态度。该理论并未因此获得支持。对外国权力支配的考虑究竟出于外国公法适用的目的，还是仅关注实施的事实结果，不甚清晰。《罗马条例Ⅰ》第9条第3款对属地适用表示青睐[③]，但不能归于权力理论。当外国政治和经济规则维护该国利益时，只要遵循权力范围的限制，该理论承认外国的干预规范。其中关键在于规范所属国有能力执行，即当事人须受制于该国法，尤其债务人在该国拥有资产。[④] 考虑到《罗马条例Ⅰ》制定中的英国普通法因素，该款所施加的履行地要求不能由权力理论解释。即使当事人违反属人法中的禁止规范且个人资产完全位于该国，只要履行地位于另一合法

① See Tillman Christopher, "The Relationship between Party Autonomy and the Mandatory Rules in the Rome Convention", *J. Bus. L.*, No. 1 (2002), 48（公私法区分存在从属理论、利益理论、功能理论）。

② See Ole Lando, "Substantive Rules in the Conflict of Laws", *Tex. Int'l L. J.*, Vol. 11, No. 3 (1976), 524-525.

③ See Monika Pauknerová, "Overriding Mandatory Rules and Czech Law", *Cze. Yb. Int. L.*, Vol. 2 (2010), 87（认为该款构成传统不给予外国公法在本国效力的属地原则的回归）。

④ Dieter Martiny, VO (EG) 593/2008 Art. 9 Eingriffsnormen, Rn. 38.

履行的国家，不妨碍外国法院作出履约判决，能否获得强制规范所属国的承认或执行，在所不问。

（二）准据法理论

与外国公法理论不同，准据法理论（proper law theory，*Schuldstatutstheorie*）认为国际强制规范构成支配合同有效性事项的法律。如果属于冲突规范指引的法律体系，则在符合适用意愿并不违反法院地公共政策的情况下可以适用[①]；反之，除法院地强制规范可借助公共政策保留执行外，不予考虑。就与第三国强制规范的关系而言，一方面，准据法理论构成第三国强制规范不适用的理论基础；另一方面，当法院地国希望适用时，可通过双边选法规则的例外和冲突法制度的运用为之保留适用的可能。该理论不妨碍在准据法体系下评价第三国强制规范的效力，并赋予其私法上的效果。即便如此，传统多边选法方法在应对单边的国际强制规范的适用上仍有不足。

准据法理论形成于20世纪三四十年代，受经济大萧条带来的货币急剧贬值的影响，各国纷纷废止具有货币保值功能的金约款。[②] 金约款的取缔反映出各国经济政策[③]对跨国贸易和金融支付产生极大影响，应在国际私法层面探究是否要承认此类规定的域外效力。根据“统一联系”（Unitary Connection，*Einheitsanknüpfung*）原理，许多判决认为合同准据法包括嗣后通过的废止金约款的规定。只有准据法下的金约款要求适用于境外支付行为时，才运用公共政策保留予以排除。[④] 这完全否定外国公法在本国法院的适用有可取之处，因为毕竟可以在某些案件中适用体现他国政策的法律。然将此种政策性法律的适用交由当事人选择的合同准据法支配，不仅与必须适用的政策目标不符，还容易出现法律规避。

（三）实体考量和事实理论

源自德国的实体考量（*Materiellrechtliche Berücksichtigung*）理论[⑤]即实体法方法（*Materiellrechtlicher Ansatz*），是指将表现为经济监管的第三国强制规

---

① See Jan-Jaap Kuipers, *EU Law and Private International Law*, Martinus Nijhoff Publishers, 2011, p. 148; Jan Kropholler, *Internationales Privatrecht*, 6. *Auflage*, *Mohr Siebeck*, 2006, S. 481.

② 即在订立合同时按签约日的黄金价格将要支付的金额折合为黄金，债权人在到期日有权要求支付此数量的黄金或将此特定数量的黄金按照现时的金价转换成计价货币。

③ 如果不通过立法废止，当出现货币急剧贬值的情况时，司法实践一般会予以调整。

④ See A. V. M. Struycken, “General Course on Private International law”, *Recueil des Cours*, Vol. 311 (2004), 425.

⑤ See Jan Kropholler, *Internationales Privatrecht*, 6. Auflage, Mohr Siebeck, 2006, S. 482.

范置于合同准据法下来评判所发生的私法效果，其包括违反善良风俗、免责以及有违诚信等情形。该理论实现了第三国强制规范在私人诉讼中发挥作用的目的，既不突破传统的选法模式，又不必探究规范背后的政策意图以及与准据法或法院地国法发生的潜在冲突，还无须使法院承担查证第三国法的责任①，是较为谨慎的做法，得到理论界和实务界的共同青睐。

类似的有事实理论（datum theory，*Datum-Theorie*）。② 美国艾伦茨维格认为，某些外国法作为法院地国法下的事实而非裁判依据。③ 这为对待根据传统选法理论无法适用的第三国强制规范提供了思路。例如，法院根据当事人选择的法律判断违反外国法的行为是否构成抗辩，允许依履行地国法决定履行在事实上是否违法。④ 国际商事仲裁的仲裁庭将此类法律视为事实予以考虑，免除了公益平衡的麻烦。⑤

上述理论虽避免与准据法理论发生正面冲突，但存在局限，只能发挥有限的作用。首先，外国法毕竟不是严格意义上的事实⑥，规范内容仍发生作用；其次，实体法方法不能避开冲突规范的适用；最后，在准据法为外国法的情况下，一旦运用实体法方法，法院地国将丧失对第三国强制规范适用的最终控制。

三、支持直接适用的理论

与上述理论不同，特别联系理论、结合理论以及来自美国的利益分析学说都支持法院地国直接适用第三国强制规范，构成不同于以往的法律适用方法论，为

---

① 案件事实由当事人查明。一旦作为适用法，按照大陆法系法官知法原理，法院将负担查明责任。

② See Peter O. Mülbert, "Ausländische Eingriffsnormen als Datum", *IPRax*, *Jah*. 6, H. 2 (1986), S. 140.

③ See Albert A. Ehrenzweig, "Local and Moral Data in the Conflict of Laws: Terra Incognita", *Buff. L. Rev.*, Vol. 16 (1966), 55-61.

④ See George A. Bermann, "Mandatory Rules of Law in International Arbitration", in Franco Ferrari & Stefan Kröll, eds., *Conflict of Laws in International Arbitration*, Sellier, 2010, p. 335（区别十分微妙）。

⑤ See Gralf-Peter Calliess, "Transnationalizing Private Law", *Ger. L. J.*, Vol. 10, N. 10 (2009), 1349.

⑥ See Kurt Siehr, Ausländische Eingriffsnormen im inländischen Wirtschaftskollisionsrecht, RabelsZ, Bd. 52, H. 1-2 (1988), 80.

第三国强制规范适用制度的出现提供了理论契机。

（一）特别联系理论

特别联系理论（special connection theory，*Sonderanknüpfungstheorie*，*Sonderanknüpfungslehre*）是指根据第三国强制规范要求适用的意图而在准据法外直接适用。[①] 与外国公法理论相似，纯粹特别联系理论也主张公法性的外国强制规范不属于准据法的范畴，不能借助统一联系而适用，但理由却是传统冲突规范的连结因素不适合作为选择外国国际强制规范的依据。[②] 特别联系理论可以作为一切国际强制规范直接适用的依据，甚至是设置旨在保护弱者的特别冲突规范的理由[③]，构成第三国强制规范在法院地国适用最直截了当的方式。

该理论源于德国，旨在实现德国外汇管制法的域外适用。同样由于经济大萧条的缘由，德国在 1931 年颁布严格的外汇管制法令。[④] 20 世纪 20 年代，德国企业在美国纽约发行了大量债券，此类债券因法令的实施无法按期兑现。当事人多约定适用纽约州法[⑤]且本金和利息在纽约支付，德国公法规范根据准据法理论无法得到美国法院的承认，在美诉讼的德国企业多以败诉告终。[⑥] 为解决这一问题，著名法学家温格在 1941 年发表的《强制性合同法在国际私法中的适用》一文中提出，与一般合同法规范由冲突规范支配不同，强制规范适用的唯一联系是外国法院发现的规范立法意图。此类规范的适用须满足两个条件：其一，不违反法院地国的国际公共政策；其二，规范制定国与案情存在密切联系。[⑦] 将所有合同法问题交由单一准据法解决的萨维尼体系已无法应对目前的国际交易合同。应

① See Andreas Bucher，"L'ordre Public et le but Social des Lois en Droit International Privé"，*Recueil des Cours*，Vol. 239（1993），88（相当的法语为 *rattachement special*）。

② See Kerstin Ann-Susann Schäfer，*Application of Mandatory Rules in the Private International Law of Contracts*，Peter Lang，2010，pp. 142-143.

③ See Jan-Jaap Kuipers，*EU Law and Private International Law*，Martinus Nijhoff Publishers，2011，p. 139.

④ See Ehwad C. Freutel，"Exchange Control，Freezing Order and the Conflict of Law"，*Har. L. R.*，Vol. 56，No. 1（1942），30（1939 年，36 个国家实施外汇管制，同期只有 29 个国家维持自由兑换）。

⑤ 美国法院往往根据准据法的情形决定规定的适用。如果适用德国法，则纽约法院可能会基于准据法的缘故适用；如果债务在德国履行，则有可能视为履行的事实障碍。

⑥ See Michal Wojewoda，"Mandatory Rules in Private International Law"，*Maa. J. Eur. & Comp. L.*，Vol. 7，No. 2（2000），186.

⑦ See Wilhelm Wengler，"Die Anknüpfung des zwingenden Schuldrechts im internationalen Privatrecht"，ZVglRWiss，Bd. 54（1941），168，cited in Nicolas Nord，*Ordre Public et Lois de Police en Droit International Privé*，Université Robert Schuman，2003，p. 330.

该为每个源自合同的强行法支配即效力问题进行更具体的法律选择。合同当事人不能自由处分的规则将在发挥效力的范围以及自身意图内适用。[①]

随后，茨威格特分析能导致履行不法的外国禁止性监管措施对合同履行的影响。传统德国实践表明，只有合同准据法的外国禁令才能适用。当合同准据法为德国法时，外国禁令在冲突法层面的直接适用从未被考虑，至多被视为履约障碍，根据德国履行禁止的法律发生效果。同时，他认为，判决一致并非唯一的目标，外国禁令的适用不应以损害法院地国利益为代价，故仅需要根据密切联系标准考虑反映国际典型利益（*international-typische Interessen*）的外国禁令。具体而言，如果履行所需的资产移动全部或部分发生在禁令实施国，则不损害国际典型利益且能导致履行不法的禁令可以通过特别联系予以适用。[②] 虽然有学者继续关注[③]，但该理论长期没有引起太多关注，直到 Alnati 案的出现才逐渐兴起，成为第三国强制规范适用的重要理论。[④]

（二）结合理论

准据法和特别联系理论看似矛盾，却也可融会贯通。[⑤] 结合理论（combination theory，*Kumulationstheorie*）将二者融合，即当外国强制规范隶属于准据法时，原则上适用之；反之，则借助特别联系理论而予以适用。结合理论提供最为广阔的适用途径。首先，通过传统选法机制给予其准据法身份；其次，在此之外考虑借助特别联系理论；最后，不排除在上述途径均无效时还可以考虑其所能发生的实体法效果。尽管理论上存在矛盾之处[⑥]，但如此能最大限度地发挥第三国强制规范在涉外民事审判中的作用。从现实的角度，《罗马公约》和

---

① See Wilhelm Wengler, *Stidienzum internationalen Obligationenreclit in SIMMITKA STREIT* 535, 568 (1963) (written in 1939), cited in Hans W. Baade, "Operation of Foreign Public Law", *Tex. Int'l L. J.*, Vol. 30, No. 3 (1995), 469.

② See Konrad Zweigert, "Nichterfüllung auf Grund ausländischer Leistungsverbote", *Zeitschrift für Ausländisches und Internationales Privatrecht*, Bd. 14, H. 1-2 (1942), 287. 这说明特别联系带有权力支配印记。

③ See Karl H. Neumayer, "Die Notgesetzgebung des Wirtschaftsrechts im internationalen Privatrecht", *BerGesVR*, H. 2 (1958), 35-57.

④ 对茨威格特的特别联系理论，曼恩予以激烈批评，认为该理论将会走向消亡。See F. A. Mann, "Conflict of Laws and Public Law", *Recueil des Cours*, Vol. 132 (1971), 157-165.

⑤ See Paul Hauser, *Eingriffsnormen in der Rom I-Verordnung*, Mohr Siebeck, 2012, S. 104.

⑥ 由于冲突规范和特别联系理论针对规范类别不同，一并采用存在矛盾。See Kerstin Ann-Susann Schäfer, *Application of Mandatory Rules in the Private International Law of Contracts*, Peter Lang, 2010, p. 175.

《罗马条例Ⅰ》都没有明确准据法所属国强制规范须通过特别联系理论予以适用[①]，故遵循统一联系的结合理论仍有吸引力。

（三）利益分析学说

第三国强制规范在法院地国的直接适用与利益分析学说存在类似之处。[②]然源自科里的利益分析学说[③]不只是针对第三国强制规范，甚至超出国际强制规范的范畴，构成应对一切民商事法律冲突的方法论。[④] 似乎不应将之作为第三国强制规范适用的理论基础[⑤]，况且特别联系理论在这之前即被提出。[⑥] 然不能否认，以单边选法为特征的利益分析学说对于第三国强制规范在法院地国的适用起到了促进作用，甚至学者因此将国际强制规范适用理论视为欧洲对美国冲突法革命的回应。[⑦]

1. 对利益分析学说接受的有限性

第三国强制规范适用制度表明欧洲对利益分析学说的接受有限。这说明欧陆传统的双边选法模式出现部分单边主义（partial unilateralism）倾向[⑧]，即功能主义的优先适用[⑨]，如不加以协调，会误入歧途。利益分析学说能发现导致不同

---

① 重叠适用危险可通过拒绝采用统一联系的方式避免。《罗马条例Ⅰ》改变之前的做法，将一切外国国际强制规范交由第9条第3款支配。See Dieter Martiny, VO (EG) 593/2008 Art. 9 Eingriffsnormen, Rn. 43.

② See Patrick Ross Williams, "The EEC Convention on the Law Applicable to Contractual Obligations", *Int'l & Comp. LQ*, Vol. 35, No. 1 (1986), 22.

③ 参见王思思：《柯里的利益分析理论研究》，73页，武汉，武汉大学出版社，2012。

④ 科里学说受法律现实主义的影响，即便不能作用于所有民法规范，至少适合于现实大量存在的功能限制实体规范。巴布科克案反映了此种情况。See Rodolfo De Nova, "Conflict of Laws and Functionally Restricted Substantive Rules", *California Law Review*, Vol. 54, No. 4 (1966), 1572.

⑤ See Patrick J. Borchers, "Categorical Exceptions to Party Autonomy in Private International Law", *Tul. L. Rev.*, Vol. 82, No. 5 (2007-2008), 1655（科里的理论虽然与强制规范的单边对待相似，但其将每个规则都视为强制性的，阻碍了该概念在美国的发展）。

⑥ See Kurt G. Siehr, "Domestic Relations in Europe: European Equivalents to American Evolutions", *Am. J. Comp. L.*, Vol. 30, No. 1 (1982), 66〔直接适用法看似与科里对实体规则的空间解释有关，但弗朗西斯卡基斯不仅援引努斯鲍姆提出的空间限定的内部规则（räumlich [Örtlich] bedingte Sachnormen），还指出这不是新东西，而是萨维尼提出的严格积极和绝对性质的规则的现代演进〕。

⑦ 参见王承志：《美国冲突法重述晚近之发展》，217～220页，北京，法律出版社，2006。

⑧ 国际强制规范适用理论不谋求成为法律选择的普遍方法。See Thomas G. Guedj, "The Theory of the Lois de Police", *Am. J. Comp. L.*, Vol. 39, No. 4 (1991), 695.

⑨ See Andrea Bonomi, "Mandatory Rules in Private International Law", *Yb. Priv. Int. L.*, Vol. 1 (1999), 231.

判决结果的各法域规则背后的政策，进而确立适用意图，在发生真实法律冲突时法院地国法优先。后续的比较损害学说①、法律选择的5点考虑②等修正利益分析学说更能在真实法律冲突发生时实现法域间的利益衡量，符合功能分析要求。该学说认为：在面对竞相要求适用的法律时，应试图采取超然的立场，而不是仅从法院地国的角度出发。③ 就第三国强制规范而言，如不违反法院地国强制规范或公共政策④，则体现为否定合同效力的规范背后的政策和利益优先，容易忽视准据法所属国维护合同机制的意图。在第三国法要求适用时，必须遵循契约必须信守的私法原则，避免发生“半利益分析”的不良后果。故有必要赋予法官以自由裁量权，在全面分析并衡量准据法所属国、法院地国和第三国乃至合同当事人利益的基础上得出是否适用的结论。

2. 利益分析学说的局限性

能够为第三国强制规范的适用提供借鉴的利益分析学说仍有不足。从实体法政策寻找法律适用范围并非易事。以科里对Milliken案⑤所作利益分析的解释为例，其认为：如同美国其他州以及许多国家，马萨诸塞州信奉契约自由，承认商事交易中的担保安排，并保护受要约人的合理期望。然该州认为，已婚妇女构成需要特殊保护的群体，由此将保护已婚妇女的政策置于维护担保交易的政策之上。具体而言，它将需要特别保护的债务人的利益置于债权人的利益之上……尽管该决策有损强势选民的利益，立法机构还是决定支持对已婚妇女的保护。哪些已婚妇女呢？马萨诸塞州关注其福利的已婚妇女，即马萨诸塞州的已婚妇女。⑥

利益分析学说倾向采用属人⑦原则解释立法的适用范围。如遵从属地主义，会产生不同的结果。通过利益分析，布里梅耶认为对Milliken案可作如下解读：如同美国其他州以及许多国家，马萨诸塞州信奉契约自由，承认商事交易中的担

① See Baxter, “Choice of Law and the Federal System”, *Stan. L. Rev.*, Vol. 16, No. 1 (1963), 1-42.

② See Robert Leflar, “Choice-Influencing Considerations in Conflict of Law”, *N.Y.U.L.Rev.*, Vol. 41, No. 2 (1966), 267-327（列举了结果的可预见性、州际和国际秩序的维护、司法任务的简单化、法院地国政府利益的维护及适用更优的法律共5点考虑因素）。

③ See Lea Brilmayer, *Conflict of Laws*, Aspen Publisher Inc., 1995, p. 76.

④ 如针对同一问题、同一对象的一国义务性规范和和另一国禁止性规范的冲突。

⑤ Milliken v. Pratt, 125 Mass. 374 (1878)（法律选择的争议在于能使已婚妇女订立的担保合同为无效的马萨诸塞州法能否适用。马萨诸塞州法院根据合同在缅因州订立排除了本州法的适用）。

⑥ See Currie, “Married Women's Contract”, *U. Chi. L. Rev.*, Vol. 25, No. 2 (1958), 233-234.

⑦ See Trevor C. Hartley, “Mandatory Rules in International Contracts”, *Recueil des Cours*, Vol. 266 (1997), 362（如果马萨诸塞州法保护消费者，难道无须保护来该州购物的他州消费者么）。

保安排，并保护受要约人的合理期望。然该州认为，由已婚妇女签订的合同有可能是欺诈或者胁迫的产物，由此将保护免受欺诈的政策置于维护担保交易的政策之上。具体而言，它将已婚妇女签订的、很有可能存在欺诈或者胁迫的交易不生效力的政策置于债权人的利益之上……尽管该决策有损强势选民的利益，立法机构还是决定支持交易的不生效力。哪些交易呢？于马萨诸塞州有利益的交易，即马萨诸塞州的交易。①

① See Lea Brilmayer, *Conflict of Laws*, Aspen Publisher Inc., 1995, p. 62.

第二章　第三国强制规范在法院地国适用的发展历程

第三国强制规范在法院地国的适用经过极为漫长、艰辛的发展历程。各国司法实践对外国强制规范态度的转变成为第三国强制规范适用立法的诱因，其中最引人关注的是《罗马公约》和《罗马条例Ⅰ》确立的第三国强制规范适用制度。本章以此为据进行阶段划分，重点分析适用制度化过程中面临的困难以及应对措施，为具体分析作铺垫。

第一节　法院地国对待第三国强制规范的传统做法

在第三国强制规范适用制度确立前，各国司法实践经常面临适用外国公法的情况，就该问题的处理积累了经验。本节重点探讨欧洲代表性国家的传统国际私法实践，介绍第三国强制规范适用制度出现的背景。

一、不适用外国公法的实践

外国公法不适用理论作为国际私法普遍对待外国公法的学说，仅在欧陆国家的司法实践中被经常采用①，其中对德国的影响最大。传统上，德国法院对待外国公法的态度不甚明确，但大体符合准据法理论，即外国公法必要时可以作为准据法②；如损害德国的利益，则不予适用。仅仅服务于外国自身利益的税法或直接针对外国人的贸易禁止被排除在外。③ 这被联邦德国联邦最高法院 1959 年审理的民主德国外汇管制案推翻，由此确立外国公法不适用原则。④ 在 1948 年，两位民主德国居民签订了借贷马克的协议。后来债务人定居联邦德国，债权人将债权转让给联邦德国原告。由于债务人未能履行债务，原告提起诉讼。被告辩称，根据民主德国法⑤，事先未经民主德国当局批准的债权转让协议无效。联邦德国法院没有确定转让协议的准据法，认为民主德国外汇管制法属于外国公法，不得在本国司法审判中适用。根据公法冲突法，此类立法受属地性的限制。⑥

这一看法并非绝对，如当事人必然遭受管制，仍予以适用。⑦ 也即外国当局事实上针对该国居民有能力实施外汇管制法，特别当债务人在境外没有资产时，要考虑该规定。此做法与前述权力理论相符，并在联邦最高法院 1965 年审理的案件中得以确立：原、被告在缔约时同为民主德国居民，后原告定居联邦德国。基于外国公法不适用原则，尽管准据法为民主德国法，联邦德国法院拒绝适用民主德国外汇管制以及征收的法律；但同时认为，如果外国有能力实施本国法，则

---

① 对过分适用的外国公法，法国同样不予承认。Fruehauf Corp. v. Massardy, Ct. App. Paris, 1965.

② 典型的是 20 世纪 30 年代德国法院审理的金约款案。在经济大萧条造成的美元大幅贬值背景下，美国于 1933 年全面废止交易中涉及美元的金约款效力。在准据法为美国法时，德国法院承认法令的效力。

③ See Ulrich Drobnig, *American-German Private International Law*, Oceana Publications, 1972, p. 250.

④ BGH 17.12.1959, BGHZ, 31, 367. Mathias Kuckein, *Die 'Berücksichtigung' von Eingriffsnormen im deutschen und englischen internationalen Vertragsrecht*, Mohr Siebeck, 2008, S. 99.

⑤ 1950 年民主德国颁布一项法令，规定任何民主德国居民在向联邦德国的居民转让债权时，须获得民主德国部长的批准，否则，转让无效。

⑥ See F. A. Mann, "Conflict of Laws and Public Law", *Recueil des Cours*, Vol. 132 (1971), 161（判决不合理，债权转让性在双方当事人受制于民主德国立法时由准据法支配。除非援引公共秩序，应适用民主德国法）。

⑦ See Ulrich Drobnig, *American-German Private International Law*, Oceana Publications, 1972, p. 262.

作为例外应考虑外国公法的私法效力。本案原告位于联邦德国，且被告在联邦德国拥有资产，不满足上述例外；就征收的法律而言，虽然民主德国已经执行，但因违反联邦德国公序良俗而不予适用。[①] 此外，除外国当局有能力执行外，如果外国公法为平衡私人利益，也可以适用。[②] 即使拒绝适用，也不妨碍关注此类规范所发生的事实效力，禁止履行的法律可以作为履行不能的免责事由。

该原则确立后，适用外国强制规范变得更加不可能。在 1975 年 Solzhenitsyn 案[③]中，德国联邦最高法院拒绝适用作为第三国法的苏联外贸垄断限制。原告瑞士出版商以独占许可的方式从被告苏联籍作家索尔仁尼琴手中获取出版历史小说《一九一四年八月》的权利，但被告在德国自行出版，辩称苏联外贸国营垄断禁止其将版权转让给外国人，转让合同无效。法院认为：苏联法令旨在实现政治意图，并非服务于私人利益的保护，而是追求国家利益，受属地性的限制。[④] 另外，本案也不存在苏联有能力执行本国法令的情形。如前所言，外国公法的不适用建立在属地性的基础上，其实只针对外国公法在公法诉讼中的执行，而非一律不予考虑。虽然在私人诉讼中适用能间接实现外国公法的意图，但更主要是出于对当事人公平以及国际交往开展的考虑，不过多涉及主权。德国法院虽对外国公法不适用施加例外，但难自圆其说。

二、作为准据法适用的实践

除外国公法诉讼[⑤]，英国传统冲突法适用准据法所属国的强制规范[⑥]，即合

---

① See BGH 28. 1. 1965，IzRespr 1964/65 Nr 68.

② 在审理涉及外国竞争法的案件中，瑞士法院效仿德国对待外国公法的做法。BGE 80II，53，61 et seq..

③ BGH 16. 4. 1975，BGHZ 64，183 (189).

④ 法院认为，根据《德意志联邦共和国和苏联关于通商和航海的基本协定》也能得出这一结论。

⑤ Attorney General of New Zealand v. Ortiz，[1982] 3 WLR 570. 该案的被告违反新西兰的出口管制，将毛利人雕刻私自携带出境，准备在英国拍卖。新西兰政府向英国法院请求下达禁拍令。英国上诉法院认为，新西兰出口管制法令只在本国境内有效，当文物流出境外，该法令不再具有效力，从而没有支持原告的主张。该案表明英国法院不会执行外国公法，即便出于保护一国文化遗产的正当目的。英国法院在审理涉及伊朗政府主张返还本国文物的案件时，不承认存在禁止实施外国公法诉讼的原则。See Government of the Islamic Republic of Iran v. The Barakat Galleries Limited，[2007] EWCA Civ. 1374. 但这只是法官的附带评论，返还请求得到支持的主要原因在于，根据作为文物来源地的伊朗的法律伊朗对文物享有所有权，该法关键部分不是公法性的。

⑥ See Adrian Briggs，*The Conflict of Laws*，2nd ed.，Oxford University Press，2008，p. 52.

同的履行必须实施根据外国准据法为非法的行为的，足以证明在英国不可执行[①]，除非外国法因具有歧视性或压迫性而违反英国公共政策。[②] 在 Kahler 案中[③]，捷克斯洛伐克籍原告在 1938 年与当地银行签订委托合同，由后者代为保管其持有的加拿大公司发行的证券。该证券事实上由银行在伦敦的受托人即被告保管。根据随后颁布的捷克斯洛伐克外汇管制法，在没有取得该国央行批准的前提下被告不得将证券交给外国人。此时原告已成为美国居民，但被告仍要受上述监管的约束，由此产生争议。英国上议院的多数法官根据戴雪的自体法理论认定委托合同当事人有默示选择捷克斯洛伐克法的意图。[④] 捷克斯洛伐克的外汇管制法不属于刑事、没收或财政性质之类不予执行的外国公法，而且对该规定的不遵守会导致履行发生外国法下的不法，故上议院拒绝原告返还财产的诉讼请求。

在涉及贷款纠纷的 Helbert Wagg 案[⑤]中，受德国外汇管制的影响，本应以英镑在英国履行债务的德国公司通过向德国政府机构（*Konversionskasse*）支付马克的方式解除债务。英国法院认可了当事人选择的德国法具有变更合同的效力，尽管对英国一方不利。英国法院拒绝认定德国延期支付法构成没收性立法。毫无疑问，德国法旨在保护本国经济和居民的基本福利，无论当事人的国籍。当合同准据法为德国法或涉案动产位于该国时，在不违反公共政策的前提下，此种外汇管制或币值改变的措施应获得外国法院承认。不难看出，英国法院对于认定外国法构成歧视性的法律，进而援引公共政策排除的做法持审慎态度。

如果外国强制规范不具有准据法的资格，特别是在当事人已经合意选择英国法作为准据法的情况下，则不予适用。在 Vita 案[⑥]中，承运人在纽芬兰港签发将鲱鱼运往美国纽约的提单。纽芬兰 1932 年《海上货物运输法》规定，任何在纽芬兰签发的提单都必须适用《海牙规则》。运输责任纠纷在同为英国领地的加拿大新斯科舍法院审理，后上诉到英国枢密院。[⑦] 提单约定适用英国法的效力成为

---

① See James J. Fawcett, et al., *International Sale of Goods in the Conflict of Laws*, Oxford University Press, 2005, p. 768.

② See Pippa Rogerson, *Collier's Conflict of Laws*, 4th ed., Cambridge University Press, 2013, p. 328.

③ See Kahler v. Midland Bank Ltd., [1950] A. C. 24.

④ See P. B. Carter, "The Proper Law of the Contract", *Int'l L. Q.*, Vol. 3, No. 2 (1950), p. 256.

⑤ See Re Helbert Wagg & Co. Ltd., [1956] 1 Ch. 323.

⑥ Vita Food Products Inc. v. Unus Shipping Co. Ltd., [1939] A. C. 277 (P. C.).

⑦ 由于一审法院位于加拿大，而纽芬兰自治领尚未加入加拿大，故纽芬兰并非法院地国。

争议焦点。[①] 英国枢密院认为，在满足善意、合法且不违反公共政策的前提下，当事人选择英国法有效。纽芬兰 1932 年《海上货物运输法》即使构成该地法院有义务适用的强制性法律，也与加拿大新斯科舍法院以及英国枢密院无关。由此，虽然作为提单签发地的纽芬兰与案件存在密切联系，具有强烈适用意愿的纽芬兰强行法也没有适用的资格。[②]

在法国国际私法实践中，外国公法可以作为准据法适用，除非违反法院地公共秩序。[③] 这反映在法国最高法院审理的涉及荷兰公司法令域外适用的皇家荷兰案[④]中。为追回“二战”期间被纳粹德国掠夺的犹太人的股权，荷兰政府于 1944 年对境内外所有皇家荷兰公司持股人发布向政府申报的法令，并规定，届时未申报者，红利将上缴荷兰政府。未按期登记的持股人在法国起诉皇家荷兰公司。案件的焦点在于荷兰政府发布的法令能否为法国法院所适用。原告认为，虽然案件适用荷兰法，但准据法不包括上述法令。此类法令是公法性的，不适用于荷兰境外的持股人。法国法院认为荷兰政府的法令不是用于无偿征收，而是整治经济的正常措施，不违反法国公共秩序。荷兰政府的法令在该案具有准据法的资格，不属于第三国强制规范，但实质上仍构成干预经济生活的公序法。[⑤] 总之，法国对外国公序法的适用较为开明。

在外国公法不构成准据法时，法国法院有时类推适用禁止法律规避制度，以欺诈外国法（*fraude à la loi étrangère*）为由赋予外国公法所在的法律体系以适用资格。以往该制度只针对欺诈本国法的现象，对逃避外国法的行为予以漠视。此种不平等地对待内、外国法的做法备受批评。[⑥] 在将黄金经葡萄牙走私到西班牙的案件中，法国塞纳法院创造性地以欺诈外国法为由宣告违反西班牙进口管制

---

① 《海牙规则》规定适用于那些并入首要条款的提单。纽芬兰法虽然要求自本地港口签发的提单必须包含首要条款，但本案提单遗漏了，故法院认为作为缔约国的英国不承担适用《海牙规则》的义务。

② 这改变了司法实践中一度认为提单签发地的强制规范应予以遵守的做法。See The Torni,［1932］p. 78（CA）.

③ 在法国公司在加拿大发行以加拿大元计价的证券纠纷中，法国最高法院以违反公共秩序为由拒绝给予作为合同准据法的加拿大废止金约款规定以域外效力，并否定了法国法类似强制规范的适用。Messageries Maritimes, Cour de Cassation,（Ch. civ., sect. Civ.）, 21. 6. 1950.

④ Cour de Cassation, 17. 10. 1972. See Franco Mosconi, “Exceptions to the Operation of Choice of Law Rules”, *Recueil des Cours*, Vol. 217（1989）, 150-151.

⑤ See Henri Batiffol, “Le Pluralisme des Méthodes en Droit International Privé”, *Recueil des cours*, Vol. 139（1973）, p. 143.

⑥ See Marie-Christine & Meyzeaud-Garaud, *Droit international privé*, 2éd bréal, 2008, p. 91.

的合同无效。[①] 此种实践并不多见。[②]

三、纳入准据法考虑的实践

当能导致合同非法的外国强制规范满足英国普通法规则时，同样可以作用于合同效力，即使其不属于准据法所在的法律体系。对于合同违反外国制定法，英国普通法区分履行地国法和非履行地国法的情形。首先，如果履行地法规定合同履行不法，则不管依据自体法合法与否，英国法院都不得强制执行。这来源于戴雪的观点[③]，在 Ralli 案[④]中首次被法院采纳，成为可援引的先例。首先，该规则主要针对嗣后出现的非法对履行事实造成的影响，不甚关注缔约时的主观状态；其次，Foster 案[⑤]确立如下规则：如果当事人订立合同的意图在于违反友好国家的法律，这将损害英国与该国友好关系这一自体法下的公共政策，则合同不得强制执行，即使本可以在英国合法履行。

英国普通法对合同违反制定法之外的外国公共政策导致的不能履行更为苛刻。在 Lemenda 案中[⑥]，当事人协议利用原告个人的影响为被告在卡塔尔获得石油供应合同。被告虽然获得了合同，但拒绝支付服务费，辩称游说合同（lobbying contract）违反了卡塔尔的公共政策，英国法院不会执行违反履行地国法的合同。英国法院认为：虽然卡塔尔构成合同履行地，但单纯违反卡塔尔公共政策不会导致合同无效，毕竟公共政策不同于成文法。根据英国法，游说公共部门的合同违反国内公共政策，但不构成非法。然而本案合同尽管违反了基本道德原则，但能否阻止履行地在国外的合同的执行必须考虑该国法的态度，即只有在同时违反履行地国的公共政策时才会被拒绝承认和执行。此案的有趣之处在于，游说合同不足以说明贿赂和腐败的存在，不构成对各国普遍价值的破坏。

被告有时不主张合同因外国非法性的存在发生无效后果，而认为建立在非法

---

① Spitzer v. Amunategui, Tribunal de Seine, 4. 1. 1956. Cited in Richard Plender & Michael Wilderspin, *The European Private International Law of Obligation*, 3rd ed., Sweet & Maxwell, 2009, p. 347.

② 该案一度被认为是绝无仅有的案例。See Eckard Rehbinder, "Foreign Direct Investment Regulations: a European Legal Point of View", *Law & Contemp. Probs.*, Vol. 34 (1969), 134.

③ 《戴雪论冲突法》第二版即存在该规则。See A. V. Dicey, *A Digest of the Law of England with Reference to the Conflict of Laws*, 2nd ed., Sweet & Maxwell, 1908, p. 553.

④ Ralli Brothers v. Companiq Ia Naviera Sota y Aznar, [1920] 2 KB 287 (CA).

⑤ Foster v. Driscoll, [1929] 1 KB 470 (CA). 在第四章第一节对该案予以详细分析。

⑥ Lemenda Trading Co. v. African Middle East Petroleum Co., [1988] 3 WLR 735.

或不道德基础上的诉讼请求不能取得诉因。提出不法诉因（*Ex Turpi Causa*）主张的目标并非直接赋予外国法以域外效力，而是借助法院地国的公共政策。这可以追溯到 Holman 案。[①] 曼斯菲尔德勋爵认为，法院不应该对诉因建立在非法或不道德基础上的当事人施以援手。此裁判原则传统适用于国内合同，近来向外国非法性问题扩展。在 Barros 案[②]中，判决既认为当事人的行为违反友好国家的法律，又指出法院不会帮助诉讼请求违反任何国家的法律的当事人。[③] 从定性的角度，诉因不法虽反映了法院地的程序问题，但终究与实体权利关系重大，能否单独作为外国不法的处理方式值得探究。毕竟诉因不法很大程度上归因于合同效力本身存在瑕疵，与违反友好国家的公共政策相比，更为刚性，很难运用。

大量司法实践表明，当合同准据法为德国法时，德国法院会采取实体法方法对第三国强制规范发生的私法效果予以考虑。[④] 既可以采用《德国民法典》第 138 条规定的违反公序良俗为由认定合同无效，也可将第三国强制规范发生效果的情势视为影响履约的因素，从而借助于《德国民法典》第 275 条、第 311 条以及第 313 条关于履行不能、履行基础丧失的规定解除或变更合同[⑤]，免除或减轻责任。[⑥] 这多数能满足个案公正的需要，构成德国传统国际私法适用第三国强制规范的变通方式。

四、直接适用的实践

在《罗马公约》颁布前，虽然欠缺成文法的支持，但法国、荷兰的司法实践认为第三国强制规范在某些情况下能超越当事人选择的法律，这极大推动了第三国强制规范适用制度的确立。

（一）法国法院的做法

巴黎上诉法院曾在审理不动产租赁和房屋买卖纠纷中赋予第三国公序法以效

---

① Holman v. Johnson，[1775] 98 Engl. Rep. 1120 (1 Cowp. 341).

② Barros Mattos Jr. v. MacDaniels Ltd.，[2005] 1 WLR 247.

③ See Gregory Mitchell QC & Christopher Bond，"The Effect of Foreign Illegality on English Law Contracts"，*Bu. J. Int'l Ban. & Fin. L.*，No. 10 (2010)，533.

④ Dieter Martiny，VO (EG) 593/2008 Art. 9 Eingriffsnormen，Rn. 56（当德国法院根据实体法方法考虑外国禁令的效力时，外国禁令发生的私法效果只能根据准据法的规定予以考虑）。

⑤ Mathias Kuckein，*Die 'Berücksichtigung' von Eingriffsnormen im deutschen und englischen internationalen Vertragsrecht*，Mohr Siebeck，2008，S. 110 ff..

⑥ 将第三国强制规范维护的利益视为本国公序良俗的争议最大，参见第四章第一节。

力。在 Prohuza 案[①]中，由于当事人都是法国人，承租人以签发在法国兑付支票的方式支付租金，法国法规定租金在债务人住所地支付，故法院认定位于阿尔及利亚的不动产租赁合同适用法国法。然法院认为：外国外汇管制构成公共秩序的法律，能否适用不由合同准据法决定。但阿尔及利亚的外汇管制针对域外的支付行为，违反属地性要求，不予采纳。

在 1975 年 Roux 案[②]中，南越法令规定，向外国人转移不动产需要政府的事先批准。法国政府购买位于南越的土地，合同适用法国法，未向南越政府报批。法院认为，南越的法令适用于所有位于该国的不动产。此类合同公序法（*loi de police du contrat*）属于维护公共秩序的法律，不由当事人自由处置。上述案件涉及对第三国属地性质的公序法的承认，但法院最终借助物之所在地法的概念实现外国公序法在合同领域的适用，使其不具有典型意义。[③]

（二）荷兰法院的做法

与法国相比，荷兰法院审理的 Alnati 案[④]的意义更多。该案涉及将马铃薯从比利时安特卫普港运至巴西里约热内卢港的海上运输合同，约定免除承运人对运输途中发生的一切损失的责任，并适用荷兰法。货物在运输过程中腐败，托运人的保险人向承运人起诉。本案发生于 1954 年，如果适用提单签发地的比利时法，由于比利时当时加入了《海牙规则》并通过立法予以实施，故损害赔偿适用《海牙规则》。[⑤] 如果适用当事人选择的荷兰法，由于荷兰直到 1957 年方加入《海牙规则》，则不能适用公约的责任限制规定。

荷兰一审法院和上诉法院认为：当事人应在不违反本应适用的法律中的强制规范的范围内选择准据法。本案起运地和提单签发地都在比利时，故与比利时法存在强烈联系，构成当事人没有选择时适用的法律。荷兰法只有在不违反比利时法的强制规范时方可适用。荷兰最高法院推翻上述判决，认为：当事人可以选择准据法，甚至排除本应适用的法律中的强制规范，只要不违反荷兰的强行法以及

① Cour d'Appel de Paris, 10. 6. 1967.

② Roux v. Agent Judiciaire de Tresor, Cour d'Appel de Paris, 15. 5. 1975. See Jan-Jaap Kuipers, *EU Law and Private International Law*, Martinus Nijhoff Publishers, 2011, pp. 135-136.

③ Nicolas Nord, *Ordre Public et Lois de Police en Droit International Privé*, Université Robert Schuman, 2003, p. 341（对后续判决的影响不大，在该院眼中也未成为先例。Paris 13 juillet 1982）。

④ Van Nievelt, Goudriaan & Co's Stoomvaartmij N. V. v. N. V. Hollandsche Assurantie Societieit, Hoge Raad, 13. 5. 1966, NJ, (1967), No. 3, 16. 该案评述, see J. E. J. Deelen, "Private International Law: Carriage of Goods by Sea", Party Autonomy. N. Int'l L. R., Vol. 15, No. 1 (1968), 82。

⑤ 《海牙规则》和《比利时商法典》第 91 条适用于起运港在缔约国的海上运输签发的提单。

不允许法律选择的冲突规范。但就本案讨论的合同而言，如果其他国家对于在其领土外遵循特定强制规范拥有如此重要的利益以至于荷兰法院必须考虑，则该强制规范优先于当事人的选择而予以适用。比利时的强制规范不能体现该国的重大利益，故不具有优于当事人选择的荷兰法适用的性质。

本案的看法不构成先例①，但为第三国强制规范在法院地国的适用设置了特别联系阶梯（*bijzondere aanknopingsleer*）。这是一国最高法院首次明确赋予第三国强制规范以直接适用资格，对《罗马公约》② 的制定产生了重要影响。③ 从整体看，法院主要明确合同准据法的界限，即当事人选择的法律能否超越最密切联系法中的强制规范。荷兰最高法院认为，当事人选法的范围虽不以任意规范为限，但不能排除本应适用的法律体系中反映重大利益的强制规范。与其说该法院限制意思自治，不如说确立了广泛的选法自由。④ 就第三国强制规范的适用而言，该法院强调规范的重大利益属性，并非所有的强制规范都具有适用资格。比利时强制规范属于本应适用的法律，与案件存在最密切联系。⑤ 但从荷兰法的角度出发，承运人强制责任的规定不满足一国重大利益要求⑥，即便

---

① See Thomas G. Guedj, "The Theory of the Lois de Police", *Am. J. Comp. L.*, Vol. 39, No. 4 (1991), 673.

② 关于 Alnati 规则和《罗马公约》第 7 条第 1 款的异同，see Jan C. Schultsz, "Dutch Antecedents and Parallels to Article 7 of the EEC Contracts Convention of 1980", *RabelZ*, *Bd.* 47, H. 2 (1983), 275-277（二者在合同范围、优先情形、用语、讨论程度以及适用裁量上存在不同。其一，合同范围不同。Alnati 规则仅限适用于海上运输合同，而《罗马公约》适用于所有其界定的合同。其二，优先情形不同。Alnati 规则涉及第三国法排除当事人选择的法律，而《罗马公约》还可能使得第三国强制规范超越合同客观准据法。其三，用语不同。Alnati 规则适用的特别强制规范，区别于《罗马公约》的强制条款，更恰当。其四，讨论程度不一样。由于比利时法不构成特别强制规范，法院没有讨论外国法与案件的联系是否充分，《罗马公约》则要求真实联系。其五，裁量不同。Alnati 规则认为在符合条件时法院有义务考虑第三国法，《罗马公约》则给予法官更大的裁量）。

③ 该案被视为国际强制规范从区域主义向普遍主义转变的标志。参见吴光平：《重新检视即刻适用法》，载《玄奘法律学报》，2004（2）。

④ 早在 1924 年荷兰法院就确立选法意思自治，但对法律选择的范围施加限制，正如一、二审的情形。荷兰最高法院直到 1963 年才获得非制定法适用错误的管辖权，本案对荷兰的合同法律适用有重要意义。

⑤ 虽然法院未明确联系标准，但无疑联系已经足够。荷兰法将提单签发地视为确立海上运输合同准据法的客观连结因素，认为比利时法缺乏密切联系的观点值得商榷。E. g., Peter E. Nygh, *Autonomy in International Contracts*, Oxford University Press, 1999, p. 218; Jan-Jaap Kuipers, *EU Law and Private International Law*, Martinus Nijhoff Publishers, 2011, p. 83（尽管由比利时的代理人下达货物运输的指令，且起运港在安特卫普，但与比利时不存在充分联系）。

⑥ See Ole Lando, "The Conflict of Laws of Contracts", *Recueil des Cours*, Vol. 189 (1984), 298（尽管比利时的规则属于"直接适用"，但不足以构成充分"基本"的情形）。

规范所属国有不同看法。[①]

该问题在海牙地区法院审理的Sensor案[②]中得到进一步展现。原告是法国公司，被告是美国德克萨斯公司在荷兰的全资子公司。被告向原告以FOB鹿特丹的条件提供地震检波器及配件。该批位于荷兰的货物最终用于苏联建设塞尔维亚至西欧的油气管道。被告以受制于里根总统根据1979年《出口管理条例》授权在1982年6月22日颁布的出口禁令为由宣告不能履行合同。原告在荷兰起诉，申请履行强制令。根据荷兰国际私法，在选择法律时适用特征性履行方住所地的法律，即荷兰1971年《国际货物销售统一法令》。[③]

被告辩称，合同履行违反的美国禁令构成不可抗力，从而满足荷兰1971年《国际货物销售统一法令》第74条规定的免责情形。经荷兰海牙地区法院查明，本案合同符合美国禁令的适用范围，而且被告的履行将导致自身及母公司受到刑事制裁。问题的关键是如何看待要求域外适用的美国禁令。荷兰海牙地区法院主要从国际法对管辖权分配的角度进行讨论。根据属地原则，一国不得在境外行使管辖权，且本案不构成合理行使国籍和保护原则的情形。首先，被告不是美国公司；其次，向苏联出口非源于美国的货物不能对美国产生直接后果，美国禁令的适用要求与国际法不一致。[④] 虽然合同适用荷兰法，但在某些情况下仍要给予外国强制规范以适用的优先性，优先适用的条件是合同与外国存在充分联系，本案没有满足这一要求，故荷兰海牙地区法院判决被告向原告实际履行合同并赔偿违约金。与Alnati案不同，荷兰海牙地区法院主要从第三国强制规范的适用范围是否符合国际法对国家管辖权限制的角度出发，即将国际法的要求视为所属国与案件存在密切联系的体现[⑤]，联系的不足使得美国禁令最终未能被采用。

第二节　法院地国确立第三国强制规范适用制度的阶段

无论在国际还是国内层面，第三国强制规范适用制度逐步确立。考虑到欧盟

---

① 从比利时的角度看，该国商法构成实施其所参与的《海牙规则》的国内立法，自然必须要用。

② Compagnie Européenne des Pétroles SA v. Sensor Nederland BV，Haag，17. 9. 1982. 关于政治背景，See Andreas F. Lowenfeld，*International Economic Law*，Oxford University Press，2008，pp. 910-914。

③ See Neth. O. J. 1971，No. 780.

④ 如果为逃避美国禁令，美国公民特意在国外成立公司、进行交易，则此时禁令的适用可以接受。

⑤ 有关联系的标准问题以及国际法问题参见第三章第二节的内容。

立法的普遍性和重要性，本节以《罗马公约》和《罗马条例 I》为标志，将第三国强制规范适用制度化分为萌芽阶段、《罗马公约》阶段和《罗马条例 I》阶段，分别论述各阶段的立法特点。

一、萌芽阶段

由于外国强制规范适用带来的困扰，欧共体在制定统一债之法律适用条约时不得不对之加以考虑。这一时期，在准据法之外考虑国际强制规范的适用已有若干国际立法，有力地推动了第三国强制规范适用规则在欧盟层面的确立。

（一）《国际私法统一法的比荷卢条约》

受 Alnati 案影响，1969 年《国际私法统一法的比荷卢条约》[①] 第 13 条第 2 款规定，如果合同明显位于某国，则当事人不得排除该国法中由于特殊性质和目的而不允许进行法律选择的规则。此规定更类似于客观准据法对选法的普遍限制，但为第三国强制规范适用制度的出现提供了契机。

（二）海牙《代理法律适用公约》

1978 年《代理法律适用公约》第 16 条规定，在适用本公约时，可以给予与案情有重要联系的任何国家的强制规范以效力，如果根据该国法，该类规则无论冲突规范指引的法律如何都必须适用。[②] 该公约没有为法院地强制规范的适用制定专门规范[③]，下面分析该条对第三国强制规范在法院地国的适用的影响。

该公约的官方解释报告指出，第三国强制规范具有强烈的适用意愿。首先，为避开本应适用的合同准据法中的强制规范，当事人可选择另一国法，此时应赋予法院根据国际私法规则适用强制规范的权力。其次，即使不存在法律规避，基于特定案件中法律与当事人及合同的真实客观联系，法院仍有理由适用此种外国强制规范。该公约没有对当事人选法施加任何限制，故在案情需要的情况下，有权根据本地国际私法规则进行限制。最后，公约文本没有规定第三国强制规范所在法律体系的范围。有时，代理关系下的本人、代理人乃至第三人的营业地所在国的强制规范有适用要求，即使该国法并非当事人选择的法律或没有选择时应适

---

① 条约未生效，并于 1975 年废弃。雏形可追溯到 1951 年文本第 17 条第 1 款。See E. M. Meijers, "The Benelux Convention on Private International Law", *Am. J. Comp. L.*, Vol. 2, No. 1 (1953), 8.

② 参见外交部条约法律司：《海牙国际私法会议公约集》，123 页，北京，法律出版社，2012。

③ 公约未就此设置保留条款。See H. L. E. Verhagen, *Agency in Private International Law*, M. Nijhoff, 1995, p. 229.

用的法律；与之类似，当代理协议的履行根据履行地法为非法时，履行地法也有作用空间。由于强制规范种类繁多以及代理情形多样，预先设定强制规范所属国的范围不明智，故仅通过规定联系的程度予以限制。

(三)《合同与非合同之债法律适用公约》草案

为便利内部市场的建立，欧共体希望在民商事领域统一成员国的法律。在1968年《布鲁塞尔公约》通过以后，参考《国际私法统一法的比荷卢条约》的内容，欧共体着手制定债之法律适用的统一公约，并最终形成1972年《合同与非合同之债法律适用公约》草案。[①] 其第7条规定，当合同与根据第2、4、5、6、16、17、18条和第19条第3款指引的准据法所属国之外的国家联系，且该国法包含以强制方式调整主体事项而排除任何其他法律适用的条款时，在特别性质和目的能正当排除准据法的情况下，此类条款应予以考虑。

该条款形式上为法院地国和第三国设置相同的适用标准，内容则规定强制规范的适用须满足联系、排他适用以及性质和目的要求。关于联系要求，可以理解为合同和强制规范所属国存在任何联系，这过于宽泛且不利于判断，增加不同国家规范冲突的可能；排他适用要求是指所属国必须将强制规范视为无须冲突规范指引而必须适用的规则；性质和目的要求旨在说明排他适用的正当依据，即尊重立法意图。正如不能单纯因为外国准据法与法院地国法的不同而援引公共秩序保留，同样不能因为外国立法意图古怪而剥夺其适用资格。[②]

这引起广泛争议。耶纳认为没有规定的必要。如果应该考虑外国强制规范之适用，则法官根本没有理由关注外国立法者的意图；如果指在准据法下考虑履行障碍，则是多余。哥特霍特认为应该考虑的措辞会降低该条的效力，不如直接表明应该适用。就适用对象，兰多认为只针对公法条款，如域外支付限制或与敌贸易条款，保护弱者的私法性强制规范不在此列；森威格和拉加德认为，保护私人和公共利益的规则不易区分，尤其消费者保护法具有维护竞争的功能。对适用领域，德罗布尼希认为同样适用于非合同之债。就问题的复杂性，森威格和西斯比对于能否有效处理复杂问题表示怀疑，毕竟该条款既包括各国接受的法院地强制规范的适用，又包括极具争议的外国强制规范的适用。

① See Trevor C. Hartley, "Beyond the Proper Law", *Eur. L. Rev.*, Vol. 4 (1979), 236.

② See Ulrich Drobnig, "Comments on Art. 7 of the Draft Convention", in Ole Lando, et al., eds., *European Private International Law of Obligations*, Mohr Siebeck, 1975, pp. 83-85.

此外，过大的自由裁量也引发批评。[①]

二、《罗马公约》阶段

《罗马公约》在欧盟层面确立了第三国强制规范适用制度。这不仅在缔约国司法实践中得到运用，还对联盟内外的立法产生了广泛的影响。

(一)《罗马公约》第7条第1款的规定

为应对英国、爱尔兰等国家加入带来的不确定性，欧共体放弃制定统一的债之法律适用公约的初衷，将目光投向合同领域。《合同与非合同之债法律适用公约》草案作了有益的探索，最终反映在《罗马公约》。[②] 该公约第7条第1款规定：当根据公约适用一国法律时，可以给予与案情有密切联系的另一国法律中的强制规范以效力，当且仅当此类规则根据该国法必须予以适用而无论合同准据法为何。在决定是否给予此类强制规范以效力时，应考虑到它们的性质、目的以及适用或不适用所发生的后果。

1. 文本的解释与评价

作为起草《罗马公约》工作组成员的评述，《罗马公约报告》[③] 最接近于立法者的意图，构成公约解释的权威依据。[④] 就立法背景，该报告认为，修订《合同与非合同之债法律适用公约》草案的《罗马公约》第7条仅包括成员国法律中的既存原则，法院可以给予合同准据法外的强制规范以效力。该原则为欧共体内外的国家所承认，如Alnati案。《国际私法统一法的比荷卢条约》第13条第2款和《代理法律适用公约》第16条也作了规定。无须讳言，对传统英国判例是否构成适用第三国强制规范的实践仍缺乏清晰的认识，并存在不同看法。[⑤]

上述报告对含义作了充分说明。首先，就联系的性质和对象，草案未明确合同和一国联系的性质，以至于专家认为会使法院遭遇大量内容矛盾的法律，导致

---

① See Bernd von Hoffmann, "General Report on Contractual Obligations", in Ole Lando, et al., eds., *European Private International Law of Obligations*, Mohr Siebeck, 1975, pp. 16-19.

② 自1991年4月1日生效。经欧盟东扩，直至《罗马条例I》颁布时，有27个缔约国。

③ See Mario Giuliano & Paul Lagarde, *Report on the Convention on the Law Applicable to Contractual Obligations*, OJC, 282.

④ 英国《合同（准据法）法》第3条第4款直接赋予该报告以公约法定解释依据的地位。

⑤ Ralli Bros v. Sota Y Aznar, [1920] 2 KB 287 (CA). Regazzoni v. Sethia (1944) Ltd., [1958] AC 301 (HL). Rossano v. Manufacturers Life Insurance Co., [1963] 2 QB 352.

司法任务的复杂化。工作组认为仅仅有联系不够，必须存在真实联系，如合同在一国履行或当事人在此居住或拥有主要营业地。就联系对象，上述报告认为，联系必须存在于合同整体和一国法之间。工作组拒绝代表旨在确立争议点和具体条文之间联系的提议，这导致合同的不良分解，进而适用当事人不能预见的强制规范。尽管如此，工作组仍采用案情（situation）的表述。

其次，工作组根据代表团的提议规范了用语。新文本明确要求所属法律体系认定此类条款不顾合同准据法而适用。法文文本中的“loi”修改为“droit”，以避免发生仅包括制定法的误解。最重要的是，考虑某些代表团宪法层面的困难，起草者决定允许成员国法院就适用问题行使自由裁量权。

再次，对于增加的强制规范的性质、目的以及适用或不适用的后果，前述报告也对此进行了说明。就规范的性质和目的，有代表提议适用国际标准，如其他国家存在类似的法律或服务于公认的国际社会。其他专家指出，不存在国际标准，只能使法院徒增困扰；考虑适用或不适用的后果是为了界定、澄清、强化本款的规定。事实上，当要求适用的两国强制规范相互矛盾时，必须赋予法官从中选择的权力。

最后，前述报告强调可以赋予效力使得法院承担结合强制性条款和合同准据法的艰巨任务。

由于该款的新奇以及产生不确定性的恐惧，许多学者提出质疑[①]，然也不乏积极评价。[②] 博诺米认为：该款不会增加各国利益考虑的程度。相反，通过提供透明且结构良好的机制限制外国法的适用……由此，第7条第1款是公约设置良好且行之有效的组成部分。它不仅对援引外国强制规范的分析严密，还为法官保留适当的自由裁量，使法院无须探究所有可能相关的外国强制规范。[③] 就适用的具体情形，威廉姆斯认为，其一，当事人试图通过选择允许过分宽泛的合同自由的法律体系逃避监管；其二，履行根据履行地的法律为不法。当拥有平等缔约地

① 如诺斯认为，该款会产生误解，使得自由选法发生不确定因素，产生证明费用，并拖延诉讼。See Peter North, *Essays in Private International Law*, Oxford University Press, 1993, p. 46.

② See Paul Lagarde, “European Convention on the Law Applicable to Contractual Obligations: An Apologia”, *Va. J. Int'l L.*, Vol. 22, No. 1 (1981), 103（该条的不确定不会导致不公，毕竟提供考虑适用的标准）。

③ Andrea Bonomi, “Note-Article 7 (1) of the European Contracts Convention”, *Har. L. R.*, Vol. 114, No. 8 (2001), 2463.

位的当事人善意选法时，应严格限定该款的适用。[①]

2. 缔约国保留的效果——以英国为例

第三国强制规范的适用引起较大争议，根据《罗马公约》第 22 条第 1 款 a 项，英国、爱尔兰、德国、卢森堡、葡萄牙、拉脱维亚和斯洛文尼亚先后声明保留，豁免该款规定的义务。[②] 但公约毕竟确立了包括法院地强制规范直接适用在内的新的适用规则，这是否影响保留国对待第三国强制规范的态度值得探讨。特别对英国而言，虽然保留[③]使其直接适用第三国强制规范欠缺必要的制度[④]，但传统司法实践确立的普通法规则能否在公约背景下继续存在成为理论界讨论的焦点。

（1）传统普通法规则的有效性

如果将针对第三国强制规范适用的普通法规则视为实体规范，将不受保留的影响；如认为在准据法为外国法时该普通法规则也可适用，会引发是否继续有效的争议。对保留效果的错误认识使得某些学者对于英国传统普通法规则的有效性作出错误判断。[⑤] 保留的目的在于排除或更改缔约国的条约义务。[⑥] 就《罗马公约》第 7 条第 1 款而言，缔约国的保留使之不承担适用义务，而非一定不适用。由此，即使将传统普通法规则视为第三国强制规范在英国直接适用的依据，英国法院也可延续公约生效前的做法。

（2）《罗马公约》背景下英国适用第三国强制规范的方式

在《罗马公约》背景下，第三国强制规范仍可通过以下途径在英国适用[⑦]：1）如果英国法为合同准据法，则第三国强制规范根据 Foster 案和 Ralli 案确立的

---

① Patrick Ross Williams, "The EEC Convention on the Law Applicable to Contractual Obligations", *Int'l & Comp. LQ*, Vol. 35, No. 1 (1986), 23.

② See Peter Stone, *EU Private International Law*, 2nd ed., Edward Eltar, 2010, p. 344.

③ 反映在实施《罗马公约》的英国《合同（准据法）法》第 2 条第 2 款当中。

④ 不利于司法礼让和判决一致。在一起保险案件中，由于当事人选择英国法，英国法院拒绝考虑澳大利亚《保险合同法令》中保护性强制规范的适用。Akai Pty. Ltd. v. People's Insurance Co. Ltd., [1998] 1 Lloyd's Rep. 90. 而澳大利亚高等法院基于此类规范在与澳大利亚存在最密切联系时必须适用且无法证明在英国审理能得以适用，否定当事人选择英国法院排他管辖的效力。Akai Pty. Ltd. v. People's Insurance Co. Ltd., [1996] 188 CLR 418。

⑤ See Richard Plender & Michael Wilderspin, *The European Contracts Convention*, 2nd ed., Sweet & Maxwell, 2001, p. 186（如果 Ralli 规则构成冲突规范，则因为英国对《罗马公约》提出保留而不复存在）。

⑥ 参见 1969 年《维也纳条约法公约》第 2 条第 4 款。

⑦ See Jonathan Hill, *International Commercial Disputes in English Courts*, 3rd ed., Hart Publishing, 2008, p. 526.

普通法规则予以考虑；2）如果合同根据外国准据法有效，其一可以通过《罗马公约》第16条规定的公共政策保留予以排除，转而适用英国法，再根据英国法关于特别公共政策或履行地不法的规定拒绝执行；其二可以将上述普通法规则视为《罗马公约》第7条第2款中的法院地强制规范，在外国准据法无法实现第三国强制规范否定合同效力的目的时，普通法规则通过超越外国准据法的方式赋予第三国强制规范以效力。①

寄托于公共政策保留或法院地强制规范都不尽如人意。对于公共政策保留：首先，该机制运用的前提是外国法的适用会严重损害法院地公共政策，而普通法规则作用的情形主要影响第三国的利益。普遍认为Ralli规则的确立不是出于礼让的原因②；对Foster规则，虽然法院地国因维护国际友好关系而有利益牵涉，但能否造成严重后果令人怀疑。其次，现代公共政策保留虽主要着眼于外国法适用的后果，但内容的合理性也是考虑援引的重要因素。③ 维护合同效力的外国准据法不存在第三国的政策考量，以此整体排除该国法的适用不合理。④ 对于法院地强制规范适用制度，就合同有效性替代准据法同样存在不足⑤，因为毕竟最终起作用的是第三国强制规范，法院地国法不存在否定合同效力的因素。总之，通过《罗马公约》第16条这一排除外国准据法的消极机制，实现第三国强制规范适用的积极功能，难免超出公共政策保留预想的功能；法院地强制规范适用制度虽具有积极的选择作用，但只针对本国法，不宜为第三国强制规范的适用服务。

综上，在《罗马公约》背景下，英国政府对第7条第1款提出的保留使得第三国强制规范在英国的适用仍由构成准据法的普通法规则支配，否则，无论援引公共政策保留还是法院地强制规范适用制度都有不妥之处。所幸，由于英国在国

---

① 还可以考虑借助《罗马公约》第10条第2款来实现Ralli规则。See James J. Fawcett & Janeen M. Carruthers, *Cheshire, North& Fawcett Private International Law*, 14th ed., Oxford University Press, 2008, p. 760.

② Toprak v. Finagrain, [1979] 2 L. l Rep. 98.

③ 根据英国国际私法，准据法内容的邪恶和适用结果的不可接受都构成公共政策保留的对象。See Adrian Brigg, *The Conflict of Laws*, 2nd ed., Oxford, 2008, p. 49.

④ See Jonathan Hill, *International Commercial Disputes in English Courts*, 3rd ed., Hart Publishing, 2008, p. 525（在准据法认为合同有效时，除非将准据法下那些名义上、未表示的规则视为《罗马公约》第16条下的法律规则，否则，不宜通过公共政策保留来实现外国强制规范的适用）。

⑤ See James J. Fawcett & Janeen M. Carruthers, *Cheshire, North& Fawcett Private International Law*, 14th ed., Oxford University Press, 2008, p. 761（Ralli规则的作用范围已经完全被《罗马公约》取代）。

际商事交易和争端解决中的特殊地位，英国法院在审理涉外合同纠纷时几乎无一例外地适用英国法，故理论争议对司法实践影响不大，但要求英国政府接受《罗马公约》第 7 条第 1 款的呼声一直存在。①

3. 在司法实践中的运用

第三国强制规范在极例外时才得以考虑，且英国、德国等国家作出保留，故这一时期适用该款的案件极少，甚至被认为从未运用。②

（1）加纳牛肉案

在 2010 年审理国际海上货物运输纠纷时，法国最高法院商事庭运用《罗马公约》第 7 条第 1 款考虑第三国强制规范对合同发生的效果。该案承运人负责将牛肉从法国运至加纳，由于加纳禁止进口原产自法国的牛肉，承运人不能在目的港交付，便在未获托运人指示的情况下运回法国勒阿弗尔港，引发纠纷。承运人以运输合同在加纳颁布禁令后签订为由，试图援引《法国民法典》第 1131 条③和第 1133 条④关于原因不法的合同无效的规定，认定该准据法为法国法的海上运输合同无效。托运人表示合同并非不法，而且承运人明知禁令的存在，不构成法国 1966 年 6 月 18 日《租船和海上运输法》第 27 条下的免责事由。法国昂热上诉法院认为加纳单边禁运对准据法为法国法的合同没有拘束力，不满足《法国民法典》第 1131 条的适用条件，便支持了托运人的索赔请求。承运人提出上诉，法国最高法院以原审法院未依据《罗马公约》第 7 条第 1 款决定加纳法是否构成第三国强制规范为由，推翻原判，发回重审。⑤

虽未见继续判决，但根据司法惯例原审法院会接受法国最高法院的意见考虑加纳禁令的效力。有人认为法国最高法院的做法正确，承运人的交货义务因加纳政府禁令的通过而不能履行。仔细分析会发现问题的所在：首先，禁令在运输合同缔结时已经存在，合同当事人对该事实知道或应该知道，能否视为其具有使合同无效或不可执行的不法意图？这一意图是否构成准据法下导致合同无效的不法情形？如果对合同有效没有影响，可否视为承运人预见履行障碍的发生，从而不

① See Adeline Chong, "The Public Policy and Mandatory Rules of Third Countries in International Contract", *J. Priv. Int'l L.*, Vol. 2, No. 1 (2006), 35.

② See Ole Lando & Peter Arnt Nielsen, "The Rome I Regulation", *C. M. L. R.*, Vol. 45, No. 6 (2008), 1722.

③ 没有原因之债、基于错误原因或不法原因之债，不产生任何效力。

④ 如原因为法律所禁止，或违反善良风俗或公共秩序，则此种原因系不法的原因。

⑤ Arrêt n°330 du 16 mars 2010 (08～21. 511) (Cour de cassation).

得主张不可抗力？其次，即使认为加纳禁令构成承运人交付的事实障碍，免除其无法在加纳港口交付的责任，但承运人在未向托运人报告的情况下能否自行运回？在无法交付时，承运人负有保全义务，货物的处置取决于当事人的约定或目的港的法律和惯例，承运人违反该义务会产生违约责任。

不难看出法国法院的矛盾心态。自疯牛病爆发，尽管法国认为疫情得到有效控制，但多国仍禁止进口原产自法国的牛肉。为保护本国农产品，法国允许出口检验合格的牛肉。由此本案运输合同甚至外贸出口合同皆不构成《法国民法典》下的原因不法。在法国法为合同准据法时，如将加纳禁令视为准据法下被赋予私法效果的事实，不免受承运人未主张或举证的限制，则原审法院不考虑《罗马公约》的规定无可厚非。如上，原审法院有可能基于承运人擅自运回的缘故判决其违约，由此承运人未能交付是否免责在所不问。以原审适用法律错误为由发回重审的依据不足。法国最高法院的做法如成立，则至少需要认为法院有主动适用第三国强制规范的义务，即合同因不法而被法院宣告无效的依据包括第三国强制规范。

（2）中国文物案

在 2010 年中国文物案中，奥地利最高法院考虑了第三国强制规范。在 2002 年，奥地利买方从该国卖方购买了源于中国的珍贵文物——有两千年历史的陶瓷马。后来买方以交易违反中国保护文物的出口禁令为由提起合同无效及价款返还之诉。合同适用奥地利法，故中国法只能作为第三国法发挥作用，需要考虑《罗马公约》第 7 条第 1 款的适用。

奥地利最高法院认为：首先，中国《文物保护法》第 61 条出于公共目的禁止未获许可证的文物出境，具有国际强制规范的资格；其次，尽管对《罗马公约》第 7 条第 1 款的解释存在争议，但第三国强制规范的适用需要案件与该国存在密切联系。本案文物从中国香港运往奥地利，无法查明合同订立时文物是否仍处于中国内地，故作为第三国强制规范的中国《文物保护法》与发生在奥地利的买卖合同缺乏密切联系。[①]

（二）《罗马公约》通过后的立法

《罗马公约》吹响了立法的号角。自此之后，第三国强制规范适用制度如雨

---

① OGH，30. 6. 2010—9 Ob 76/09f.. 关于该案评析，see Dieter Martiny，“Beachtung ausländischer kulturgüterrechtlicher Normen im internationalen Schuldvertragsrecht（OGH，S. 553）”，*IPRax*，*Jah.* 32，H. 6（2012），559.

后春笋般出现。以下介绍这一阶段其他第三国强制规范适用立法的基本情况，着重分析《罗马公约》的影响。

1. 国际立法

(1)《信托法律适用及其承认公约》

1985 年《信托法律适用及其承认公约》[①] 第 16 条第 3 款规定，如果另一国与案件有充分密切联系，则在例外的情况下，可以给予该国与前款[②]所述性质相同规范以效力。该公约的官方解释报告认为该条款争议极大。德国代表首先发难，要求删除。奥地利代表认为，该条规定国际公法调整的事项，其适用不仅扰乱选法机制，还构成当事人逃避义务的借口。支持者则认为，适用第三国强制规范不仅有立法先例，且能够实现国际一致，挫败当事人通过信托逃避强制规范适用的企图。几经波折，公约包含如上规定。该公约解释报告还提及保留的效果。未作保留的 B 国能否因 A 国保留而拒绝适用 A 国的国际强制规范？这样做会发生奇怪的结果：B 国适用非缔约国的国际强制规范，而不适用缔约国的此类强制规范。故该保留在成员国间不产生相互作用。

(2)《美洲间国际合同法律适用公约》

1994 年《美洲间国际合同法律适用公约》[③] 第 11 条第 2 款规定，应由法院地国决定与合同有密切联系的另一国的强制规范的适用。此规定内容简易，但存在解释差异：是如同《罗马公约》给予缔约国广泛适用第三国强制规范的自由，还是公约并未确立法律适用的例外，只是容忍有此实践的缔约国偏离公约的选法要求？为推动第三国强制规范适用制度的发展，后种观点得到支持。[④]

(3)《国际贸易中应收款转让公约》

2001 年制定的《国际贸易中应收款转让公约》第 31 条第 2 款规定，如果与第 27 条至第 29 条[⑤]规定事项有密切关系的另一国法是强制性的，当且仅当根据

---

① 缔约国英国（含当时的香港）、加拿大、卢森堡和摩纳哥依据该公约第 16 条第 3 款的规定对第三国强制规范在法院地国的适用作出保留。美国曾于 1988 年签订该公约，但尚未批准。

② 该公约第 16 条第 2 款规定，本公约不妨碍法院地国法中不顾冲突规范如何必须适用于国际案件的条款的适用。

③ 该公约已生效，截止到 2014 年年底，共有委内瑞拉和墨西哥两个缔约国。

④ See Justin P. Fletcher, "Argument for Ratification: Some Basic Principles of the 1994 Inter-American Convention on the Law Applicable to International Contracts", *Ga. J. Int'l & Comp. L.*, Vol. 27, No. 3 (1998), 485.

⑤ 这两条分别规定关于应收款转让合同的形式、转让人与受让人以及受让人与债务人的权利和义务的法律适用。

该国法不论本可适用何种法这些规则都必须适用，则上述条款不限制此类强制性规则的适用。与上述公约不同，该公约本质为统一实体法，此处的法律适用只有在应收款转让事项没有统一规定时才发挥作用。

（4）其他国际性文件

除国际条约之外，第三国强制规范的适用也体现在国际组织制定的示范性国际文件当中，供立法和国际商事仲裁实践采用。首先，国际商会 1980 年《国际合同法律适用建议草案》提出两种可选方案。[①] 方案一：即使仲裁员没有选择某国法作为合同准据法，也可以给予下列国家法律的强制规范以效力时，如果合同或当事人与该国存在密切联系，且此类规范根据该国法不顾合同准据法必须适用。在考虑是否给予此类强制规范以效力时，应考虑其性质和目的以及适用与不适用的后果。方案二：即使仲裁员没有选择某国法作为合同准据法，也可以给予下列国家法律的强制规范以效力，如果合同或当事人与该国存在密切联系（尤其表现为仲裁裁决有可能在该国执行），且此类规范根据该国法不顾合同准据法必须适用。该提议整体仿效《罗马公约》，不过其针对的是准据法体系外的一切国际强制规范的适用，不仅仅是第三国强制规范。通过对比，第二套方案考虑了国际仲裁的特殊性，将密切联系部分特定化，强调适用执行地国的法律。

随后，国际法协会 1991 年《巴塞尔宣言》第 9 条第 2 款规定[②]，如果需要考虑既不属于法院地国又不属于当事人选法的前款意义的强制规范，则在合同和所属国有密切联系且能促进国际社会普遍接受的目标时，此类规范可以阻止当事人选择法律的适用。该条款将规范在国际社会普遍接受作为适用条件，这在之前的文本中未曾出现。另外，《国际商事合同通则》第 1.4 条规定[③]，本通则不影响根据国际私法规则适用的强制规范的适用，无论源自国内、国际还是超国家。[④] 出于该问题在各国引发的争议以及诉讼和仲裁处理方式不同的考虑[⑤]，通则没有区

① See Ole Lando, "Conflict-of-Law Rules for Arbitrators", in Herbert Bernstein, et al., eds., *Festschrift für Konrad Zweigert zum 70 Geburtstag*, Mohr Siebeck, 1981, p. 176.

② See Resolution Adopted at the Basel Session, 26 August - 3 September 1991.

③ 《欧洲合同法原则》（PECL）第 1.103.2 条也有类似规定。

④ 评注认为，国内强制规范指各国颁布、针对具体合同的特别形式要求、惩罚性条款的无效、许可要求、环境监管等规定；国际强制规范源自《海牙规则》《反腐败公约》《人权宣言》等国际条约或一般国际法。超国家强制规范指由超国家组织制定的法律，如欧共体竞争法。

⑤ See Michael Joachim Bonell, "Soft Law and Party Autonomy", *Loy. L. Rev.*, Vol. 51, No. 2 (2005), 247.

分国内和国际强制规范[①]，也没有限制规范所属的地域范围，而是交由法院或仲裁庭应适用的冲突规范处理，以表达其希望司法关注的意愿。

（5）对该阶段国际立法的评价

一方面，上述立法效仿《罗马公约》，采用密切联系标准；另一方面，上述立法较《罗马公约》更为简单，对是否适用考虑的因素付之阙如。可见，第三国强制规范适用制度的发展并非一帆风顺。

为修订1955年《国际货物买卖法律适用公约》，海牙国际私法会议邀请国际贸易法委员会成员参加1985年海牙外交会议审议公约修订案。阿根廷、美国等国家仿照《罗马公约》拟定了国际强制规范适用条款，规定：公约不妨碍法院地国法当中不顾冲突规范而必须适用于国际销售合同的条款的适用。如果另一国与案件有充分密切联系，可以给予该国与前款特征相同的条款以效力。各国就法院地强制规范争议不大，而关于第三国强制规范产生了严重分歧。虽然大会根据中国代表团的意见进行了修改，但经过多轮投票仍没有获半数与会国同意。[②] 第三国强制规范的适用最终未能反映在1986年《国际货物买卖合同法律适用公约》之中。该公约仅仅赋予法院国强制规范以适用优先性的做法备受批评。[③]

2. 国内立法

此阶段确立第三国强制规范适用的国内立法主要发生于欧盟成员国之外，大多与《罗马公约》相似，这反映出《罗马公约》的国际影响。

（1）联盟外的立法

1987年《瑞士联邦国际私法》是《罗马公约》颁布后首个规定第三国强制规范适用的国内立法。其第19条"对外国强制规范的考虑"规定：本法指定外的法律中的强制规范可予以考虑，如果根据瑞士法的观念合理，一方当事人[④]明显重要的利益要求这样做，且案件事实与该法存在密切联系。是否考虑此类规范

---

① 不能确定通则有关欺诈的强制规范是否取代客观准据法，或者说是否区分被并入合同还是作为准据法的情形。See Ole Lando & Peter Arnt Nielsen, "The Rome I Proposal", *J. Priv. Int'l L.*, Vol. 3, No. 1 (2007), 34.

② See Antonio Boggiano, "The Contribution of the Hague Conference to the Development of Private International Law in Latin America", *Recueil des Cours*, Vol. 233 (1992), 159.

③ See Alfred E. Von Overbeck, "La contribution de la Conférence de La Haye au développement du droit international privé", *Recueil des Cours*, Vol. 233 (1992), 51.

④ 一方当事人的用语在同作为官方文本的德文文本和意大利文文本中出现，但被最重要的法文文本删除。

取决于他们的目的以及根据瑞士法的观念能否达到适当的结果。

从提议的时间看，该条的雏形早于《罗马公约》的颁布。[①] 从文本的内容看，它既要求案件与第三国存在明确联系，又要求该国法适用的理由必须重大且正当。[②] 故虽受《罗马公约》影响，但并不相同。[③] 其一，第 19 条使用“可以考虑”而非更宽松的“可以给予效力”；其二，它强调规范的适用要符合当事人合理且明显重要的利益以及瑞士法的观念，但没有要求规范必须适用，这容易引起误解。[④] 不过，《瑞士联邦国际私法》是除欧盟立法外最成功的文本。[⑤] 它推动了成员国对《罗马公约》第 7 条第 1 款的接受，还对《魁北克民法典》第 3079 条的制定产生了重要影响。

由于瑞士在国际仲裁中的重要地位，该条是否适用于仲裁值得探讨。就瑞士的理论而言，出于仲裁员利益的考虑，在当事人没有援引外国干预法且未主张外国法造成合同无效时，仲裁庭不会主动承担适用此类规范的义务，裁决也不会因违反《瑞士联邦国际私法》第 190 条第 2 款 e 项下的公共政策而被撤销。[⑥] 不过，在一起国际体育仲裁院通过普通程序审理的案件中[⑦]，仲裁庭认为，根据《瑞士联邦国际私法》第 19 条的规定，只要满足条件，即使当事人没有就欧盟竞争法的适用达成共识，也应予以考虑。

2000 年前后，乌兹别克、吉尔吉斯、白俄罗斯、哈萨克、塔吉克、立陶宛、俄罗斯、阿塞拜疆、乌克兰等原苏联国家以及非洲的突尼斯纷纷对第三国强制规范的适用进行专门规定。[⑧] 内容与《罗马公约》第 7 条第 1 款几乎一致，只是将

---

① 立法专家委员会认为，考虑福果案等国际判决以及《罗马公约》草案，忽视此类规范是不现实的。See Stephen McCaffrey, “The Swiss Draft Conflicts Law”, *Am. J. Comp. L.*, Vol. 28, No. 2 (1980), 255.

② See Frank Vischer, “Drafting National Legislation on Conflict of Laws: The Swiss Experience”, *Law & Contemp. Probs.*, Vol. 41, No. 2 (1978), 142-143.

③ See Alfred E. Von Overbeck, “The Fate of Two Remarkable Provisions of the Swiss Statute on Private International Law”, *Yb. Priv. Int. L.*, Vol. 1 (1999), 123.

④ 文本仅使用强制规范（*Zwingender Bestimmungen*），没有强调规范的直接适用属性。

⑤ 关于该款的运用，see Alfred E. Von Overbeck, “Swiss Decision on Foreign Mandatory Rules”, *Yb. Priv. Int. L.*, Vol. 6 (2004), 247-250. 关于瑞士适用欧盟竞争法的评析，see Eckart Gottschalk, “Europäisches Wettbewerbsrecht vor Schweizer Gerichten”, *IPRax*, Jah. 26, H. 5 (2006), 509-512。

⑥ See Christoph Müller, *Swiss Case Law in International Arbitration*, Schulthess, 2010, pp. 257, 206.

⑦ See AEK Athens & SK Slavia Prague v. UEFA, CAS 98/200, Award of 20 August 1999.

⑧ 上述立法的译本，参见邹国勇：《外国国际私法立法精选》，北京，中国政法大学出版社，2011。

该款置于国际私法适用的总则部分，且位于法院地国强制规范适用条款之后。[①]

（2）联盟内的立法

在2000年之后，欧盟成员国对第三国强制规范的适用进行大规模立法。随着欧盟东扩，比利时、保加利亚[②]等国家在编纂国际私法法典时对该问题加以规定。

2004年《比利时国际私法典》第20条第2款[③]规定：在经由本法适用一国法律时，可以给予与案件有密切联系的另一国强制规范或公共秩序条款以效力。当且仅当根据该国法，此类规范不论冲突规则指定的法律都应予以适用。在考虑是否赋予此类强制规范以效力时，应考虑规则的性质、目的以及适用与不适用的后果。其独特之处在于不仅给予第三国强制规范以效力，而且考虑具有兜底价值的第三国公共秩序条款。当然，纯粹意义上的公共秩序能否与第三国强制规范适用相同的规定值得商榷。

土耳其不是欧盟的成员国，由于寻求加入的缘故，其国际私法立法仿效《罗马公约》。2007年《土耳其国际私法与国际民事程序法》第31条规定：在适用支配合同关系的法律时，如第三国法与合同具有密切联系，则应考虑该第三国法律中直接适用的规范。在考虑以及判断应否适用时，应考察规范的目的、性质、内容及后果。有特色的是其将第三国强制规范的适用限制在合同关系，而该法第6条规定，土耳其的直接适用规范能适用于所有涉外领域。[④] 可见，该法第31条的设置服务于入盟的需要。[⑤]

（3）未确立该制度的立法

最后，这一阶段有些国家仅规定法院地国强制规范的直接适用，如《意大利国际私法制度改革法》第17条、《委内瑞拉国际私法》第10条、《格鲁吉亚国际私法》第6条、《韩国修订国际私法》第7条、《摩尔多瓦民法典》第1582条、

---

① 上述原苏联国家的民法典可以归入“俄式民法典”，其强制规范适用制度多借鉴《俄罗斯民法典》草案。参见魏磊杰：《后苏联时代的法律移植与民法典编纂》，载《比较法研究》，2008（5）。

② 参见邹国勇：《外国国际私法立法精选》，224页，北京，中国政法大学出版社，2011。

③ See “Law of 16 July 2004 Holding the Code Of Private International Law”, *Yb. Priv. Int. L.*, Vol. 6 (2004), 326.

④ 关于该法第6条和第31条的详述，see Zeynep Derya Tarman, “Die Vertragsrechtlichen und deliktischen Kollisionsnormen im Türkischen Recht”, *Journals*, *Annales XLI*, N. 58, Istanbul. Edu. Tr, 286-288。

⑤ 由于《罗马条例I》颁布，为保持条文的一致，由此发生是否要修改该法第31条的问题。Mustafa Erkan, “MÖHUK Madde 31 Bağlamında Türk Hukukunda Doğrudan Uygulanan Kurallara Bakış”, *Gazi Üniversitesi Hukuk Fakültesi Dergisi*, Vol. 15, No. 2 (2011), 116.

《马其顿国际私法》第 14 条等。而其他国家和地区的国际私法立法根本没有规定国际强制规范的适用。[①] 虽然这并不表明司法实践一定不关注，但足以说明第三国强制规范未得到普遍接受。[②]

20 世纪 80 年代，德国修订《民法施行法》的过程清晰反映了对第三国强制规范适用的敌对态度。德国政府最初向议会提交的草案文本第 34 条第 1 款允许考虑第三国强制规范的适用。其解释报告认为无须考虑规范的公、私法性质，无论是直接监管商事交易的进出口管制，还是出于保护个人的公众目的，都具有潜在的适用资格，只是那些由特别冲突规范支配的消费者合同和劳动者合同不适用该款。德国议会未予接受，理由在于：首先，该款会导致法院的权力过大，不可避免地发生司法不安；其次，法院必须调查外国法律体系中希望适用的规则，这使得国际私法的判断更加困难；最后，该款包含极具争议的事项，即保护外国公共政策。[③] 德国 1986 年《民法施行法》第 34 条最终只包含德国强制规范在合同领域的直接适用。

三、《罗马条例 I》阶段

《罗马条例 I》制定过程中存在是否保留第三国强制规范适用制度的争议，以英国的反对呼声最高。经过反复协商和妥协[④]，形成了《罗马条例 I》第 9 条第 3 款。此后，第三国强制规范适用制度在国际层面上又有了新的发展。

（一）《罗马条例 I》制定过程中的争议

为加强内部市场的一体化以及行使国际私法层面的立法权[⑤]，欧盟急需将建

① 如《罗马尼亚调整国际私法法律关系的第 105 号法》《越南民法典》《朝鲜涉外民事关系法》《爱沙尼亚民法典通则》《列支敦士登国际私法》《俄勒冈州合同冲突法》《日本法律适用通则法》。

② 可能会通过实体法赋予第三国强制规范以效力。在 1998 年审理的运输合同索偿案中，日本东京地方法院曾考虑适用准据法外的美国针对伊朗的进口禁令，以缺乏保险利益为由认定合同无效。See Tokyo D. C.，13. 5. 1998（Hanrei Jihô 1676，129）. Cited in Yuko Nishitani，*Party Autonomy and Its Restrictions by Mandatory Rules in Japanese Private International Law*，Mohr Siebeck，2008，p. 102.

③ See G. Parra-Aranguren，"General Course of Private International Law-Selected Problems"，*Recueil des Cours*，Vol. 210（1988），137-138.

④ See Ole Lando & Peter Arnt Nielsen，"The Rome I Regulation"，*C. M. L. R.*，Vol. 45，No. 6（2008），1721.

⑤ 随着《阿姆斯特丹条约》生效，欧盟理事会获得在民事司法领域立法的权力。联盟国际私法从政府间合作演变为超国家形态。欧盟理事会和欧盟委员会为《罗马公约》的转化做了大量工作。See Thomas Rauscher，*hrsg*，"Europäisches Zivilprozess-und Kollisionsrecht：Rom I-VO，Rom II-VO"，Sellier，2011，S. 23.

立在政府合作基础上的《罗马公约》转化为能在成员国直接生效的欧盟条例[①]，这随着《布鲁塞尔条例 I》的颁布更加明显。由于条例不允许成员国保留，故第三国强制规范的适用成为争议焦点，甚至影响成员国采纳《罗马条例 I》。以下结合各方的提议探讨《罗马条例 I》中的第三国强制规范适用制度的形成过程。

1.《将 1980 年〈关于合同之债法律适用的罗马公约〉转换为共同体文件及其现代化的绿皮书》(以下简称《绿皮书》) 的意见

关于《罗马公约》向《罗马条例 I》的转化，首先要提到欧共体委员会向各国政府和社会各界征求意见的《绿皮书》。给予包括非欧盟成员国在内的各国强制规范以效力的《罗马公约》第 7 条第 1 款表达对其他国家立法政策的尊重。外国超越型强制规范在许多情况下适用，如在 1958 年英国上议院曾考虑印度禁止将黄麻出口到南非的立法。[②] 虽然英、德等国作出保留，但不妨碍其法院考虑外国强制规范，只是不受《罗马公约》的约束。就转化为共同体法这一议题，由于条例不允许保留，该款的命运值得探讨。最后，《绿皮书》就转化存在的困难提出如下疑问：是否应该为外国强制规范制定规则，并在未来共同体法当中进一步细化适用条件?[③]

2. 各界对《绿皮书》的回应

《绿皮书》引起了欧盟社会各界的广泛关注，许多组织和个人对《绿皮书》进行回应，其中以马普所的回应最为全面。

(1) 马普所的回应[④]

马普所认为第 7 条第 1 款是《罗马公约》最具争议、问题最大的条款：该强制规范不发生适用的问题，而是仅仅可以给予效力。马普所从规则适用的必要性及合理限制角度探讨第三国强制规范条款设置的动因：看似有必要在欧共体条例

---

① 关于条例的优势，See Andrea Bonomi, "The Rome I Regulation on the Law Applicable to Contractual Obligations", *Yb. Priv. Int. L.*, Vol. 10 (2008), 167 (无须批准而统一生效、自动赋予欧盟法院以解释的管辖权)。

② Regazzoni v. K. C. Sethia (1944) Ltd.,[1958] AC 301 (HL).《绿皮书》同时指出，该案发生在《罗马公约》颁布前，法院没有提出外国公共秩序法概念，但案情满足了该公约第 7 条第 1 款的适用条件。

③ See European Commission, *Green Paper on the Conversion of the Rome Convention of 1980 on the Law Applicable to Contractual Obligations into a Community Instrument and Its Modernisation*, COM (2002) 654 final.

④ See Comments on the European Commission's Green Paper on the Conversion of the Rome Convention of 1980 on the Law Applicable to Contractual Obligations into a Community Instrument and its Modernization.

的框架下设置规范该问题的条款。因外汇管制、进出口限制、禁运等外国规范阻止履行或导致履行根据履行地国的法律为不法的缘故，源自外国法律体系的国际强制规范会使合同当事人处于无法履约的境地。此时为实现当事人之间的公平正义，法院地国不得不注意此类规范；另一方面，为追求本国政策目标，某些国家可能会过分延伸其法律的地域适用范围。为限制这种趋势，国际强制规范条款的用语应足够灵活，使法院地国对过分适用要求施加合理限制。

第三国强制规范适用条款如下：可以给予既非法院地国又非合同准据法所属国的另一国国际强制规范以效力，如果合同与该国具有密切联系。在考虑是否给予此类规范以效力时，应根据本条第1款考虑性质和目的，以及适用或不适用对有关规范追求的目标和合同当事人发生的后果。就英、德等国的保留，马普所认为：这些国家基于各自国内国际私法曾考虑外国国际强制规范，与《罗马公约》第7条第1款的适用发生相同的结果。缔约国的保留没有实质意义，也未听说其他缔约国在适用该款时出现任何问题，不构成《罗马公约》转化的障碍。

（2）其他组织和个人的回应

其他组织和个人也作出回应。迪金森认为：在没有合理缘由的情况下，应避免对当事人选法作出不必要限制。与保护性强制规范不同，《罗马公约》第7条第1款对平等缔约的合同欠缺干预的理由。该款过于模糊，没有明确规定适用的条件及结果，应予以删除。[①] 欧洲律师学会持积极态度，认为外国强制规范应与本国强制规范适用相同的规则，有必要确立外国强制规范的首要评价标准：首先，应赋予欧洲公共政策条款以优先性；其次，当两个或两个以上的国家的强制性条款发生冲突时，应优先适用利益最能反映各国通行情况的规范。[②] 马格卢斯和闵可夫斯基则认为，《罗马公约》第7条下的外国和法院地国的强制规范的适用顺序应该调换，并使用国际强制规范的表述，规范的界定应从Arblade案获得启发。[③]

① See Andrew Dickinson, *Response to Green Paper on Law Applicable to Contractual Obligations* (*"Rome I"*).

② See CCBE Response to Green Paper on the Conversion of the Rome Convention of 1980 on the Law Applicable to Contractual Obligations into a Community Instrument and its Modernisation.

③ See Magnus & Mankowski, *Joint Response to Green Paper on the Conversion of The Rome Convention of* 1980 *on the Law Applicable to Contractual Obligations into a Community Instrument and its Modernisation.*

3.《罗马条例I》的委员会草案

马普所的建议对《罗马条例I》的出台产生了重要影响，其建议的实质内容完全被纳入2005年《罗马条例I》草案。[①] 草案第8条“强制规范”第3款如下：可以给予与案情有密切联系的另一国强制规范以效力。在考虑是否给予此类强制规范以效力时，法院应该根据本条第1款的定义考虑其性质和目的，以及适用或不适用对有关强制规范追求的目标和当事人发生的后果。[②]

草案与马普所的建议存在差别：首先，草案没有明确法院地国之外的强制规范与第三国强制规范的关系。马普所建议草案第8条第4款将可赋予效力的另一国国际强制规范限定为既非法院地国又非合同准据法所属国的强制规范，当然属于第三国强制规范。草案中使用的“另一国强制规范”不能说明其与准据法的关系，即不确定是否包含准据法所属国的强制规范。随着草案将马普所建议的第3款中的“合同准据法的国际强制规范”删除，这一表述更显争议。其次，虽然《罗马条例I》草案与马普所建议都采用密切联系限定，但联系的对象不同：前者系之于案情，后者指向合同。虽纠纷涉及的情势脱离不了合同范畴，但难免令人怀疑制定者这样做别有用心。

草案与《罗马公约》也存在不同，显著的变化在于适用或不适用要考虑对“强制规范追求的目标以及当事人”的影响。《罗马公约》没有明确适用外国强制规范是对该国法还是对法院地国法甚至合同准据法产生效果。不过，考察外国法的目标对一国法院而言十分困难。考虑规范对当事人发生的效果似乎表明草案试图引入主观因素，从而分析个案当事人因外国强制规范的适用受何种影响，而非统一客观理性人标准，这样会增加适用的难度。[③]

草案引发的空前争议更在于与《罗马公约》的相似性，从而为提出保留的缔约国所不容，反应最为激烈的是英国。[④] 根据《欧洲共同体条约》第69条，即使理事会表决通过，英国仍有权不加入。有学者认为，这对英国对待外国强制规范的传统做法不会产生太大影响，毕竟法院只有在例外情况下才予以考虑。即便如

---

① See Ornella Feraci, *L'ordine pubblico nel diritto dell'unione europea*, Giuffrè editore, 2012, p. 294.

② See COM (2005) 650 final of 15. 12. 2005.

③ See Anathan Harris, “Mandatory Rules and Policy under the Rome I Regulation”, in Franco Ferrari, *Rome I Regulation*, Sellier, 2009, p. 291.

④ 此外，也有人认为草案没有澄清是否包括准据法的强制规范以及是否特别对待欧盟成员国的强制规范。See Eva Lein, “A Short Commentary on the ‘Rome I’ Proposal”, *Yb. Priv. Int. L.*, Vol. 7 (2005), 408.

此，仍不能小觑该条的负面影响。这不仅表现为诉讼程序的拖沓、法律费用的发生等争议发生后的问题，而且可能增加当事人的缔约沟通成本。① 英国法以中立、公正闻名于世，该款的适用会损害当事人对英国法和法院的期待，降低选择英国法院解决争端的热情。相比之下，纽约并无专门的第三国强制规范适用规则。② 如果英国法体系包含草案第 8 条第 1 款，必然导致商业交易的外流③，其在国际经贸活动以及商事争端解决中的地位会被取代。④

除指出该款在法律确定性和解释规范性方面存在的问题外，代表伦敦金融界态度的金融市场委员会报告认为“可以给予效力”和“另一国”过于宽泛，超出解决准据法与履行地国的国际强制规范二者冲突所需的范围。由此，借款人主营业地的利息限制需要直接适用，即使合同适用另一国法且所有支付流都发生在强制规范所属国境外。宽泛的用语以及自由裁量缺乏清晰的属地限制会增加跨境金融交易成本，还容易诱导当事人蓄意不履行合同义务，造成争议解决的拖延。总之，草案第 8 条第 3 款构成英国金融市场委员会对《罗马条例 I》草案的核心关注点，其认为该款不适当干预了意思自治原则，违反了法律确定性的要求，应予删除。⑤

4. 最后文本的形成过程

尽管意大利等国家表态支持⑥，法律事务委员会于 2006 年 8 月 22 日提交的报告中仍将其删除。这既是因为《罗马公约》的相应条款被英国等国家保留，又是因为基于自由裁量的性质、适用标准的不确定以及试图逃避合同义务发生的便利，将增加经济参与者的风险和费用。⑦ 同年 12 月 7 日，法律事务委员会再次提议删除，认为该款会增加破坏欧洲冲突规范适用的几率。综合反对意见，欧盟理

① See Stuart Dutson, “A Dangerous Proposal”, *J. Bus. L.*, No. 6 (2006), 616.

② See Paul Hauser, *Eingriffsnormen in der Rom I-Verordnung*, Mohr Siebeck, 2012, S. 63.

③ See Jonathan Harris, “Understanding the English Response to the Europeanisation of Private International Law”, *J. Priv. Int'l L.*, Vol. 4, No. 3 (2008), 361.

④ See A. V. M. Struycken, “General Course on Private International Law”, *Recueil des Cours*, Vol. 311 (2004), 422.

⑤ See Legal Assessment of the Conversion of the Rome Convention to a Community Instrument and the Provisions of the Proposed Rome I Regulations.

⑥ See Proposal for a Regulation of the European Parliament and of the Council on the Law Applicable to Contractual Obligations (Rome I) - Comments by the Italian Delegation.

⑦ See Maria Berger, Draft Report on the Proposal for a Regulation of the European Parliament and of the Council on the Law Applicable to Contractual Obligations (Rome I) .

事会于同年12月22日向民法委员会提议删除，仅在脚注中作出说明。[①] 正当人们以为第三国强制规范适用制度夭折时，瑞典代表团在理事会工作方会议上提议恢复，并拟定与《罗马条例Ⅱ》的安全和行为规范相似的条款[②]，具体如下：在适当的情况下，应考虑实施时在合同将要或已经在该国或自该国履行且导致合同或一部分非法、不可执行的国家现行有效的行为规范。

该提议生搬硬套，将侵权法中的行为规范植入合同当中。但该提议反映了参与国希望保留第三国强制规范适用制度的意愿，毕竟大部分成员国接受了《罗马公约》第7条第1款。出于2007年4月召开工作方会议的需要，荷兰和瑞典提交新的立法建议。综合上述建议，并听取丹麦的意见，欧盟理事会总秘书处于2007年3月提交新提案：可以赋予合同债务将要或已经履行的履行地国（或当事人的惯常居所地国）法中超越型强制规范以效力，只要此类规范能够导致合同履行不合法。在决定是否给予此类规范以效力时，应考虑它们的性质和目的……以及适用或不适用所发生的后果。

2007年7月的工作方会议删除了"当事人的惯常居所地国"，因为该连结点仅仅在发生贸易禁运、经济制裁时才有意义，此类情形不认为与文本包含的内容存在多大关联。如果考虑当事人的惯常居所地国，何以不考虑国籍国？林林总总会引发极大的不确定性。在2007年年底，修改后的最终文本获得欧洲议会和欧盟理事会的通过。

（二）《罗马条例Ⅰ》第9条第3款的规定

1. 条文的基本情况

《罗马条例Ⅰ》第9条第3款规定：可以赋予合同债务将要或已经履行地国法中超越型强制规范以效力，只要此类规范能够导致合同履行不合法。在决定是否给予此类规范以效力时，应考虑它们的性质和目的以及适用或不适用所发生的后果。该款延续了《罗马公约》的基本结构，内容上有较大变动。就范围而言，《罗马条例Ⅰ》以"合同债务将要或已经履行地国"取代"与案情有密切联系的另一国"；就效果而言，《罗马条例Ⅰ》强调第三国强制规范能够导致合同履行的不合法。对该款的整体评价良好，至少较《罗马公约》更为明确，有助于阐述与外

① See Finnish Presidency and Incoming German Presidency to Committee on Civil Law Matters (Rome I), Council 16353/06.

② See Michael Hellner, "Third Country Overriding Mandatory Rules in the Rome I Regulation", *J. Priv. Int'l L.*, Vol. 5, No. 3 (2009), 452.

国非法性有关的英国传统普通法规则。[①] 该款不允许保留，于2009年12月17日适用于除丹麦[②]外的所有欧盟成员国。总之，此种变化主要是为了调和英国和多数成员国在第三国强制规范适用上的矛盾，将在欧盟层面产生重大影响。

2. 英国司法部的回应

由于第三国强制规范适用制度存在于《罗马条例Ⅰ》正式文本当中，英国司法部向公众进行调查。基于调查结果，英国司法部作出积极回应[③]，为加入《罗马条例Ⅰ》扫清障碍。英国司法部认为，草案与英国提出保留的《罗马公约》相似，故考虑根据《欧洲共同体公约》标题四的安排不加入。英国政府对此比较满意：首先，它反映了英国在Ralli案的立场，对现有法制不会带来太大的不确定性。相反，它能够消除欧盟法院是否要对旧的英国法理能否继续适用作出判决的争议。其次，该款的内涵足够宽泛，从而囊括准据法为外国法的履行非法情形。这较英国的做法更为清晰。此外，该款为欧盟提供了统一的解决方案，这是《罗马公约》所不具有的，为在其他成员国参与诉讼的英国商业活动提供更大的法律预见。

就实际效果而言，有人认为该款将嗣后不法性（supervening illegality）交由履行地法而非合同准据法决定，将改变英国法的立场。此外，“可以”会导致合同可执行的不确定性。又有人对《罗马条例Ⅰ》第9条的定义提出看法，认为该条没有沿袭《罗马公约》中的强制规范，而引入超越型强制条款，令人费解。就法院的自由裁量而言，不清楚此种裁量的自由程度，法院如何认定履行地有待观察。

对此，英国政府认为：该款与英国法的唯一区别在于，它给予法院就已经履行但不必在履行不法的地域履行的合同义务以自由裁量。如果在某地支付或支付的事实为非法，可以通过确保金融义务在履行合法的国家履行解决。就支付义务而言，支付地多数情况下可以变更为合法履行的地域，从而不大可能对英国产生实质影响。另外，公众回应缺乏一致看法。有人认为条文不甚理想，但至少比《罗马公约》问题要少；其他人认为条款用语存在不确定性。上述关注不足以构成英国拒绝加入的理由。英国政府不认为该条过于限制或扩大适用范围。《罗马

---

① See Lawrence Collins, et al., eds., *Dicey and Morris and Collins on the Conflict of Laws: Fourth Cumulative Supplement to the Fourteenth Edition*, Sweet & Maxwell, 2010, p. 386.

② 丹麦无须参与《欧洲共同体条约》第65条（《欧洲联盟运行条约》第81条）的司法合作。

③ See Ministry of Justice, *Rome I-Should the UK Opt In? Response to Consultation*, CP (R) 05/08.

条例I》第9条较《罗马公约》限制更多，超越型强制条款仍指对成员国保护其公共利益至关重要的少数规则。还有两种无须评价的正面回应，即：该款构成对英国提出保留的《罗马公约》第7条第1款的改进，以及虽不尽如人意，但不足以抵消参与欧盟冲突法制度所能获得的收益。

3. 在实践中的适用情况

由于条例生效时间较短且案件滞后性的缘故，目前援引该条款的案例不多，但多具有典型意义。这反映了成员国法院试图依照本国法的传统理解《罗马条例I》第9条第3款的意图，同时说明需要发挥欧盟法院释法的作用。

（1）英国法院的适用情况

在2013年Gujarat案[①]中，申请人试图根据1996年《英国仲裁法》第68条“严重不正常”（serious irregularity）挑战仲裁裁决。第一申请人和被申请人签订了冶金焦炭买卖合同。根据约定，作为买方的被申请人须向第一申请人在印度开立的账户汇入预付款，该笔款项的返还由第二申请人担保。第一申请人既未能履约，也没有返还预付款。买卖合同和担保合同约定适用英国法，并在伦敦海事仲裁员协会（IMAA）仲裁。在仲裁程序开始前夕，当事人达成返还预付款的支付协议，但随后申请人拒绝履行，进而被仲裁庭判令败诉。

在向英国高等法院女王座分院提起撤销裁决之诉时，申请人辩称：由于被申请人向第一申请人在印度的银行账户汇款，如果判令归还，根据1999年《印度外汇管理法》需要印度储备银行的事先批准。显而易见，支付协议要求当事人在印度还款，就必须遵守印度的外汇管制，这说明合同暗含支付必须以获得事先批准为前提。法院援引2010年第15版《戴雪、莫里斯和科林斯论冲突法》[②]第264条第1款b项作为印度外汇审批规范能否适用的依据，即如果外汇管制法构成合同支付义务必须或已经履行地域的法律，且该法的超越型强制条款能够导致合同的履行不合法，则法院不得执行这一合同。

法院认为，该项事关产生支付的法定债务所在地。根据英国冲突法，支付地是债务人有义务付款的地域，因是债权人根据合同有权收款的地域，因此当事人能否通过发生在包括母国在内的另一国的行为完成支付并不重要。除非存在必须要在该国支付的合同义务，否则当事人基于其母国施加的外汇管制限制而提出的

① See Gujarat NRE Coke Limited v. Coeclerici Asia (PTE) Limited, [2013] EWHC 1987 (Comm.).

② See Lawrence Collins, et al., eds., *Dicey, Morris & Collins on the Conflict of Laws*, 15th ed., Sweet & Maxwell, 2010, pp. 37-061.

支付义务不履行的抗辩不成立。本案中的债务不存在此种情形，故不影响支付协议的效力。该案虽然没有明确援用《罗马条例 I》，但 2015 年第 15 版《戴雪、莫里斯和科林斯论冲突法》第 264 条第 1 款 b 项明显脱胎于《罗马条例 I》第 9 条第 3 款。从法院对该款的理解看，有关金钱债务的履行地判断完全根据传统英国法，即必须是合同约定的地域，而不考虑作为履行准备阶段的其他地域。此种解释能否反映英国法院的整体态度有待实践检验。

（2）德国法院的适用情况

原告希腊国民受雇于本国政府，在位于德国的希腊小学工作。由于面临严重的信用危机，希腊政府根据 2010 年第 3833、3845 号工资法单方面降低包括原告在内的政府雇员的薪水，引发争议。合同准据法和法院地国法都是德国法，希腊的强制规范只构成第三国强制规范。就此，德国劳动法院于 2015 年 2 月 25 日就《罗马条例 I》第 9 条第 3 款的解释提请欧盟法院作出先行裁决：首先，《罗马条例 I》第 9 条第 3 款是否仅仅排除非合同义务履行地国的第三国超越型强制条款的直接适用，还是同样排除通过合同准据法对此类规范间接考虑的方式？其次，《里斯本条约》下的《欧洲联盟条约》第 4 条第 3 款下的真诚合作原则能否影响成员国法院直接或间接适用其他成员国超越型强制条款作出的判决？

目前尚不清楚欧盟法院将如何回应，但该案就《罗马条例 I》第 9 条第 3 款的解释发挥了里程碑作用。一方面，关于第三国强制规范的直接适用和作为准据法下的事实考虑之间的关系，结合理论允许有混合的适用状态，但在《罗马条例 I》下有不明之处。德国司法实践传统上推崇此种间接做法，但希腊法明显不满足《罗马条例 I》第 9 条第 3 款的履行地不法要求，作为事实考虑能否或在多大程度上发挥作用值得探究。另一方面，虽然原则上《罗马条例 I》不区别欧盟成员国和非成员国法律的适用地位，但欧盟基础条约毕竟确立了成员国之间的合作义务，如《欧洲联盟条约》第 4 条第 3 款要求联盟和成员国应在相互尊重的基础上依据真诚合作原则互相帮助，共同履行源自条约的义务，然此种合作能否延及私法适用层面，特别是第三国强制规范所涉及的公私法交叉问题。就本案的希腊工资法而言，不仅出于应对该国债务危机的重大公益，更是承担《欧洲联盟运行条约》第 126 条的结果，并且得到 2010 年 5 月 10 日第 320 号理事会决定的认可，故同作为欧盟成员国的德国有认可的必要。此种欧盟成员关系对第三国强制规范的影响同样需要欧盟法院的答复，对此只需拭目以待。

(三)《罗马条例 I》通过后的立法

1. 整体情况

就国际立法而言，拟定中的《海牙国际合同法律适用原则》特别关注第三国强制规范的适用。就国内立法而言，尚无欧盟外的国际私法立法规定第三国强制规范适用制度[①]，我国大陆、台湾地区[②]均未予以规定，但乌拉圭、阿根廷和塞尔维亚等晚近都予以关注。虽然《罗马条例 I》可在欧盟内发生直接效力，但其成员国仍在编纂国际私法。罗马尼亚、波兰[③]、荷兰及捷克先后规定了第三国强制规范适用条款。由于范围上适用于所有涉外民事领域，而且制定活动在《罗马条例 I》通过前即实质性地开展，故其内容多仿效《罗马公约》。

2. 国际性文件

《海牙国际合同法律适用原则》是起示范作用的国际文件，供立法机构和法院、仲裁庭选用。其 2012 年草案第 11 条界定了“超越型强制规范和公共政策”[④]，该条第 2 款规定如下：由法院地国法决定一国法院是否可以或必须适用或考虑（法院地国外的）另一国超越型强制规范。该条第 5 款规定如下：本原则不妨碍仲裁庭适用或考虑当事人选法外的公共政策或超越型强制规范，如果仲裁庭被要求或有权这样做。[⑤]

对该条第 2 款的评注认为，本款应对复杂的问题，即适用法院地国和当事人选法之外的超越型强制规范。某些国际文件通过宽泛的规定允许法院以自由裁量的方式给予另一国超越型强制规范以效力。通过分析此类先例，以下构成拒绝适用的理由：(1) 密切联系标准往往导致几国法律体系中的超越型强制规范均适用于跨境交易；(2) 此种规范允许广泛的司法裁量，损害法律的确定性；(3) 暗含复杂的政府利益分析，要求法官和当事人确定外国立法者的意图，易增加不确定因素。故工作组不寻求作出详尽无遗的声明，以穷尽一国法律体系要求或允许法

---

① 参见 2014 年《多米尼加共和国国际私法》第 66 条第 2 款。

② 我国台湾地区“涉外民事法律适用法”没有明确国际强制规范的直接适用。其“修正草案”认为，契约依“中华民国”法律，应该适用“中华民国”之强制或禁止规定者，不适用本款之规定。参见赖来焜：《当代国际私法之构造论》，256 页，台北，神州图书出版公司，2001。

③ See Tomasz Pajor, “The New Polish Act on Private International Law”, *Yb. Priv. Int. L.*, Vol. 13 (2011), 386.

④ HCCH, Draft Hague Principles as Approved by the November 2012 Special Commission Meeting on Choice of Law in International Contracts and Recommendations for the Commentary.

⑤ 法条第 4 款规定，由法院地国法决定一国法院是否可以或必须适用或考虑在没有法律选择时应适用法律的公共政策。广义地讲，该款也涉及第三国强制规范。

院适用或考虑的第三国超越型强制规范。通过宽松且留有余地的原则，由包括国际私法规则在内的法院地国法决定如何应对。

对该条第 5 款的评注认为，在仲裁程序中如何适用公共政策和超越型强制规范构成本条最困难的事项。为解决此问题，已举行多场磋商和讨论。在第三次会议上，专家们就采取中立立场达成共识，由此仲裁庭享有自由裁量权。本款的起草反映出仲裁庭面对特殊问题，即承担作出可执行裁决的任务，须考虑潜在执行地法。没有拘束力的原则并不授予仲裁庭超出其授权的权力。该款澄清如下事实，即第 11 条不妨碍仲裁庭根据任何法律考虑公共政策和超越型强制规范，只要其被要求或有权这样做。[①] 另外，该评注提供如下指示：（1）通过说明和评注，描述仲裁庭如何确定公共政策和超越型强制规范；（2）反映和说明仲裁庭在处理该问题时可采用的不同途径和方法论。最后，草案的无约束力使其比有约束力的公约更为宽松且留有余地。为进一步支持意思自治，未来草案会以尽可能详尽的方式完善此条款。

3. 国内立法

2011 年《罗马尼亚民法典》第 2566 条“直接适用的规范”（*Normele de aplicatie imediata*）第 2 款规定：应直接适用调整存在外国因素的法律关系的另一国强制规范，如果它与该国法存在密切联系，并且当事人的合理利益要求这样做。在这种情况下，应考虑此类条款的性质和目的以及适用或不适用的后果。罗马尼亚格外重视当事人合理利益在决定适用中的影响，不免使人担忧如何与《罗马条例 I》相衔接，毕竟履行地导致履行非法的外国强制规范很可能与合理利益冲突。[②] 罗马尼亚的立法在形式上与瑞士国际私法相仿，但如果对《罗马条例 I》作适当解释也不排斥如上考量。总之，“当事人的合理利益要求”为《罗马条例 I》第 9 条第 3 款的解释提供了有益参考。

2012 年《荷兰民法典》第十卷“国际私法”第 7 条第 1 款仿效《罗马条例 I》第 9 条第 1 款，成为第一个对国际强制规范进行定义的国内立法。但其第 7 条第 3 款与《罗马公约》第 7 条第 1 款基本一致。由于第三国强制规范在荷兰不限于合同，故选用宽泛的联系标准。关于该款的适用，一是解释“密切联系”的

① “被要求或有权”意在强调仲裁庭必须审慎而适当地证明需要减损当事人所选择的法律或法律规则的情形。此正当性取决于仲裁庭对仲裁得以组织的法律框架的看法。See HCCH, Choice of Law in International Contracts: Development Process of the Draft Instrument and Future Planning.

② See Catalina Avasilencei, “La Codification des Conflits de Lois dans le Nouveau Code Civil Roumain: Une Nouvelle Forme en Attente d'un Contentieux”, *R. C. D. I. P.*, Vol. 101, No. 2 (2012), 258.

含义，二是确定规范的合理范围。另外，如何处理与建立统一内部市场的欧盟法的关系也是重要议题。①

2012年《捷克国际私法》第25条“另一外国必须适用的规范”（*Nutně použitelná ustanovení jiného zahraničního práva*）规定：基于当事人请求，可以适用本法指引外的另一国法，如果其构成该国法中不管规定权利和义务的准据法如何都要适用的法律。此规范的适用条件是，有关权利和义务与该国存在充分重要的联系，并且其性质、目的或适用与不适用造成的后果（对当事人）是正当的。援引此类条款的当事人应证明条款的有效性和内容。与《罗马公约》和《罗马条例Ⅰ》相比，该条富有特色：不仅从欧盟法获得启示，还借鉴了《瑞士联邦国际私法》②，强调第三国强制规范的适用对当事人造成的影响。另外，要求作此主张的当事人加以证明的规定在现有立法中别具一格。

① See Cathalijne van der Plas, "Het Leerstuk van de Voorrangsregels Gecodificeerd in Boek 10", NIPR, Afl. 3 (2010), 421.

② See Monika Pauknerová, "Overriding Mandatory Rules and Czech Law", *Cze. Yb. Int. L.*, Vol. 2 (2010), 89.

第三章　第三国强制规范在法院地国适用的一般方式

从发展历程不难看出，第三国强制规范适用制度不仅为除丹麦外的欧盟成员国所接受，而且在欧盟内外的二十多个国家的国际私法立法或草案中得以确立，并且影响力渗透至欧、亚、非、美四大洲，成为第三国强制规范适用的一般方式。该制度的有效设置绝非易事。[①] 通过分析《罗马公约》《罗马条例 I》等代表性立法的内容，本章首先探讨第三国强制规范适用制度的实质，然后阐述制度设计应特别关注的事项及亟待解决的问题。

第一节　第三国强制规范适用制度的实质

目前多数人认为第三国强制规范适用制度构成第三国法直接适用的依据，即

① 将第三国的单边规则转化为双边原则极其困难。See Frank Vischer, "Drafting National Legislation on Conflict of Laws: the Swiss Experience", *Law & Contemp. Probs.*, Vol. 41, No. 2 (1977), 142.

如何解决第三国法和准据法以及法院地国法之间潜在的法律冲突，由此，该制度虽从实体法的角度对强制规范进行功能分析，但最终仅能发挥选法作用。此种认识过于简单化。第三国强制规范适用制度不仅要打通第三国强制规范进入由准据法和法院地国法组成的合同适用法体系的道路，还要解决干预性的强制规范如何作用于合同效力的问题，是冲突法和实体法的有机结合。由于后者容易被忽视，本节将对其进行重点分析。

一、一国强制规范进入私法的渠道

就一国法律体系而言，公法性强制规范对合同订立、履行的禁止不能用于评判合同效力，公法进入私法需要通过转介条款为之。[①] 对于该条款的功能和解释在我国有一个认识的过程，以下分析之。

（一）转介条款的功能

转介条款曾一度被认为是不具有独立的规范内涵，单纯引致具体规范，法官往往根据所引致的规范目的确定效果的法律条款。[②] 由此，强制规范对合同效力的影响全视规范目的而定，违法是无效的代名词，造成正常交易的无法履行。此观念没有考虑私益保护等维护合同机制的需要，也不大关注当事人缔约或履行时的主观意图以及违法原因可否归于合同方。其实，不能仅以规范目的决定合同效力，而是需衡量管制和合同自由之间的利益轻重。[③]

（二）转介条款的解释

目前，对转介条款的看法已随着合同法理论的发展而改变，学理普遍将之视为诚实信用、公序良俗之类的概括条款，构成在个案中进行价值补充的抽象原则。以我国为例，立法首先通过限制法律位阶的方式缩小认定合同无效的强制规定范围。[④] 这是针对改革开放初期存在的大量地方红头文件分割市场、影响合同履行现象的做法，虽在特定历史时期具有重要的意义，但本质是“一刀切”。的确，高位阶的管制措施往往能体现重要的公益价值，但未必总能导致合同无效；

---

① 甚至有学者认为私法中的强制规范同样需要通过转介条款来实现对合同效力的影响。参见许中缘：《禁止性规范对民事法律行为效力的影响》，载《法学》，2010（5）。

② 参见苏永钦：《私法自治中的经济理性》，35页，北京，中国人民大学出版社，2004。

③ 参见钟瑞栋：《〈合同法〉第52条第5项的三个争议问题》，载《私法研究》，180页，2012。

④ 参见《涉外经济合同法》第9条、《民法通则》第58条第5项以及《合同法》颁布后的《〈合同法〉解释（一）》第4条、《〈合同法〉解释（二）》第14条。

有时下级立法也存在需特别维护的价值。效力位阶论不仅在比较法上难以获得认同[①]，而且在司法实践中也没有得到完全的遵守。[②] 另外，该理论使得法官怠于对强制规范进行价值判断，而是机械地求助于规范所属的法律文件的层级，不利于公益保护。更何况法律和行政法规的缺位迫使部门立法，一概否认其具有监管合同的功能有失偏颇。[③]

受比较法影响，民法学界推崇对强制性规范进行二元分类，从而找出真正影响合同效力的强制性规范。此种呼声为官方所认可。《〈合同法〉解释（二）》第 14 条采取盛行的学理解释，将《合同法》第 52 条第 5 项限于效力性强制性规定。《最高人民法院关于当前形势下审理民商事合同纠纷案件若干问题的指导意见》强调违反效力性强制规定的合同无效，违反管理性强制规定的合同根据具体情形认定效力，例如，合同本身绝对损害国家或社会公益，应认定为违反效力性强制规定；针对具体履行行为尤其细节问题或通过处罚即可实现规范目的的，则构成违反单纯管理性强制规定。故人口买卖因违反宪法、刑法等公法规定当然无效，而超出公司经营范围且不涉及国家专营制度的买卖合同仍为有效，但不影响行政处罚。虽然这并不尽如人意，陷入以问答问[④]，更多借助经验认识判断，对法官妥善行使裁量权要求甚高，但毕竟体现出私法审判对公法干预的警惕以及维护交易机制的期待。民法学界又相继提出比例性原则和公序良俗原则，更加注重个案评判。总之，在公、私法接轨问题上经历了从普遍主义到个别主义的过程，由单纯强调强制规范的自身属性到综合平衡规范利益、合同利益以及案件的其他因素作出适用与否的决定。[⑤] 实体法态度的改变必然引起第三国强制规范适用制度的变化，毕竟二者处理相似的问题，只是后者的法律适用过程更加

① 参见德国《民法施行法》第 2 条。这说明位阶虽能有助于判断，但是否适用仍需要具体分析。

② 《境内机构对外担保管理办法》第 17 条等部门规章的规定仍可发挥规范作用。为了能够在对外担保案件中适用，最高人民法院通过司法解释的方式将之“法律化”，参见《担保法》司法解释第 6 条。

③ 理论层面对规范位阶限制作出修正。首先，应该根据地方性法规、部门规章是否存在上位法、上位法是否授权等方面判断是否构成《合同法》第 52 条第 5 项的强制性规定；其次，对于仍不满足法律、行政法规要求的部门规章等规定，可以通过《合同法》第 52 条第 4 项对公共利益的规定予以维护。参见王利明：《论无效合同的判断标准》，载《法律适用》，2012（7）。

④ 于是只有在实际运用某规定否定合同效力的那一刻，才能说明其构成该案中的效力性规范。

⑤ 《最高人民法院关于当前形势下审理民商事合同纠纷案件若干问题的指导意见》认为，应综合法律法规的意旨，权衡相互冲突的权益，诸如权益的种类、交易安全以及其所规制的对象等，综合认定强制性规定的类型。这借鉴了我国台湾地区学者的观点。参见王泽鉴：《民法概要》，91 页，北京，中国政法大学出版社，2003。

复杂。

二、第三国强制规范进入私法的渠道

第三国强制规范产生何种私法效果，最终由法院地国的第三国强制规范适用制度决定。或许认为，作为冲突法范畴的第三国强制规范适用制度只宜解决法律体系之间的冲突，至于公法如何影响私人关系，应由转介条款处理。该主张看似合理地分配了冲突法和实体法的功能，实质上仍停留在传统国际私法的范畴，并未意识到作为单边主义复兴的第三国强制规范适用制度的特殊性。解决第三国强制规范在冲突法层面的适用资格即同时实现此类规范在实体法层面的最终运用，二者浑然一体、密不可分。第三国强制规范适用制度必然要承担转介条款的功能，以实现适用过程中的公法和私法、公益和私益的平衡，否则，会产生如下不良后果：

（一）强制规范所属国的转介条款的不适格

首先，可以考虑由第三国强制规范所属国的转介条款确定规范发生的效力，即不能简单地认为违反履行地国法的合同一律无效，只有宣告合同非法的法律才能决定此种非法对合同有效性产生的影响。[①] 的确，如果第三国强制规范不希望合同无效，则没有理由否定依准据法和法院地国法为有效的合同的效力。然而这仅仅意味着强制规范在私法效果上的自我限定，对满足谦抑性要求的第三国强制规范及其转介条款的适用不存在争议。如果遭遇过分追求公法意图的第三国法，则无所适从。

哈里斯认为：履行地法仅仅被援用来解决履行在特定国家构成不法，由此免除当事人交付的义务。因为国际强制规范关系到是否允许履行，可以认为该国法享有优先性。它甚至可以优于法院地的此类规范，因为没有理由强迫当事人为违反履行地法的行为。[②] 由此，单独由第三国强制规范所属国支配的是能否在该国实际履行（specific performance）。至于合同是否无效或替代履行仍需分析。在履行地国的强制规范不为法院地国接受的情形下，当事人仍需要承担损害赔偿等

① See Martin Wolff, *Private International Law*, Oxford University Press, 1945, p. 452; Dieter Martiny, VO (EG) 593/2008 Art. 9 Eingriffsnormen, Rn. 54（由禁止规范决定禁止的内容和后果）。

② Anathan Harris, "Mandatory Rules and Policy under the Rome I Regulation", in Franco Ferrari, *Rome I Regulation*, Sellier, 2009, p. 312.

违约责任。

（二）合同准据法所属国的转介条款的不适格

其次，或认为应由准据法所属国的转介条款决定规范发生何种私法效果。言第三国强制规范的直接适用，是指规范对合同效力的单独支配还是作为法律禁止的事实。前者不仅表明需要考虑外国法存在某种禁止，该禁止对合同效力的影响原则也应获得承认，除非严重违反法院地公共秩序；后者仅仅表明履行是否依据履行地法为不法由履行地法判断，但所发生的私法效果仍由准据法判断。此时准据法不仅支配合同无效的后果，如相互返还，还决定对合同有关事实禁止产生的私法效果，如发生何种效力瑕疵。尼格认为：履行地的不法效果由合同准据法决定的观点值得一提，毕竟有些法律体系免除履行，而有些规定替代履行或履行地。[①] 从全面支配出发，既然准据法的范围包括合同有效性事项，就没有理由将转介条款从私法体系中剔除。

这样做未必适合：其一，当准据法所属国与交易不存在实质联系时，没有利益适用该国的转介条款；其二，为取得想要的法律适用结果，当事人可以选择对转介条款解释过于有利的法律体系，变相规避第三国强制规范的适用，使之受制于冲突规范的指引；其三，合同准据法理论建立在各国私法可交换的基础上，而转介条款具有联系公、私法的特殊功能，能否交换取决于各国对公法作用于合同效力的共识。目前来看，虽然比较法在该领域蓬勃发展，但不能说各国的理解一致。准据法对合同效力的支配更宜限制在私法强制规范的范畴，如欺诈、胁迫、认识错误。此类内设型强制规范构成当事人缔约的基础，在合同法趋同的今天，具有普遍交换的可能。

（三）第三国强制规范适用制度规定该问题的合理性

第三国强制规范对合同有效发生何种效果应交由法院地国的转介条款决定。[②] 从瑞士法的角度，费舍尔认为：外国干预法不能与无效规则画等号。瑞士法院不会自动承认处罚的后果。相反，法院须调查合同在禁止情形下是否仍可以

---

① See Peter E. Nygh & M. Davies, *Conflict of Laws in Australia*, 7th ed., Lexis Nexis Butterworth Australia, 2002, p. 377. 支持履行地国法支配合同效力的沃尔夫认为：契约根据履行地法无效，则准据法可以插手。如仅仅一方当事人知道交易非法，无过失方可否主张损害赔偿？能否从宽解释，即约定履行地法不予考虑，由债权人主张在履行不为禁止的国家履行？See Martin Wolff, *Private International Law*, Oxford University Press, 1945, p. 452.

② 违反第三国强制规范的后果最终由法院地国法确定，但要适当考虑第三国强制规范的意图。如果该规范不认为合同无效或可以补救，不应认为无效，除非达到为法院地公共秩序不容的地步。

执行、规则的不适用对当事人产生何种影响以及禁止能否预见。最重要的是，外国干预法的制裁的合理性只能由法官来确定此类规范的性质和目的。① 这说明干预法的效果应由法院地国法支配。

和考虑公法与私法、公益和私益平衡的国内合同案件不同，第三国强制规范在法院地国的适用还要考虑更多内容，如国际交往的需要、适用外国法的礼让、国家间利益的冲突甚至国际法因素，不能简单运用法院地国转介条款解决，而要融入到第三国强制规范适用制度当中，使之具有复合选法功能，即在平衡第三国强制规范、准据法和法院地国法的利益并考虑当事人利益之后，综合得出是否适用的结论。简而言之，适用制度既要解决第三国强制规范的冲突法适用资格，又要用以判断实体法的适用结果，一并处理国家法冲突和公、私法冲突。就二者的关系而言，适用结果构成确立适用资格的重要标准，适用资格又是最终达到适用结果的前提条件。二者环环相扣，紧密相连。

总之，法院地国是否适用第三国强制规范，不仅在于冲突法层面的规范目的和适用范围能否为法院地国所接受，还取决于实体法层面对转介条款解释的相似程度的大小。从发展趋势看，公、私法理论在各国的兴起构成设置第三国强制规范适用制度的强有利因素。

第二节　第三国强制规范适用制度的内容

综合《罗马公约》和《罗马条例 I》等现有立法，可以发现第三国强制规范的直接适用需要满足如下要求：首先，满足联系要求和适用效果要求；其次，适用的裁量和适用方式值得关注；最后，在决定是否适用时，应考虑规范的性质和目的以及适用或不适用的后果。

一、适用联系要求

在法院地国适用的第三国强制规范需要与案件或争议点存在相当的联系，只有满足联系要求时才具有适用的可能，否则，即使旨在维护该国重大公益，

① Frank Vischer, "Zwingendes Recht und Eingriffsgesetze nach dem Schweizerischen IPR-Gesetz", RabelsZ, Bd. 53, H. 3 (1989), 454.

甚至明确规定超越冲突规范，在法院地国眼中都不构成可适用的第三国强制规范。

（一）联系要求的动因

在探讨采用何种联系类型前，须弄清为何要设置联系要求。首先，第三国强制规范基于特别联系理论，即主要考虑适用意图。此种准据法支配外的特别联系是否构成联系要求的基础呢？答案是否定的。特别联系旨在说明第三国强制规范内在的适用意图，而作为适用要求的联系构成对最终能在法院地国适用的第三国强制规范的外部限制。如二者恰巧契合[①]，则法院地国适用的第三国强制规范能充分实现其适用需要。这将有利于跨国判决结果的一致，但事实往往并非如此。

温格在提出特别联系理论时，已经考虑到限制第三国强制规范的范围，只是没有将之视为连结因素，而是作为国际立法管辖权的一般限制。[②] 这种限制即便存在，也并不充分。[③] 国际私法学者普遍认为习惯国际法的真实联系要求[④]意义不大。[⑤] 美国《第三次对外关系法重述》将包括效果原则[⑥]在内的属地、属人、控制、保护和普遍原则纳入其中，作为立法管辖权行使的基础。尽管这只表明美国立法管辖权的态度，但由此可以看出传统国际法没有硬性的限制规定。在国际私法层面，法院地国和准据法所属国之外的国家都可能构成第三国。即使通过具体案情分布予以限定，基于跨国交易的复杂性，如不设置限制范围的联系要求，则第三国强制规范的适用几乎无法完成。的确，通过分析规范意图可以排除不希望适用的情形，然而对包含过分适用范围的第三国强制规范毫无约束。公法强制

① 此种契合不仅仅是重合。如果作为第三国强制规范适用要求的联系规定比该规范自身需要的适用范围还要宽广，同样无法限制第三国强制规范在法院地国的适用。

② See Mag. Alfred Siwy, *The Impact of Mandatory Rules in International Commercial Arbitration*, *Wien*, 2011, p. 19; F. A. Mann, "Conflict of Laws and Public Law", *Recueil des Cours*, Vol. 132 (1971), 158-165（认为温格没有对联系标准给出具体答案）。

③ 在 Lotus 案中，常设国际法院基于既往国际实践认为，土耳其以加害行为效果发生于本国为由对在公海撞击土耳其船舶的法国船舶行使管辖权不违反国际法。France v. Turkey, PCIJ Rep Series A No 10.

④ 的确，国际法院曾就一国与本国国民的关系作出真实联系要求的判决，但更多的是为了解决国籍问题。Liechtenstein v. Guatemala (Nottebohm Case), ICJ Rep. 4. 24. 1955.

⑤ Ralf Michaels, "Public and Private International Law", *J. Priv. Int'l L.*, Vol. 4, No. 1 (2008), 125.

⑥ 关于效果原则在美国司法实践的发展历程，see David J. Gerber, "Beyond Balancing: International Law Restraints on the Reach of National Laws", *Yale J. Int'l L.*, Vol. 10, No. 1 (1984), 197-205。

规范在制定或解释上存在的自我限定不充分。[①]

（二）联系要求的类型

明确联系要求的动因之后，接下来要明确“联系”的类型。第三国强制规范适用的立法和学说采用最密切联系、密切联系以及履行地等多种类型，以下分别分析其优劣。

1. 最密切联系要求

要求第三国强制规范与案件有最密切联系，实际上将限制当事人选法自由视为直接适用的唯一情形。由此，国际强制规范并非无须冲突规范的援引，而是超越当事人的选法。在没有选择或选择无效时，不存在适用第三国强制规范的问题，因为此时确立准据法和案件的联系与第三国强制规范的联系要求一致，即最密切联系。

鲜有立法将最密切联系作为适用第三国强制规范的条件。除《国际私法统一法的比荷卢条约》第 13 条第 2 款外，1992 年澳大利亚法律改革委员会提议的《法律选择法案》第 9 条第 9 款规定：如果澳大利亚州或领地之外的有效制定法与合同存在最真实、最实质联系，且该法某些条款的适用不能被冲突规范指引的法律排除或修改，则应由该条款决定希望支配的诉讼或问题。[②]

虽然功能相似，上述皆非典型的第三国强制规范适用制度。不过，最密切联系要求仍获得广泛支持，受到其他限制当事人选法的冲突法机制的青睐，原因在于该要求适用简单、目标明确，可借用客观准据法确立标准。在普通法中，类似的是对当事人的选法行为施加善意要求，即所选择的法律虽不需要与案件存在地域联系，但一旦选法发生逃避合同根据最密切联系国的法律认定无效的后果，即以缺乏善意为由不予支持。虽然作用机制不同，但都尊重与合同有最密切联系的国家的政策。

赋予构成客观准据法的第三国强制规范以超越法效力引起的争议最少，但作为适用联系的限定却存在问题：其一，范围过于狭窄。在涉及较少国家时争议不大，但难以处理连结点较分散的多国案件。即使作出最密切联系的推定，也能不排除合同与另一国存在足以使其国际强制规范适用的合理联系。其二，除非合同

---

① 基于礼让，美国对立法管辖的解释遵从合理性原则。参见美国《第三次对外关系法重述》第 403 条。

② “Australian Law Reform Commission Report”, No 58, *Choice of Law* (1992).《国际私法统一法的比荷卢条约》第 13 条更接近于《罗马公约》第 3 条第 3 款，即国内意义上的强制规范。

关系的全部或整体位于一国，最密切联系的判断存在困难。是采用单一连结点、连结点聚合或重力中心还是特征性履行方法，不同国家有不同的看法。这会诱导法官作出不真实的判断。如果希望适用，则增大与强制规范所属国联系的权重，使之具有适用资格，免除分割麻烦；如不希望适用，则认定与其他法域存在最密切联系，排除第三国强制规范的适用。

2. 密切联系要求

与最密切联系不同，密切联系获得立法的青睐。在国际上，除《罗马公约》外，采用类似用语的有《代理法律适用公约》《信托法律适用及其承认公约》《美洲间国际合同法律适用公约》。就国内法而言，瑞士、突尼斯、吉尔吉斯斯坦、白俄罗斯、俄罗斯、哈萨克斯坦、比利时、土耳其、波兰、罗马尼亚、荷兰等国家采用这一标准。

合同领域的密切联系可以指当事人国籍、住所地或营业地、合同磋商地、订立地或履行地等。[①]《罗马公约》报告认为，密切联系是指真实联系，如合同在该国履行或当事人在此居住或拥有主要营业地。对于体现单边主义的第三国强制规范采用的联系要求能否归于双边冲突规范中可地域化的连结因素，如反垄断法中的效果原则[②]是否构成第三国强制规范适用中的联系要求，《罗马公约》未予以答复。密切联系标准容易造成误解，这构成缔约国保留的重要原因。

传统连结点也存在疑问。就属人连结点而言，以国籍为联系推行一国政策不受欢迎。[③] 在人员频繁往来的今天，如果缔约方的国籍构成跨国交易的限制，会带来极大的不便。[④] 不允许外国人在本国取得不动产的规定仍有域外适用的必要，但可以归于物权关系而由物之所在地法支配。住所地、经常居所地或营业地与当事人的经营活动更为密切，但争议颇多。此类联系在合同冲突法中占有一席之地。最密切联系理论多采用特征性履行一方当事人的住所地、经常居所地或营

---

① See Peter Kaye, *The New Private International Law of Contract of the European Community*, Aldershot, 1993, pp. 253-254.

② 也有例外，如《瑞士联邦国际私法》第136条第1款规定，因不正当竞争提出的损害赔偿，适用损害结果发生的市场所在地国的法律；又如《罗马条例II》第4条第2款规定。不过上述规定仅针对侵权领域。

③ 大量美国禁令针对美国人，无论身处何地，甚至采用基于产品和技术来源的特殊国籍以及公司控制关系的控制原则来扩展本国法的域外效力。参见张利民：《经济行政法的域外效力》，114～124页，北京，法律出版社，2008。

④ 其一，提高对方的注意义务，增加缔约成本；其二，从事跨国交易的当事人与国籍国未必密切。

业地进行推定，表明此类连结点与合同存在相当联系。而且债务人住所地往往是其主要资产所在地，从债务执行的角度需要关注。① 当上述地域所属国的限制或禁止与交易地的价值不符时，同样难以获得交易地国的承认。② 除美国冲突法外③，合同的磋商地多被认为是与合同订立有关的因素，在法律选择中的作用不大。建立在既得权理论之上的合同订立地虽然一度构成准据法确立的主要联系④，但在现代国际私法中的地位大不如前。就国际强制规范的适用而言，虽然英国法院曾在提单法律适用问题上认为订立地法对不法性的支配构成自体法的例外⑤，但被随后的案例推翻⑥；订立地法对合同形式法律适用的影响表现为不容减损的书面要求，但该事项往往存在特别的冲突规范，无须援引第三国强制规范适用制度。

3. 履行地要求

基于《罗马公约》密切联系要求的不足，并考虑英国的立场，《罗马条例Ⅰ》将第三国强制规范的范围限于合同债务已经或将要履行地所在国的法律，即确立履行地标准。由此，《罗马条例Ⅰ》严格限定联系范围，极少出现当事人因第三国强制规范的适用发生义务冲突的情形。⑦

（1）履行地标准的适当性

履行是合同关系中最重要的法律行为，与合同发生密切联系。支持合同适用履行地法的重要缘由是合同履行受所在国的政策、法令及贸易管制等强行法支

---

① See Vassiliki Marazopoulou，"Overriding Mandatory Provisions of Article 9 §3 of the Rome I Regulation"，*RHDI*，Vol. 64，No. 2（2011），788（《罗马条例Ⅰ》限于履行地国法不利于判决的执行，应该考察资产所在地的法律）。这值得怀疑。法院的首要任务在于作出合理判决，而非关注判决能否在国外得到执行。

② 反映在ICC第1512号裁决中，巴基斯坦银行向印度公司担保。印巴战争爆发后，巴基斯坦颁布禁止向印度当事人支付的管制令。巴方以禁令使得支付不法为抗辩。由于约定支付在印度完成，仲裁庭认为仅仅作为债务人居住地的巴基斯坦之法不具有干预资格。See ICC Case No. 1512，1976. Yb. Comm. Arb.，Vol. 1（1976），128.

③ 磋商地构成美国《第二次冲突法重述》第188条中当事人没有选择准据法时考虑的选法因素。

④ 美国《第一次冲突法重述》第332条认为合同效力由订立地即订立行为最后完成地的法律支配。

⑤ See The Torni，[1932] p. 78（C. A.）. 由于巴勒斯坦和英国都加入了规定承运人责任的《海牙规则》，而该规则只适用于缔约国港口签发的提单，当事人不能通过提单中的法律选择条款排除包含《海牙规则》的提单签发地（巴勒斯坦）的法律的适用。

⑥ Vita Food Products Inc. v. Unus Shipping Co. Ltd.，[1939] A. C. 277（P. C.）.

⑦ See Vassiliki Marazopoulou，"Overriding Mandatory Provisions of Article 9 §3 of the Rome I Regulation"，*RHDI*，Vol. 64，No. 2（2011），788.

配、干预或管辖。[①] 即使规定合同适用缔约地法的美国《第一次冲突法重述》第358条也认为履行是否充分以及不履行借口等事项仍适用履行地法。然而，尽管密切联系以及当事人国籍等联系存在缺陷，但将第三国强制规范完全限制在履行地法有矫枉过正之嫌。[②] 博诺米认为，《罗马条例Ⅰ》不考虑当事人住所地国的强制规范不合理。住所地位于A国和B国的当事人签订违反A国对C国实施的禁令的外贸合同，约定适用B国法，没有选择时应适用A国法。虽然合同根据作为履行地法的B国法和C国法有效，但履行导致住所位于A国的缔约方受到该国法的制裁。出于保持A国和B国判决结果一致、判决在A国的顺利执行以及避免A国当事人陷入义务冲突境地等目的，B国法院应考虑A国的禁令。而根据《罗马条例Ⅰ》不可能，因为本案涉及的禁止规则不属于履行地国的法律。[③]

这一反驳存在问题：首先，要确定A国对C国实施的禁令的范围。如果针对本国货物的进出口，则B国和C国之间履行不在禁止之列；如果禁令针对一切与C国的贸易活动，则禁令发生的私法效果与B国适用本国法承认合同效力存在真实的法律冲突。除非基于特别考虑[④]，否则法院地法没有理由让位，包括国际礼让在内的适用主张都不成立。甚至当A国法构成合同准据法时，也可通过限定准据法的范围或运用公共政策保留予以排除。其次，就当事人陷入义务冲突问题而言，如只有实际履行构成制裁的对象，应通过损害赔偿加以避免。如订立合同的行为即构成对A国禁令的违反，则B国支持合同与否都不影响当事人是否遭受处罚。当禁令在缔约时已经存在时，除非另有约定，应视为当事人已划分履行风险，违反A国法的后果由该国交易人承担。如果缔约后禁令才出现且溯及之前订立的合同，则要观察履行障碍、风险分担的约定；如无特别要求，当事人需要对履约负充分勤勉义务，不会仅因一方所在国的法律禁止而当然免责。无论如何，不应一概排除其他可能存在的联系国的强制规范，何况有时履行地与案件的联系并非充分。[⑤]

---

① 参见赖来焜：《当代国际私法之构造论》，170页，台北，神州图书出版公司，2001。

② 在《罗马条例Ⅰ》制定的最后阶段，与"履行地国"并列的"当事人拥有惯常居所地国"被从文本中删除。

③ Andrea Bonomi, "Overriding Mandatory Provisions in the Rome I Regulation on the Law Applicable to Contractual Obligations", *Yb. Priv. Int. L.*, Vol. 10 (2008), 299.

④ 如针对C国形成的政治军事同盟、安理会决议实施等国际法因素。

⑤ See Nathalie Voser, "Mandatory Rules of Law as a Limitation on the Law Applicable in International Commercial Arbitration", *Am. Rev. Int'l Arb.*, Vol. 7 (1996), 345.

(2) 履行地的解释

虽较密切联系的内涵更加明确，但履行地并非没有解释上的障碍。作为法律用语，各国认定履行地的标准不同，由此产生疑问：

其一，如当事人已就履行地作出约定，法院是否需要采纳？从尊重意思自治的角度，似没有争议。履行地的解释在合同法体系中属于任意性替补规范[①]，即在当事人没有约定时补充适用。仔细分析会发现问题。以国际贸易为例：当使用FOB之类装运港交货术语时，是否意味着无须考虑运输涉及的其他地域如目的港的国际强制规范？如果禁令在交付后颁布，应由买方承担禁令带来的损失[②]，但若在交付之前甚至缔约时禁令已经存在，完全不考虑其对合同效力或履行的影响似无道理。[③]

关于准据法确立的标准，兰多认为：作为技术性概念的履行地并非实质履行的发生地，不构成重要连结点。在销售合同，履行地通常是“卖方为完成履行而实际交货”的地域。该地可能是风险转移的地域，但未必是卖方制造、采集、包装、调配货物的地点。以FOB芝加哥条件向纽约买方销售货物的加利福尼亚卖方在法律上于芝加哥“履行”合同，但现实中在其居所地开展履行，并在货交加利福尼亚的公共承运人时完成。[④] 该看法对于评价第三国强制规范适用的履行地标准也有价值。国际强制规范对选法自由进行最低限度的限制，它的适用不以人的意志为转移。如果由当事人决定履行地的判断，则相当于其掌控第三国强制规范的适用。至少对金钱义务的履行，存在通过约定履行地的方式逃避一国金融外汇监管的可能。

其二，没有约定时，根据哪一国法律确定？就《罗马条例I》而言，此时可起到补缺作用的法律是自治共同体法（*autonom Gemeinschaftsrechtlich*），特别是《布鲁塞尔条例I》对履行地的解释。《罗马条例I》引言7要求条例的范围和条款应与《布鲁塞尔条例I》相符，这说明二者的术语应尽可能地协调，以便于联盟内争议的

---

① 存在少量的例外，如某些国家要求国际海上货物运输的货物必须提交给海关。这主要是关于履行方式而非履行的地域。该问题将在第四章第二节论述。

② 除非将货物因法令颁布不能进口约定为落空情形，否则英国法院不认为其对合同发生影响。See James J. Fawcett, et al., *International Sale of Goods in the Conflict of Laws*, Oxford University Press, 2005, p. 777.

③ 到货合同更为明显：如果当事人对货物来源国和目的国已有共识，而且来源国对货物的准备无可替代，则来源国的出口禁令一般能发生履行障碍的效果。

④ Ole Lando, “The Conflict of Laws of Contracts”, *Recueil des Cours*, Vol. 189 (1984), 384.

顺利解决。[①]《布鲁塞尔条例 I》第 5 条第 1 款 b 项就特定合同的履行地在没有约定的情况下作出统一推定，即货物销售合同的履行地为已经或应该交付的地域，服务合同的履行地为服务已经或应该提供的地域。该规定针对诉讼管辖权的确立，能否无条件适用于《罗马条例 I》值得探究。[②] 而且它仅规定了货物销售合同和服务合同的履行地，远远未实现为统一且可预见的管辖而协同冲突法之目的。就在线交易的履行、多场所的服务履行以及混合类型的合同，仍要求助于国际私法。

除欧盟统一解释外，可通过冲突法确定履行地。此时潜在可适用的法律有法院地国法和合同准据法。首先，《罗马条例 I》第 9 条第 3 款仍属于法院地冲突法的范畴，在欧盟统一法无法完成任务时，由法院地国法解释冲突法的用语似无不可。《罗马公约》解释报告曾在解释第 10 条第 2 款时认为，法院地法支配履行方式的范围，由此履行地的位置也宜由法院地法确定。但如果法院地法和准据法不同，就会使得个案中出现两个分别起作用的履行地，影响司法公信力。其次，无论是《罗马公约》第 10 条第 1 款还是《罗马条例 I》第 12 条第 1 款，都认可合同履行的主要方面由准据法支配，包括履行地的位置。基于同一判决内的一致，作为第三国强制规范限制的履行地应该是确定实体权利和义务的准据法认定的履行地。不妥的是，即使各国适用相同的冲突规范也未必能得到同样的法律适用结果，使得履行地的判断发生跨国不一致，与《罗马条例 I》中的一致解释的要求不符。

另外，履行与否对判断能否产生影响？从《罗马条例 I》的表述看，履行分为已经履行和将要履行，从而出现事实发生的履行地和法律确定的履行地。如果事实上的履行地与合同约定或法律补充的履行地不符，以何地作准？由此存在事实履行地和法律履行地之争。有人认为《罗马条例 I》的潜在意图偏向于事实履行地，即考虑能导致真实的履行障碍；有人强调法定履行地，除非当事人就此达成共识，否则不过是履行地解释范围的宽窄。[③] 更有人采用二分法，认为应当由法律确定将要履行的履行地，而通过事实判断已经履行的履行地。[④]

---

① 如《罗马条例 I》引言认为，货物销售和服务合同的解释应遵从《布鲁塞尔条例 I》第 5 条。See Eva Lein, "The New Rome I/Rome II/Brussels I Synergy", *Yb. Priv. Int. L.*, Vol. 10 (2008), 195.

② 从支配事项的角度看，二者更不同。确立诉讼管辖权的履行地，对个案是唯一的；对于限制第三国强制规范范围的履行地，可以据合同中不同的债务分别确定。

③ See Franco Ferrari, et al., *Internationales Vertragsrecht*, 2. Auflage, C. H. Beck, 2011, Rn. 40.

④ See Robert Freitag, "Die kollisionsrechtliche Behandlung ausländischer Eingriffsnormen nach Art. 9 Abs. 3 Rom I-VO", *IPRax*, Jah. 29, H. 2 (2009), 113; Monika Pauknerová, "Mandatory Rules and Public Policy in International Contract Law", *ERA Forum*, Vol. 11, No. 1 (2011), 40.

还有人认为履行地一般由法律决定，但如果货物应在A国交付，但事实上却在B国交付并被罚没，则很难说B国法对当事人义务的履行没有影响。[①] 此种担忧不必要：如果货物根据合同须在A国交付，则卖方未经买方允许擅自将货物运至B国是违约行为，罚没或灭失的风险只能是卖方自行承担，不影响违约责任的认定。

(3) 履行地标准的排他性

在《罗马条例I》背景下，成员国能否适用履行地国之外的其他第三国强制规范，特别是作为典型超越一切公法的履行地国法之外的出口限制、竞争限制或外汇管制。[②] 似乎可以认为第9条第1款仅表明，就第三国强制规范的适用达成最低限度的政治共识，不能阻止成员国自愿在该款之外适用。[③] 从条例的制定过程来看，正是英国政府的反对才使得《罗马条例I》改变了对联系要求的态度。历史解释和立法意图都希望成员国统一适用第三国强制规范，规范此类条款的援引，避免发生法律适用的不确定性。严格解释会发生绝对的阻却效力（*absoluter Sperrwirkung*）[④]，任何不满足该款条件的直接适用都不被允许。[⑤]

单从法理上看，《罗马条例I》不影响成员国利用合同准据法赋予不满足其第9条第3款要求的第三国强制规范以实体效果，毕竟条例不可能约束成员国如何适用实体法上的公序良俗。然而过分依赖实体法方法有违统一成员国合同冲突法的初衷。故仅在真实解释并适用准据法的情况下，才可以通过实体法方法赋予第三国强制规范以私法的效果。

4. 联系标准的类型化

现有立法采用的联系标准，无论是概括的密切联系还是具体的履行地标准，都存在不足。前者过于抽象，容易失之泛泛；后者极为刚性，无法应对特殊情形。比较好的方式是，根据第三国强制规范所属的具体法律关系和作用对象，采

---

① See Anathan Harris, "Mandatory Rules and Policy under the Rome I Regulation", in Franco Ferrari, *Rome I Regulation*, Sellier, 2009, p. 315.

② See Monika Pauknerová, "Mandatory Rules and Public Policy in International Contract Law", *ERA Forum*, Vol. 11, No. 1 (2011), 40.

③ See Schimansky, Bunte & Lwowski, *Bankrechts-Handbuch*, 4. Auflage, 2011, Rn. 179.

④ See Paul Hauser, *Eingriffsnormen in der Rom I-Verordnung*, Mohr Siebeck, 2012, S. 112.

⑤ See Gralf-Peter Calliess, ed., *Rome Regulations*, Kluwer Law International, 2011, p. 209.

用个别类型化的联系标准[①]，从而更具针对性和可行性。[②]

关于类型化的方法，博诺米认为：在缺乏统一国际标准的情况下，法院地国应根据本国法或比较法确立联系标准。当采用类似本国强制规范的连结因素时，一国法院不能认为外国法规定的空间范围过分。所援引的标准类似于实际作出判决的法院在承认或执行外国判决层面具有裁判管辖权使用的标准。在缺乏公认的国际标准时，应根据法院地国对应规则连结因素的“双边化”确立外国管辖权。对于外国强制规范不存在国内对应物或采用不同连结因素的，应求助于比较法。如果外国法的空间范围与广泛承认的标准一致，不能认为是过分的。如若不能确立此种比较法上的标准，则拒绝适用。[③]

关于类型化的情形，可考虑马蒂尼的看法。[④] 将第三国强制规范都系于能导致合同履行不法的履行地实属不妥，尤其面对难以地域化的国际金融交易。应为不同种类的合同和国际强制规范分别确定属人、属地或功能性的联系标准。就地域标准而言，履行地法可阻止履行的发生，不能期待债务人无视之。然而履行地毕竟由准据法决定，而且往往忽略公共秩序，故不宜作为基本标准。就住所地而言，包括公司法人在内的债务人如果在某国拥有惯常居所，即要遵守该国的要求或禁止。这一般构成密切联系，但取决于具体法律关系的内容。就物之所在地而言，当财产尤其不动产位于强制规范所属国时，可认为存在密切联系。反之，当外国法规定本国人不能在域外取得财产，却不能实施执行时，可认为缺乏充分联系。职业问题遵守营业地的监管至关重要，如要求在外国发生雇佣的公司遵守本国工时等限制，德国的反洗钱规定适用于本国银行的国外分支。劳动法中的强制规范通常由惯常工作地支配。反垄断和竞争法应以对该国市场的影响为联系标准，即是否损害相关标准保护的法益，如不加限制，容易被滥用，造成多国监管冲突。外国外汇监管应关注对该国支付平衡的影响；而作为权力理论和属地原则的反映，价值的跨境流动构成外国外汇管制得以承认的联系标准，而出口禁令取

---

① See Kerstin Ann-Susann Schäfer, *Application of Mandatory Rules in the Private International Law of Contracts*, Peter Lang, 2010, p. 153.

② See Nathalie Voser, “Mandatory Rules of Law as a Limitation on the Law Applicable in International Commercial Arbitration”, *Am. Rev. Int'l Arb.*, Vol. 7 (1996), 346. 还有人认为根据第三国强制规范的目标和该国因其法律的适用而产生的利益具体衡量联系的程度。See Zhang Mingjie, *Conflict of Laws and International Contracts for the Sale of goods*, édition Paradigme, 1997, p. 90.

③ Andrea Bonomi, “Mandatory Rules in Private International Law”, *Yb. Priv. Int. L.*, Vol. 1 (1999), 245.

④ See Dieter Martiny, VO (EG) 593/2008 Art. 9 Eingriffsnormen, Rn. 123-136.

决于合同项下的货物是否进入禁止国境内。国籍作为经济管制适用的标准不太妥当。如法律禁止针对本国或外国人的行为，应予以考虑，这同样可出于特殊群体的保护。

国际强制规范适用所需的联系要考虑规范所属领域的特点，如婚姻家庭法上的联系可能是国籍、住所或经常居所地，文物保护法上的联系则是文物来源地，竞争法上的联系为受影响的市场所在地。[①] 目前可特定化的范围仍比较狭窄，除劳动者保护、消费者保护由特别冲突规范支配外，就一般合同而言，履行地外可明确类型化的连结因素并不常见，初步达成共识的有文物来源地和垄断或不正当竞争影响的发生地对各自法律适用的支配。[②] 随着国际交往的深入，第三国强制规范适用联系的类型化会逐步加强，朝着更精细的方向发展。

（三）联系要求的对象

无论采用何种联系，都要确定联系依附的对象。首先，联系的支配者是强制规范还是包括强制规范在内的该国法律？《罗马公约》中的联系针对覆盖一定地域范围的一国，而《瑞士联邦国际私法》第 19 条却表明联系存在于案件事实与外国法之间。[③] 这令人回想起传统合同自体法是与国家还是与法律体系存在最密切联系的争议。[④]《罗马公约》在确立最密切原则时不关注当事人的意图，故多认为应同国家存在联系。[⑤] 此种差异只有选用抽象的密切联系才能显现，履行地之类的明确地域联系不存在此种考量。

其次，联系的目标是合同整体还是个别争议点？毕竟与个别问题相关的法律未必与整个合同有充分联系。《罗马公约》使用的“案情”正常解释为合同的具体事项。但《罗马公约》报告特别强调联系存在于作为整体的合同和一国法之间，因为过分分割合同的法律适用会使得当事人丧失预见。报告对多数条款的解释获得支持，唯独该主张备受质疑：一方面，在例外情况下给予多个第三国强制

① 参见肖永平、龙威狄：《论中国国际私法中的强制规范》，载《中国社会科学》，2012（10）。

② 共识只就目标而言，实际运用有限。对于反垄断等的效果发生地受制于效果原则的标准，各国莫衷一是。即便采用直接、可预见、合理的审慎标准，也难免出现解释差异。

③ See Frank Vischer, “General Course on Private International Law”, *Recueil des Cours*, Vol. 232 (1992), 173（瑞士法特别强调外国强制规范对当事人发生的效果）。

④ See D. MacClean, “De conflictu legum: Perspectives on Private International Law at the Turn of the Century”, *Recueil des Cours*, Vol. 282 (2000), 219.

⑤ See James J. Fawcett & Janeen M. Carruthers, eds., *Cheshire, North & Fawcett Private International Law*, 14th ed., Oxford University Press, 2008, p. 711.

规范以效力可能更为有利[①]；另一方面，从分割的角度，与个别争议有关的第三国强制规范更有可能构成与该争议点存在最密切联系的法律，从而较少发生多个第三国竞相要求适用本国强制规范的情形。更何况履行地和订立地理论上可能构成密切联系，但就履行事项而言只有前者符合联系标准。[②] 故宜认为联系的目标是个别争议点。

二、适用效果要求

适用效果要求是指第三国强制规范的适用需要达到何种结果。在实体法层面，第三国强制规范能够调整涉外民事关系；在冲突法层面，该适用效果与准据法的评价不同。有意义的国际强制规范的直接适用在于与准据法适用结果不一致的部分。第三国强制规范能作用于合同效力或履行，即取代当事人的约定或准据法的规定。虽然无论是《罗马公约》下的还是《罗马条例 I》下的第三国强制规范都必须满足适用效果要求，但由于《罗马条例 I》明确以导致履行不合法（unlawful）为限，故予以专门论述。

（一）一般问题：合同效力

第三国强制规范适用的效果事关其认定。由于其作为法律而适用，主要发生在合同订立时已存在的情形，应特别关注合同有效问题。前文已就国内民法对效力性强制规范的认识作了说明，下文主要论述效力的状态和范围。

1. 效力状态：无效还是其他

首先，第三国强制规范对合同有效性的影响是限于绝对无效，还是包括可撤销、效力待定等相对无效、不生效或效力终止的情形？毋庸置疑，当强制规范能导致合同自始、绝对、当然无效时，多半出于重大公益的考虑而构成国际强制规范；仅仅导致合同发生无效外的效力瑕疵时，更多的是作为私人利益的平衡，如欺诈、胁迫等有关意思表示真实、自由的规定构成各国合同法的基础，理应由合同准据法支配。虽然以《联合国国际货物销售合同公约》为代表的民商事实体公

① See Michael Hellner, "Third Country Overriding Mandatory Rules in the Rome I Regulation", *J. Priv. Int'l L.*, Vol. 5, No. 3 (2009), 464-465（排他许可分销合同对 3 个国家的竞争产生影响，从而可能有必要适用多个国家的竞争法）。

② See Peter Kaye, *The New Private International Law of Contract of the European Community*, Aldershot, 1993, p. 254.

约多避开评价合同效力，这只说明短期内无法进行国际统一[①]，并不意味着该领域不能实现法律交换。

其次，除意思表示真实有效的中立型强制规范外，赋予一方当事人请求变更权、撤销权、解除权等的赋权性规范能否构成第三国强制规范？历史上，大萧条时期废止金约款的规定被视为典型的国际强制规范。该规范虽出于维护本国币值稳定、收支平衡的目的，但同样具有保护本国债务人甚至在该国从事交易的外国债务人的经济利益的功能。此类嗣后颁布的法令不在于使合同产生履行障碍，在多数情况下不会导致履行构成非法，而且给予债务人不履约的借口，似乎没有理由将之排除于国际强制规范的范围之外。另外，如果认为保护性强制规范仍可通过第三国强制规范适用制度予以维护，则不能将无效作为唯一的状态，因为毕竟该领域多存在赋予弱者一方权利的规定。总之，无效是第三国强制规范发生的主要效果，但不能一概排除其他评价。

2. 效力范围：整体还是部分

无论无效还是其他效力瑕疵，是否意味着只对合同整体而非某一条款发生作用？如果认为第三国强制规范包括保护一方当事人利益的保护性强制规范，则不能在个别条款违反强行法的意旨时否定合同的效力。即便认为某一条款受第三国强制规范支配而无效，它对合同效力的影响取决于实体法意义上的分割。[②] 能否分割取决于无效条款对合同的重要性。典型分割条款的表述如下：合同任何条款的无效或不生效力，都不影响其他条款的有效和执行，除非该条款构成不容与其他条款分割的合同完整部分。可以对此类实质条款进行限定。如《商事代理合同范本》第 26 条规定：本合同任一条款的无效不会导致整个合同的无效，除非是只要当事人缔约时知道其无效就不会签订合同的实质条款。[③] 分割条款的效力宜由合同准据法评判，作为当事人的自由约定，在不损害社会公益的前提下，一般会获得支持。

有时合同条款甚至限定无效对当事人、受无效影响的情势或法官执行出口管制等国际强制规范的地域范围。合同条款被一法域认定为无效或不予执行的事

① 关于合同效力，《欧洲合同法原则》规定了不道德、非法、能力缺失、错误及欺诈等情形。

② 英美司法实践多采用蓝铅笔测试（Blue Pencil Test），即某些条款的删除是否影响其他部分的顺利履行。See Richard Stone, *The Modern Law of Contract*, 8th ed., Routledge-Cavendish, 2009, p. 525.

③ See ICC Publication No. 644, Paris, ICC Publishing, 2002.

实，不影响该条款在另一法域的合法有效以及本合同其他条款执行的可能性。[①]涉及第三国强制规范的适用时，此类条款起到“顺水推舟”的作用。如果法院不想适用，则尊重意思自治，从而承认上述合同安排构成不适用的理由；反之，不受约束，因为毕竟国际强制规范的效力不由当事人决定。此时上述条款至少表明当事人不希望国际强制规范的适用。在衡量是否赋予效力时，可以认为当事人对第三国强制规范的适用不存在信赖。

（二）特别问题：不合法

《罗马条例I》规定第三国强制规范能导致合同的履行不合法。有人认为，虽然国际强制规范通常表现为其违反构成不法的禁止规范，但不能将施加积极义务或给予具体救济的外国强制规范排除，如补偿商事代理人的规定。出于避免挑选法院以及判决承认和执行，此类非禁止性规范应予以考虑。[②]有德国学者宽泛理解禁止规范的用语，即不仅包括能导致合同无效的禁止规范，也包括修改合同条款的禁止规范，特别是关于最低或最高限制的支付要求的禁止规范。[③]考虑到该规定在此前第三国强制规范立法中未曾出现以及与英国普通法的渊源，不合法的含义和范围值得特别探究：其一，不合法是否等于非法？其二，是否包括违反兜底性质的公共政策？

1. 不合法的含义

不合法存在非法和包括非法在内的导致合同不可强制执行两种解释。[④]非法性在英美合同法中占有重要地位，履行非法一直是情形之一。[⑤]在大陆法系国家，合同违反法律并非作为一般问题探讨，而是无效的事由。非法表现为严重违反法律，区别于单纯无效或可撤销[⑥]，其不同形式根据不同国家的法律发生不同的结果，合同可能会因此无效（void）、随后没有效力（ineffective）、不可挽救地无效（nullify）、在通过当局的批准行为补正前无效，甚至违法行为应受到处

---

① See Marcel Fontaine, *Drafting International Contracts*, Transnational Publishers, Inc., 2006, p. 169.

② See Andrea Bonomi, “Overriding Mandatory Provisions in the Rome I Regulation on the Law Applicable to Contractual Obligations”, *Yb. Priv. Int. L.*, Vol. 10 (2008), 298-299.

③ Paul Hauser, *Eingriffsnormen in der Rom I-Verordnung*, Mohr Siebeck, 2012, S. 74ff..

④ 不可执行包括非法之外的原因导致合同或条款的无效（void）或被修改（modified）。

⑤ See Richard Stone, *The Modern Law of Contract*, 8th ed., Routledge-Cavendish, 2009, p. 484.

⑥ See R. G. Mortensen, *Private International Law in Australia*, Lexis Nexis Butterworth, 2006, p. 407（根据准据法为有效的合同，如果法院地国法认为无效但并非不法，仍会被执行）。

罚但不影响合同效力。[①] 非法性最突出的表现是既能够导致合同无效[②]，又产生公法责任。不可强制执行亦是英美合同法的重要概念。单纯不可强制执行不等于合同无效。[③] 与非法主要违反公法性强制规范不同，不可强制执行包括私法的内容，其本质是法律不加以维护，但也不禁止当事人自愿履行。[④] 此种柔性对待违反外国公法的方式的例子如《国际货币基金协定》第 8 条第 2 款 b 项对违反成员国外汇管制法的外汇合同不予域外承认。[⑤]

马普所对《绿皮书》的回应认为，国际强制规范通常伴随刑事制裁，故法官决定是否适用外国国际强制规范时，应考虑裁决对当事人发生的后果，即不能使之实施外国法下的犯罪或不法行为。这表明马普所倾向于将第三国强制规范的实施效果限于非法情形。《罗马条例 I》最终弃用“非法”而使用“不合法”似有意为之，特别是瑞典代表团提议“不合法”不应仅仅理解为包含刑事制裁的规范。[⑥] 但有人认为应严格限定为非法而非单纯不可强制执行。[⑦]《罗马条例 I》没有作出解释，其法文文本仍使用“不法”（*illegale*），有待欧盟法院澄清。

考虑法院地国在第三国强制规范适用上的自由裁量以及监管方法的潜在不同，应作宽泛理解。[⑧] 就实践而言，这既满足主观目的解释和客观文义解释的要求，对“不合法”又符合现实需要。首先，为保护私人利益的强制规范具有构成

---

① See Martin Wolff, *Private International Law*, Oxford University Press, 1945, p. 452.

② 有代表性的新西兰《不法合同法》第 6 条第 1 款规定，除该法或他法另有规定，不法合同均无效。

③ 虽然都关乎合同效力，但非法和不可强制执行的关系复杂。《欧洲合同法原则》在合同效力部分将非法作为无效的事由，而在非法一章将非法合同仅仅视为没有效力，可以发生包括不可强制执行在内的多种结果。See Jürgen Basedow, et al., *Max Planck Encyclopedia of European Private Law*, Oxford University Press, 2012, p. 991.

④ 自愿履行不存在不当得利的返还，不同于绝对无效。

⑤ Batra v. Ebrahim, [1982] 2 Lloyd's Rep. 10 (CA)（丹宁勋爵认为，如果严格按照英国法的理解，就该款的不可强制执行，法院应该允许当事人决定是否主张，正如处理欺诈法问题那样）。

⑥ 不合法必须以最广泛的范围理解，包括能导致合同无效或不可执行的规则，以及在违反限制利率规定时降价的那些能修改合同的规则。See Council document 8789/07.

⑦ See Council document 9143/06（有关安全和行为规则的立法提议），Andrew Dickinson, "Third-Country Mandatory Rules in the Law Applicable to Contractual Obligations", *J. Priv. Int'l L.*, Vol. 3, No. 1 (2007), 88。

⑧ See Gralf-Peter Calliess, ed., *Rome Regulations*, Kluwer Law International, 2011, p. 207.

国际强制规范的空间[①]，而通说认为此类利息或价格限制[②]多在违反时发生修改合同条款的效力。如果仅以非法为限，则将上述情形排除在外。至于维护公益的需要和程度，应通过国际强制规范的定义予以判断。此外，非法和单纯的不可强制执行的区别还在于，前者原则上使得合同对双方当事人没有拘束力[③]；后者可以仅针对一方，即无过错的一方能执行合同。故对于一方导致的合同违反外国法，善意方没有参与也不知情的，必要时合同可得到维护。不过，也应看到，《罗马条例 I》不希望将导致合同不可执行的纯技术性强制规范纳入其中[④]，故此类规定仍由准据法支配。

2. 不合法的范围

《罗马条例 I》中不合法的范围是否包括制定法之外的公共政策或曰公共秩序?[⑤] 从实体法层面看，随着法律现实主义和功能主义的发展，制定法往往以维护公益为立法依据[⑥]，与判例法相比更易表达社会经济政策。普通法系狭义的合同非法仅指违反制定法，而广义上可以分为违反制定法和违反公共政策。[⑦] 此公共政策既可以是抽象的公序良俗，也可以表现为类型化的判例规则。大陆法系一般不考虑判例法，但也存在合同违反具体的制定法规则和违反抽象的公共秩序的区分，如《德国民法典》第 134 条与第 138 条第 1 款的对应关系。后者由法律的概括条款确定，有待司法实践进行价值填充。在冲突法层面，英国传统国际私法将可考虑的第三国强制规范严格限于制定法。除非同时违反英国的公共政策，否则单纯违反履行地国的公共政策不能阻碍合同的执行。[⑧] 由此，合同违反第三国公共

① 例如，英国公司将在斯德哥尔摩的房屋出租，约定适用英国法并由英国法院管辖。后来承租人基于租金超过瑞典房屋租赁法的限制而在英国诉讼。如将不合法严格解释为非法，则瑞典强制规定不符合适用效果要求，因为收取高额租金仅发生民事责任。See Michael Hellner, "Third Country Overriding Mandatory Rules in the Rome I Regulation", *J. Priv. Int'l L.*, Vol. 5, No. 3 (2009), 462.

② Ralli Brothers v. Compa Ia Naviera Sota Y Aznar, [1920] 2 KB 287 (CA). 参见第四章第一节。

③ 无论英美法还是大陆法，违反法律后果都是多样的，发生绝对无效、效力瑕疵以及有效等情形。

④ See P. Beaumont & P. McEleavy, *Anton's Private International Law*, 3rd ed., Thomson Reuters, 2011, p. 517.

⑤ 《比利时国际私法典》第 20 条第 2 款将强制规范和公共秩序条款一并视为给予效力的对象。

⑥ See Vassiliki Marazopoulou, "Overriding Mandatory Provisions of Article. 9 § 3 of the Rome I Regulation", *RHDI*, Vol. 64, N° 2 (2011), 788 (公共政策和强制规范在所有欧洲法律体系中都非绝对，故可根据《罗马条例 I》第 9 条第 3 款给予履行地国公共政策以效力)。

⑦ See Andrew Burrows, *English Private Law*, Oxford University Press, 2007, pp. 706-717; Richard Stone, *The Modern Law of Contract*, 8th ed., Routledge-Cavendish, 2009, p. 479.

⑧ Lemenda Trading Co. v. African Middle East Petroleum Co., [1988] 3 WLR 735. 参见第二章第一节。

政策不适用 Ralli 案[①]等中针对违反外国制定法的普通法规则。而《罗马条例 I》受 Ralli 规则的影响，难免使人以为第三国强制规范仅包括制定法。

然而，《罗马公约》报告认为，国际强制规范可以是制定法，也可以是判例法。传统英国冲突法认为，超越法是制定法的法律适用范围条款对作为普通法的冲突规范的超越，自然只能是制定法。[②] 但随着英国冲突法的欧盟化，2006 年第 14 版《戴雪、莫里斯和科林斯论冲突法》认为，由判例法确立的合同违反英国公共政策无效的规则，如帮诉合同、限制贸易以及与敌交易等合同不法性的规定，同样应纳入超越法。[③] 然而这更易为法院地国界定本国的国际强制规范时所采纳[④]，能否延伸至第三国强制规范的适用范围仍需特别分析。

有时，在法院地国构成违反制定法的情况，在第三国却构成公共秩序的违反。从国内法的角度看，以制定法还是公共秩序为由否定合同效力仅存在路径差异，但在国际私法层面却有质的区别。如只考虑直接适用第三国制定法，则涉嫌对第三国公务人员行贿的游说合同会被法院地国认定有效，即使第三国和法院地国存在相似的政策考量。此时，于真第三国案件，假定合同不违反准据法所属国制定法或公共政策，则法院地国只能运用公共政策保留予以排除，进而在不考虑立法适用范围的前提下准用法院地的制定法；于假第三国案件，由于案情不满足法院地国法的适用范围[⑤]，只能将本国法背后的政策目标化身为至关重要的公共政策，借助实体法方法实现第三国法的意图。无论如何，都会发生复杂且充满争议的法律适用过程。故将制定法外的公共政策或公共秩序完全排除于《罗马条例 I》第 9 条第 3 款之外不利于国际判决的一致和统一政策目标的维护。但在特定情况下，需要区分违反的是制定法还是公共政策。特别就溯及力而言，作为实体法的制定法根据过渡条款大多只对其生效后发生的案件适用，而公共政策的改变

---

① See Ralli Brothers v. Compa Ia Naviera Sota Y Aznar，[1920] 2 KB 287 (CA). 参见第四章第一节。

② 参见董金鑫：《论英国法上超越一切的制定法》，载《大连海事大学学报（社科版）》，2013 (3)。

③ See Lawrence Collins, et al., eds., *Dicey, Morris & Collins on the Conflict of Laws*, 14th ed., Sweet & Maxwell, 2006, p. 26. But see James J. Fawcett & Janeen M. Carruthers, eds., *Cheshire, North & Fawcett Private International Law*, 14th ed., Oxford University Press, 2008, p. 736（强制性的普通法规则应通过公共政策保留方式适用，不应借助积极公共政策直接适用）。

④ See Adeline Chong, "The Public Policy and Mandatory Rules of Third Countries in International Contract", *J. Priv. Int'l L.*, Vol. 2, No. 1 (2006), 33.

⑤ 一国禁止对政府人员进行游说的规定当然限于本国的政府及其雇员。

立即生效[①]，除非事后被推翻或予以区别。这不影响已通过司法审判类型化了的公共政策规则作为第三国强制规范适用的资格。

就各国普遍没有通过立法或司法具体化的基本道德理念而言，包括我国《合同法》第52条第4项在内的违反公序良俗的一般禁止条款，应排除于《罗马条例I》的范围之外。此基本道德，如反对不道德的性交易，无论归入公共政策、公序良俗或其他范畴，仍宜通过法院地国公共政策实施。具体而言，于真第三国案件，当第三国基本道德不能借助外国准据法实现时，必要时可通过公共政策保留予以排除，从而确立本国基本道德的适用资格；于假第三国案件，由于法院地法具有准据法的资格，该国的基本道德可以直接适用，无须援用第三国法。究其原因，基本道德与制定法乃至公共政策规则不同，不仅具有更大程度的国际一致性，而且几乎不存在适用范围的限制。违反第三国基本道德的合同往往也违反法院地基本道德，适用法院地法更加便利。即使偶然出现第三国和法院地国法解释上的不一致，最终需要依法院地公共政策加以评判。

三、适用的裁量和方式

裁量和方式是第三国强制规范适用制度的重要内容。因为适用问题的复杂，现有立法多赋予法官充分的自由裁量，选用词语的模糊，容易发生误解。

（一）规范适用的裁量

适用的自由裁量饱受诟病，引发法律适用过程的不确定和结果的不可预见。[②] 尽管当代国际私法呈现柔性的选法趋势，不反对在特定情况下给予法官选法自由，但必须基于明确标准。以最密切联系为例，《罗马公约》和《罗马条例I》都确立了最密切联系的推定及例外。第三国强制规范适用制度虽然也规定了法官必须关注的事项，但没有描述决定的过程。[③] 早在《合同与非合同之债法律适用公约》草案第7条的制定时，即有学者认为法官必须适用该款[④]，但支持设

① See Peter E. Nygh, *Autonomy in International Contracts*, Oxford University Press, 1999, p. 207.

② See James J. Fawcett, "Evasion of Law and Mandatory Rules in Private International Law", *Cambridge Law Journal*, Vol. 49, No. 1 (1990), 61.

③ See Andrew Dickinson, "Third-Country Mandatory Rules In the Law Applicable to Contractual Obligations", *J. Priv. Int'l L.*, Vol. 3, No. 1 (2007), 64-65.

④ See Bernd von Hoffmann, "General Report on Contractual Obligations", in Ole Lando, et al., eds., *European Private International Law of Obligations*, Mohr Siebeck, 1975, p. 17.

立的观点仍希望保留自由裁量，理由在于：其一，当出现多个第三国时，非通过自由裁量不能解决规范的适用冲突。尤其当一国公法要求为一定行为，而另一国禁止时，针对同一事由的禁止性和义务性规定不仅使得当事人陷入义务冲突的境地，也构成法院必须解决的真实法律冲突。特别在上述规范并非法院地法，即不存在利益优先保护的情况时，必须赋予法官根据案情裁量适用的权力。其二，即使发现某一外国规范符合第三国强制规范适用条件，仍有理由不适用，此时未必违反法院地公共秩序，难免要求裁量权。

可以给予效力并非表明法官能任意妄为。对于构成国际强制规范、满足自身的适用范围且符合包括不违反法院地公共秩序在内的适用考虑的第三国强制规范，法官应当适用。规范冲突的特殊情形同样属于应考虑的情况，在利益平衡之后，必然会发生适用与否的结果。法官的裁量权不同于当事人自由处分的私权，必须满足立法意图以及案件审理的需要。超出此种目的要求的做法皆为公权的不法滥用。法官不仅在适用第三国强制规范时具有裁量权，适用法院地强制规范时也是如此。根据罗马法学派的民法观点，一旦判断法院地强制规范具有国际强制规范资格，无须考虑其他问题而必须适用，即使案件在法院地国没有产生实质影响。这是机械的。只有国际强制规范的目的在个案中得以增进，才能作出适用决定。[①]《罗马公约》第 7 条第 2 款或《罗马条例 I》第 9 条第 2 款也给予法官一定的适用裁量权[②]，但更关键的是如何确定法院地强制规范适用时的裁量因素。严格依据法院地强制规范适用制度的措辞，只要满足自身的适用要求，则必须予以适用。问题远没有这么简单，法官需要综合平衡法院地国、准据法所属国以及当事人的利益之后才能作出是否适用的决定。虽然在真实冲突发生时应优先适用法院地强制规范，但不应过分推崇法院地国的利益。如若不然，会发生新的法院地主义。

《罗马条例 I》将可以给予效力的对象限于能导致履行不法的范畴，此种限制是否能改变第三国强制规范在法院地国适用的裁量？从国内法角度看，合同不法与公共政策密切相关，故法院有义务主动调查不法性的存在。如双方当事人通谋在第三国实施不法活动，但未声称涉案合同违反第三国法，则法官是否

① See James J. Fawcett & Paul Torremans, eds., *Intellectual Property and Private International Law*, Oxford University Press, 2011, p. 789.

② 此种裁量从用语中得以体现，即公约（条例）的任何规定不影响…… See Peter Kaye, *The New Private International Law of Contract of the European Community*, Aldershot, 1993, p. 262.

需要主动查证合同违反外国法的事实值得探究。[①] 弗赖塔格认为，在《罗马条例 I》背景下，一国法院有义务主动适用履行地国的国际强制规范。[②] 然而，因不法性带来的问题更关乎冲突规范依职权适用还是任意适用以及外国法的查明，不属于第三国强制规范适用制度的裁量范畴，毕竟《罗马条例 I》和《罗马公约》不涉及包括外国法查明在内的程序事项。另外，《罗马条例 I》沿袭《罗马公约》的做法，应认为立法者的态度没有变化，冲突规范依职权适用与否以及外国法查明由国内法支配。

（二）规范适用的方式

关于适用方式，是将第三国强制规范单纯作为法律，还是包含作为准据法予以考虑的事实因素的情形，存在疑义。[③] 从设置目的看，无疑需要直接适用，即作为准据法之外的适用法律。某些立法容易使人认为适用制度是作为那些构成准据法下的事实的第三国强制规范的考虑依据。[④]《瑞士联邦国际私法》第 19 条"可予以考虑"的做法被视为既不一概拒绝又不盲目执行，而是关注外国公法的事实运行。[⑤]《罗马条例 I》中的"可以给予效力"更为宽松[⑥]，看似包含作为事实予以考虑的情形，如解除不履约方的合同义务，而不认定无效。[⑦] 用语模糊使得探讨第三国强制规范制度包含的适用方式存在困难。[⑧]

仔细分析，第三国强制规范的适用方式不包括作为事实因素考虑的情形。首先，从立法的背景看，无论《瑞士联邦国际私法》还是《罗马公约》《罗马条例 I》，都不是为了扩展适用制度的范畴，而是降低直接适用引发的敏感。其次，不

---

① See Richard Fentiman, *Foreign Law in English Courts*, Clarendon Press Oxford, 1998, p. 106.

② Robert Freitag, "Die kollisionsrechtliche Behandlung ausländischer Eingriffsnormen nach Art. 9 Abs. 3 Rom I-VO", *IPRax*, Jah. 29, H. 2 (2009), 115.

③ Dieter Martiny, "Beachtung ausländischer kulturgüterrechtlicher Normen im internationalen Schuldvertragsrecht (OGH, S. 553)", *IPRax*, Jah. 32, H. 6 (2012), 565.

④ See Jan-Jaap Kuipers, *EU Law and Private International Law*, Martinus Nijhoff Publishers, 2011, p. 83（给予效力比适用更宽泛，包括通过善良风俗或公共政策等国内法给予效力的情形）。

⑤ Stanislas De Peuter, "L'application du droit public étranger en droit international prive: Un Profil", *Int'l Bus. L. J.*, N° 1 (1990), 105.

⑥ See Gralf-Peter Calliess, ed., *Rome Regulations*, Kluwer Law International, 2011, p. 208（从用语看，是直接适用还是作为事实考虑没有定论）。

⑦ See Michael Bogdan, "Private International Law as Component of the Law of the Forum", *Recueil des Cours*, Vol. 348 (2010), 190.

⑧ "予以考虑"是实体法表述。Pierre Mayer, "Les lois de police étrangères", *JDI*, Vol. 108, No. 2 (1981), 308.

应认为适用会对外国强制规范"门户大开"，进而危及法院地公共政策。[①] 毕竟法院地国仍保留适用裁量权以及最终决定权，何况第三国强制规范往往希望作为法律而适用。最后，因外国公法禁止引发的合同履行障碍，终将由准据法下的实体制度或规则决定，第三国强制规范适用制度关注与否都无关紧要。法院要考虑合同方在缔约时能否意识到履约障碍的存在或是否在订立后不被预见地发生。[②] 总之，从语词上认为包括事实的情形徒劳无功，况且作为事实与法律直接适用所考虑的因素不尽相同，一旦纳入会产生不良后果。

那么，这是否意味着法官无须接受第三国强制规范的法律后果，而仅仅表明对其意图予以考虑？于严格意义的适用，外国法对合同效力的影响也要承认，毕竟禁止和所生之私法效果应视为一体，此时强制规范等同于合同准据法下的规则。[③] 基于对第三国强制规范适用制度实质的分析，第三国强制规范本身对适用结果的限定应得到尊重，但最终取决于法院地法的评判。故第三国强制规范具有适用资格，但包括转介条款解释在内的考虑因素都由法院地法支配。总之，予以考虑并非将其作为事实在适用法下考虑，而是将其视为能否进入私法领域作用于私人关系的强制规范。不过，这的确引发了将第三国强制规范视为行为规范（*règle de conduite*）还是裁判规范（*règle de décision*）的争议。[④] 一般来说，私法强制规范直接界定当事人的权利和义务，作为民事诉讼中的裁判规范；而公法仅仅规范当事人的交易行为，构成民事裁判规范适用所需的事实。这说明确定第三国强制规范最终发挥的效果需要法院地国的转介条款等裁判规范配合。

四、适用的考虑要素

除满足联系要求和适用效果要求外，第三国强制规范适用制度还应包含适用所须考虑的要素。如《罗马公约》和《罗马条例 I》规定，在决定是否给予规范以效力时，

---

① See Seyed Nasrollah Ebrahimi, *Mandatory Rules and Other Party Autonomy Limitations*, Athena Press, London, 2005, pp. 320-321.

② See Bernd von Hoffmann, "General Report on Contractual Obligations", in Ole Lando, et al., eds., *European Private International Law of Obligations*, Mohr Siebeck, 1975, p. 17.

③ See Dieter Martiny, VO (EG) 593/2008 Art. 9 Eingriffsnormen, Rn. 52.

④ See Ali Mezghani, "Méthodes de Droit International Privé et Contrat Illicite", *Recueil des Cours*, Vol. 303 (2003), 300.

应考虑性质和目的以及适用或不适用所发生的后果。作为平衡机制[①]，此类要求[②]为规范裁判者在适用上的自由裁量提供参考因素，排除不构成国际强制规范的自恋法(*les lois narcissiques*)[③]、不符合国际商业利益以及过于强势或违反法院地公共秩序的第三国强制规范。[④] 此种明显体现利益分析学说的考虑[⑤]不仅能够解决第三国强制规范适用的国际法律冲突，同时也能解决以公、私法冲突表现出来的公益与私益冲突，尽管转介条款的功能往往被忽略。此种考量主要分为性质和目的要求以及适用后果要求[⑥]，以下将分别论述之。

（一）性质和目的要求

规范性质和目的要求的含义以及如何裁量适用一直不甚清晰。沿袭马普所回应的《罗马条例Ⅰ（草案）》第 8 条第 3 款曾具体规定为根据该条第 1 款考虑性质和目的，即将国际强制规范的定义作为第三国强制规范适用的判断依据。此规定使得性质和目的要求在判断上没有特殊含义，纯属多余。《罗马条例Ⅰ》未采用草案的用语，说明其不同意此种理解。

1. 性质和目的要求的内涵

一方面，性质和目的构成国际强制规范的自身要求，即维护一国重大公益而直接适用，在适用第三国强制规范时也应引起重视。毕竟它属于特别性质的外国法，法官须对该国的法律、宪政以及社会秩序有所了解[⑦]，否则很难明确内涵；另一方面，虽然理论上是否构成由该国法决定[⑧]，但在法院地国和规范所属国的

① See Vladimir Pavic, "Application of the Foreign Public Law and Article 7 (1) of the Rome Convention", *ELSA Selected Papers on European Law*, Vol. 9, No. 2 (1998), 202.

② 有人认为当第三国强制规范为公法性时，应关注其服务的利益；当其是私法性时，更需考虑适用后果。See Peter Arnt Nielsen, *International handelsret*, Thomson, 2006, p. 195.

③ See Pierre Mayer, "Les lois de police étrangères", *JDI*, Vol. 108, No. 2 (1981), 324.

④ See Zhang Mingjie, *Conflict of Laws and International Contracts for the Sale of goods*, édition Paradigme, 1997, p. 91.

⑤ See Vassiliki Marazopoulou, "Overriding Mandatory Provisions of Article. 9 § 3 of the Rome I Regulation", *RHDI*, Vol. 64, No. 2 (2011), 789-790（基于礼让的需要，以政府利益分析考量另一国的利益，而第三国强制规范适用制度虽借助利益分析，却是为了进一步限制第三国法的适用）。

⑥ 1982 年阿姆斯特丹谷物贸易协会作出的裁决借鉴了《罗马公约》，在确立销售合同适用荷兰法的同时认为，如合同和奥地利存在充分密切联系，则奥地利外汇管制法的适用取决于"规则的性质和目的以及适用或不适用的后果"[Yb. Comm. Arb., Vol. 8 (1983), 158-163]。

⑦ See Anathan Harris, "Mandatory Rules and Policy under the Rome I Regulation", in Franco Ferrari, *Rome I Regulation*, Sellier, 2009, p. 325.

⑧ See Seyed Nasrollah Ebrahimi, *Mandatory Rules and Other Party Autonomy Limitations*, Athena Press, London, 2005, p. 326.

判断存在差异时，法院有可能拒绝适用。[①] 另外，当规范所属国不存在国际强制规范的概念时，需要法院地国的理论支持。[②]

性质和目的要求还有所特指。与法院地强制规范不同，第三国强制规范的性质和目的应在法院地国眼中是“正当”的。[③] 德罗布尼提议采用国际标准[④]，即首先准用国际学术界对域外适用外汇管制、反垄断等特定法律而专门制定的标准；当不存在此类标准时，由法院根据具体案情判断，尤其须考虑如下因素：（1）强制规范目的的合理性，如是否出于保护消费者乃至更广泛意义上的弱者；（2）其他国家是否颁布类似规定，即能否反映国际潮流。[⑤] 虽然该提议因大多数专家表示不存在国际标准而未被公约采纳，但为对性质和目的的解释提供了参考。另外，凯伊认为，应考虑外国公法规范的空间适用范围、包含的目标、可能存在的竞相适用的强制规范以及规范内容在商业和道德上的正当性。[⑥]《瑞士联邦国际私法》第 19 条中的外国强制规范必须接受瑞士法观念的“合理”检验，此种要求暗含第三国强制规范服务的利益即便不能为法院地国共享，也至少为其所接受。

2. 性质和目的要求的评判

性质、目的合理与否，首先要评判规范理念的价值。强制规范性质的首要划分标准是公法性与私法性。从适用的角度看，公法性更能表现出对一国公益至关重要。随着公法私法化以及私法公法化，尤其是特别私法或准公法的出现，二者的界限模糊，故对规范性质的判断可能发生偏差，更何况面对外国法；此外，规范目的涉及维护公益还是私益的问题。比起性质区别，应根据目的判断其超越准据法直接适用是否更具合理性。保护弱者的规定似不能一概被排除在国际强制规

---

① See Kerstin Ann-Susann Schäfer, *Application of Mandatory Rules in the Private International Law of Contracts*, Peter Lang, 2010, p. 150（要求法院地国采用外国定义不现实，尽管会推动判决的一致）。

② See Mag. Alfred Siwy, *The Impact of Mandatory Rules in International Commercial Arbitration*, Wien, 2011, p. 23.

③ 《合同与非合同之债法律适用公约》草案解释为其特别性质和目的能够正当地排除准据法。

④ Konrad Zweigert, “Nichterfüllung auf Grund ausländischer Leistungsverbote”, *Zeitschrift für Ausländisches und Internationales Privatrecht*, Bd. 14, H. 1-2 (1942), 287.

⑤ See Ulrich Drobnig, “Comments on Art. 7 of the Draft Convention”, in Ole Lando, et al., eds., *European Private International Law of Obligations*, Mohr Siebeck, 1975, pp. 84-85.

⑥ See Peter Kaye, *The New Private International Law of Contract of the European Community*, Aldershot, 1993, p. 251.

范适用的考虑之外。作为对外国公法不适用理论的反对，曾有主张区分自私的外国公法和允许的外国公法，对前者的私法效果不予承认。① 此种做法对评判性质和目的也有参考价值：只有善意的第三国强制规范才可能被适用。相反，一国纯粹为了解除该国公司对外承担的合同义务而颁布的法令不被认可。②

与价值主观评判相比，第三国强制规范客观上被包括法院地国在内的国际社会普遍接受尤为重要。③ 如前所言，茨威格特将能否反映国际典型利益作为外国禁令是否得到承认的前提④，即通过比较的方式评价外国禁令是否为法院地国所熟悉。马普所回应认为，当外国国际强制规范追求的目标获得国际承认时，更容易为法院地国认可。此类普遍接受的利益表现在为保护本国文化遗产而限制出口、为维护竞争而禁止形成卡特尔或滥用市场的优势地位等。⑤ 相反，为一国独有而在他国找不到对应物的国际强制规范更可能被他国法院拒绝，即使案件与该国存在密切联系。

国际普遍价值的内涵可从真正的国际公共政策中获得启示⑥，尽管后者更受仲裁庭的青睐。该公共政策必须反映国际社会的根本价值、基本伦理规范以及长期的道德共识，构成国内法的基本原则、普遍正义、国际公法中的国际强行法和各国普遍接受的公共政策。⑦ 具体而言，国内法对腐败、走私、毒品和武器的贸易与贩运、文化遗产出口等方面的禁止以及联合国禁运的实施都涉及跨国公共政策。⑧ 就与国际强制规范的关系而言，布莱辛认为：通过功能分析的方式考虑规范背后的金融或社会经济目标以及潜在的政策，国际强制规范必须值得适用(application-worthy)，而规范旨在保护的价值是否值得适用需特别满足价值共生(shared values) 标准。具体要考虑价值的重要性、能否反映真实的跨国公共政

---

① See G. van Hecke, "Foreign Public Law in the Courts", *Rev. Belge Dr. Int'l*, Vol. 3 (1969), 67.

② See Andrew Barraclough & Jeffrey Waincymer, "Mandatory Rules of Law in International Commercial Arbitration", *Mel. J. Int'l L.*, Vol. 6, No. 1 (2005), 242.

③ 参见 1991 年《巴塞尔宣言》第 9 条第 2 款。

④ Konrad Zweigert, "Nichterfüllung auf Grund ausländischer Leistungsverbote", *Zeitschrift für Ausländisches und Internationales Privatrecht*, Bd. 14, H. 1-2 (1942), 287-295.

⑤ See Gralf-Peter Calliess, ed., *Rome Regulations*, Kluwer Law International, 2011, p. 207.

⑥ See Jacob Dolinger, "World Public Policy: Real International Public Policy in the Conflict of Laws", *Tex. Int'l L. J.*, Vol. 17, No. 2 (1982); 柯泽东：《国际私法》，175 页，台北，元照出版公司，2010。

⑦ See Okezie Chukwumerije, "Mandatory Rules of Law in International Commercial Arbitration", *Afr. J. Int'l & Comp. L.*, Vol. 5, No. 3 (1993), 577.

⑧ See B. Von Hoffmann, "Internationally Mandatory Rules of Law Before Arbitral Tribunals", in Karl-Heinz Böckstiegel ed, *Acts of State and Arbitration*, Carl Heymanns Verlag, 1997, p. 23.

策理念以及是否保护基本原则或普遍承认的法定权利等因素。[①]

最后，能否接受第三国强制规范的性质和目的也要受具体联系的影响，共同作为规范适用的合理判断。假设尼日利亚人同法国人签订在西班牙建设赌场的合同，约定适用英国法。一方当事人以尼日利亚禁止赌博为由主张合同无效。法官需要根据强制规范的性质和目的及与案件的联系作出判断。该案与尼日利亚的联系仅在于其构成一方的居所地，此外，履行地国和准据法所属国都与尼日利亚没有联系，故尼日利亚没有合理适用要求。[②] 由此，有人认为通过强制规范的性质和目的确定其适用资格将导致履行地法的适用[③]，借此细化适用联系要求。

（二）适用的后果要求

与性质和目的类似，适用或不适用的后果同样因标准模糊存在解释困难。[④]《罗马条例 I（草案）》曾将之具体化，即考虑适用或不适用对有关规范追求目标的影响和对当事人发生的后果。《罗马条例 I》未采用这一提议。[⑤] 就其他立法，《捷克国际私法》强调，适用与不适用都必须对当事人发生正当后果。其实，应综合比较和平衡强制规范所增进的政策和所追求的目标与涉及其他法域的政策目标，特别是法院地国获得的国际贸易利益以及双方当事人的意愿和期待。[⑥] 如果最终法院地国不能接受，则无论第三国强制规范与法院地强制规范发生真实的法律冲突，还是第三国强制规范在法院地国的适用结果严重损害法院地公共政策，都将会导致它的不适用。

1. 权衡的内容

关于适用或不适用的后果，首先要确定衡量过程中的考虑因素，即如何进行

---

① See Marc Blessing, *Impact of the Extraterritorial Application of Mandatory Rules of Law on International Contracts*, Helbing & Lichtenhahn, 1999, p. 64.

② See Seyed Nasrollah Ebrahimi, *Mandatory Rules and Other Party Autonomy Limitations*, Athena Press, London, 2005, p. 328.

③ See Okezie Chukwumerije, "Mandatory Rules of Law in International Commercial Arbitration", *Afr. J. Int'l & Comp. L.*, Vol. 5, No. 3 (1993), 574.

④ See Pierre Mayer, "Les lois de police étrangères", *JDI*, Vol. 108, No. 2 (1981), 324（用语模糊导致模棱两可的解释，由此需要判断公序法所属国与案情是否具有相当密切联系、法律适用的排他性是否能导致拒绝管辖或基于此种外国政策作出积极或消极的判决，尤其关乎管辖权和公共秩序时）。

⑤ 该提议可作为法院解释的参考。See Anathan Harris, "Mandatory Rules and Policy under the Rome I Regulation", in Franco Ferrari, *Rome I Regulation*, Sellier, 2009, p. 328.

⑥ See Horacio A. Grigera Naón, "Choice-of-Law Problems in International Commercial Arbitration", *Recueil des Cours*, Vol. 289 (2001), 166-189.

利益分析。[①] 该问题应从国家和当事人两个层面展开，综合权衡法院地国适用第三国强制规范对国家间的利益冲突和当事人公正的影响。

(1) 国家间的利益冲突

首先要考虑如何平衡与合同有关国家的利益，即准据法所属国、第三国乃至法院地国各自在适用法上的利益或曰旨趣。[②] 第三国的利益通过该国国际强制规范表现，这一问题论述颇多，不再赘述。

(a) 准据法所属国的利益

第三国强制规范在法院地国的适用对准据法的冲击最大，有可能损害准据法所属国的利益。以《罗马公约》为例，其第 8 条第 1 款将合同实质有效性交由准据法支配，延伸至不法性问题[③]，尽管第 10 条对准据法支配范围没有再次列举这一情形。如果此时的合同准据法仅仅是当事人选择的结果，且案件也不在该国审理，则很难说准据法所属国存在适用法层面上的利益。然而，如果准据法所属国与交易存在关联，例如作为交易的履行地，则对合同的评价相当重要。作为全面支配的结果，一旦判定有效，则不仅认为合同符合该国私法上的有效要件，也包含公法评价，即合同没有违反准据法所属国能够作用于合同效力的强制性法律。[④] 此时第三国强制规范的适用构成对准据法最严峻的挑战，即将第三国通过否定合同效力希望实现的政策利益凌驾于准据法所属国维护合同机制的利益之上。即使准据法所属国并非法院地国，该国的利益也要受法院地法的检验，毕竟转介条款的功能由法院地国法承担。

对于仅仅通过否定个别条款效力的方式修改合同义务的情形，当准据法所属国的强制规范赋予弱者一方更大的利益时，有必要实现此种立法意图，即使与第三国强制规范保护的程度不同。此时，除非法院地国认为第三国强制规范具有维护本地公平竞争的其他意图，否则应该支持当事人选择的准据法，即第三国保护性强制规范不得排除准据法中更高程度的保护性强制规范的适用。

(b) 法院地国的利益

《罗马条例 I》没有明确是否要考虑法院地国的利益，这不言而喻。[⑤] 第三国

---

① See Allan Philip, "Introduction to the EC Convention on the Law Applicable to Contractual Obligation", *Nordisk Tidsskrift Int'l Ret*, Vol. 49 (1980), 132.

② 如发生假第三国案件，则表现为第三国强制规范所属国同作为准据法所属国的法院地国的利益冲突。

③ See Ruth Hayward, *Conflict of Law*, 4th ed., Routledge Cavendish, 2006, pp. 121, 124.

④ 当然也包括违反此类规定，但不足以否定合同效力的情形。

⑤ 如《瑞士联邦国际私法》第 19 条需要根据瑞士的观念判断，《乌克兰国际私法》明确要求第三国强制规范的适用不得与法院地国强制规范相抵触。

强制规范虽然在适用途径上有所不同，但毕竟属于外国法，其最终能否适用自然要经过法院地国的考量。具体的利益牵涉表现为两种情形：

其一，法院地国存在适用于本案的国际强制规范。此时，如果法院地国和第三国的强制规范目标一致或相似，则可以只适用法院地国强制规范，是否援引第三国强制规范影响不大。比如为获得不法利益而行贿法院地国官员的协议，不仅违反了行贿者本国的外国腐败法，同时也违反了法院地国的刑法。[①] 无论合同准据法如何，都会发生类似的无效后果。这虽然不常见，但法院地国的义务性强制规范与第三国禁止性规范可能在合同效力或履行上发生真实的法律冲突。特别是当法院地国为应对第三国域外管辖措施而颁布对抗法（blocking statutes）时，法院为维护本国的政治立场或商业利益需要维护合同效力，绝对不适用第三国强制规范，否则即违反本国立法的意图。[②]

对抗法及追讨法（claw-back legislation）是指一国颁布的要求本国人不得遵守域外立法或域外判决，并有权在本国诉讼追回因域外立法的实施而遭受损失的法律。[③] 基于国际法上的不干预原则，此类法律用以阻碍其他国家监管性立法的域外适用。[④] 1980 年英国《保护贸易利益法令》最早作此规定，1996 年《保护免于遭受第三国颁布立法的域外适用以及由此发生或以此为结果的诉讼效果的欧共体条例》更是在欧盟层面对美国为制裁古巴而颁布的《赫尔姆斯－伯顿法》(Helms Burton Act，也称作《古巴自由和民主联合法令》)[⑤] 进行反制。在欧盟各国法院进行民事诉讼的当事人以美国域外措施为履约抗辩时，此类规范因对抗法的存在而不能作为法律适用。[⑥]

有时法院地法允许影响外国市场的出口卡特尔行为的存在。美国法院根据

---

① See Dieter Martiny，VO（EG）593/2008 Art. 9 Eingriffsnormen，Rn. 34.

② 当法院地国强制规范和第三国强制规范存在真实冲突时，法院地国法优先。当多个不同法域的第三国强制规范发生冲突时，则特别考虑规范的性质、目的以及适用与不适用的后果。

③ See Matthias Herdegen，*Principles of International Economic Law*，Oxford University Press，2013，p. 80.

④ See David J. Gerber，"Beyond Balancing：International Law Restraints on the Reach of National Laws"，*Yale J. Int'l L.*，Vol. 10，No. 1（1984），219.

⑤ 关于该法的内容，参见杜涛：《欧盟对待域外经济制裁的政策转变及其背景分析》，载《德国研究》，2012（3）；Marc Blessing，*Impact of the Extraterritorial Application of Mandatory Rules of Law on International Contracts*，Helbing & Lichtenhahn，1999，p. 23。

⑥ 对抗法更多地表现为禁止本国人向外国当局提供文件，但多与国际私法无关。不过，在违反保密约定的诉讼中，法院地国对抗法可以作为不承认第三国如上要求的依据。

《韦伯—帕默内法》(*Webb-Pomerence Act*)的豁免条款允许美国公司针对德国市场实施出口卡特尔行为，但会判定德国公司针对美国实施的出口卡特尔行为无效，即使这一行为根据《德国竞争法》有效。[①] 此种许可性的例外条款并非一般意义上的强制性规范，但同样反映本国重要的经济政策。此时如涉及第三国强制规范的适用，应遵循有利于法院地国的方式解决此种真实冲突。[②]

其二，虽然法院地国不存在适用于本案的国际强制规范，但第三国强制规范的适用违反法院地国公共政策。这往往发生在法院地国同时构成准据法所属国的情形，此时该国法会出于正当理由支持合同的效力。如合同虽因构成外国履行地的非法而不能执行，但若此种非法基于种族歧视等违反基本人权的缘由，则涉案合同可予以执行。[③] 所谓考虑适用或不适用的后果，起决定性的是第三国强制规范适用的后果能否为法院地国所接受，如不能接受，则第三国强制规范丧失适用基础，即使其满足国际强制规范的一般标准以及特别联系要求。

关于与公共政策保留的关系，有人认为，《罗马条例 I》第 21 条排除的外国法包括根据《罗马条例 I》确立的合同准据法以及任何其他适用法，如履行地的国际强制规范或缔结地对合同形式的要求。特别考虑了《罗马条例 I》的用语，此种观点获得广泛支持。[④] 的确，第三国强制规范本质上是外国法的一部分，不得违反法院地公共秩序。但是，一旦不能为法院地国所接受，无须机械地援引公共政策保留条款。第三国强制规范适用的判断标准本身具有“安全阀”功能，是否适用需要法官作出裁量。

另外，公共政策可以为法院地冲突规范所反映，特别是出于政策考虑而指向法院地国的实体规则。某些冲突规范构成一国主权的直接表现，而不仅仅是最密切联系的选法原则。如不动产适用不动产所在地法，甚至适用于发生在本国的不动产继承，即表达了一国控制本国领土内不动产的意愿。即使没有被法院地国视为国际强制规范，同样希望在自身条件满足时得以适用。故为了维护由冲突规范表现的公共政策，法院地国多半不会适用与之冲突的第三国强制规范。

---

① See Frank Vischer, “The Antagonism between Legal Security and the Search of Justice in the Field of Contract”, *Recueil des Cours*, Vol. 142 (1974), 26.

② 有极端观点认为，此类允许出口卡特尔的例外规范构成德国的干预法。Siehr, “Ausländische Eingriffsnormen im inländischen Wirtschaftskollisionsrecht”, *RabelsZ*, Bd. 52, H. 1-2 (1988), 44.

③ See Adrian Briggs, *The Conflict of Laws*, 2nd ed., Oxford University Press, 2008, p. 49.

④ See Pippa Rogerson , *Collier's Conflict of Laws*, 4th ed., Cambridge University Press, 2013, p. 327.

（c）多国利益

无论如何，法院地国要特别考虑多国利益。此种国际交往利益最终仍要演化为法院地国的利益，只是这并非狭隘、偏私的法院地主义，而是考虑国际礼让、互惠的结果。礼让的概念模糊，其历史发展充满不确定因素，以此作为外国法适用的依据备受质疑。[①] 然而，礼让在两大法系的法律选择中仍具有相当重要的价值。[②] 在冲突法成文化的今天，礼让作为法律选择直接依据的机会不多，但构成冲突法立法和解释的指导思想。反映在第三国强制规范适用上，作为互惠机制的礼让，不仅构成直接适用的理由，也是具体衡量的重要因素。故在解释时，应特别注意国际交往与法律交换为法院地国带来的现实及长远利益。

（2）当事人间的公正

是否适用第三国强制规范不仅要考虑国家利益，还要考虑对当事人纠纷公正处理的影响。[③] 涉外民商事审判的合理、正当结果要满足实体法和冲突法的双重需要，一并实现实体正义和冲突正义，即：在实体法上，第三国强制规范在法院地国的适用必须能够实现合同当事人之间的实体公正；在冲突法上，能维护当事人对适用法的正当期待。

（a）实体正义

对于交易本身及当事人的主观意图不违法，只是周围情势或关联交易存在违法的情形，不会单纯因为合同据此发生履行地国法下的不法而一概给予第三国强制规范以效力。以 Diam 案为例[④]，英国珠宝公司就运往德国的钻石向被告某保险公司投保，后因运输中的遗失产生索赔争议。被告辩称：为逃税的目的，原告曾向德国海关当局提供该批钻石虚假价值的证明，这导致本案交易非法，即无须赔偿。英国上诉法院认为：尽管错误申报钻石价格违反进口国的刑法，该违法情形与损失无关，不影响以合理价值对标的物投保的合同效力。保险准据法为英国法，虽然英国法院对该外国非法性的处理基于国内合同非法问题的理解，但有合理之处。国际强制规范作用于合同机制的手段必须有所限制。当违法性与合同交

① 参见［德］马丁·沃尔夫：《国际私法》（下），李浩培、汤宗舜译，16 页，北京，北京大学出版社，2009。

② See Ralf Michaels, "Public and Private International Law: German Views on Global Issues", *J. Priv. Int'l L.*, Vol. 4, No. 1 (2008), 126-127.

③ 利益冲突最终反映为法律冲突。在一国之内，公益和私益的冲突表现为公法性强制规范和契约必须信守的冲突。在涉外案件中，公益和私益的冲突会导致不同法域的法律及背后政策发生冲突。

④ See Euro-Diam Ltd. v. Bathurst, [1990] 1 QB 1.

易过于遥远时，作为特殊公共政策的 Regazzoni 规则因联系不够充分而不再适用。[①] 反之，当违法行为与合同直接相关时，不能执行。[②] 故为达到实体公正的结果，即使英国法院需要依据《罗马条例 I》考虑第三国强制规范在本国的适用，且德国强制规范认为保险合同因违反关税征管法而无效，也难免会得出相同的结论。

加纳牛肉案存在类似问题。运输合同的特征性履行义务在于承运人的运输行为。与买卖合同相比，标的物的不法对运输合同造成的影响较小。对于人口、毒品而言，至少在当事人参与这一不法交易时，无论买卖还是运输，皆为无效。但就其他交易而言，运输承运人就标的物合法性所承担的注意义务更低。一般而言，此类货物能否获得进出口许可证非其特别考虑的问题。即使承运人在缔约时知道或应该知道加纳的禁令，也不构成违法的恶意，因为货物并非以走私的方式入境，没有逃避加纳的监管。有理由认为承运人相信托运人能够合法报关，如向加纳当局证明牛肉的食用安全情况，或者禁令会在运达时取消；即使未取消，也应由托运人承担履行不能的后果。承运人相信合同以合法方式实施的信赖利益值得保护。退一步讲，基础买卖合同因违反第三国强制规范而无效未必会导致相关运输、支付合同无效。一方面，此类合同并非买卖合同的从合同；另一方面，与标的物的违法性导致买卖合同无效相比，违法因素与相关合同更为遥远。

（b）适用法的正当期待

冲突法层面的适用法期待更能反映出当事人因是否适用第三国强制规范所存在的利益。[③] 首先，概括排除准据法外的强制规范的约定无效。[④] 与主观因素构成合同准据法确立的决定因素相比，当事人的意图或知悉只能作为第三国强制规范是否适用的具体参考。其次，当事人应能够合理预见第三国强制规范在法院地国的适用，防止不公现象的发生。由此，不顾强制规范缔约的当事人要么存在疏

---

① See Trevor C. Hartley, *International Commercial Litigation*, Cambridge University Press, 2009, p. 619.

② See Trevor C. Hartley, "Mandatory Rules in International Contracts", *Recueil des Cours*, Vol. 266 (1997), 393（如果被保险人为违反出口管制的文物投保，则不能支持其索赔请求，否则，使之享受不法活动的成果）。

③ See Andrea Bonomi, "Mandatory Rules in Private International Law", *Yb. Priv. Int. L.*, Vol. 1 (1999), 236（不认为当事人的期待构成第三国强制规范适用的依据，这会在准据法确立时两次考虑当事人的意愿）。

④ See Christoph Brunner, *Force Majeure and Hardship under General Contract Principles*, Kluwer Law International, 2009, p. 279.

忽，要么通过另行选法试图加以逃避。[①] 特别就后者而言，如果双方订立合同的意图违反外国法，此类强制规范的不适用会使得当事人逃脱合同无效带来的后果[②]；如仅有一方有意违反，则认定合同无效会使得无辜的一方不能寻求救济。[③] 故在双方有意违反外国法的情况下，当事人对法律适用的期待不具有合理性[④]，应考虑第三国强制规范的适用。

相反，如果当事人没有摆脱或逃避缔约时存在的第三国强制规范的意愿，而在合同中作出安排，以此妥善解决此类规范的违反对合同的影响，则宜加以认可。以外贸许可为例：货物贸易需要申领进出口许可证，没有许可证的货物不得进出口，即使合同当事人选择另一国法。但此种强制规范在多数情况下不影响合同的效力，而只关系到实际履行。当事人可以通过选用贸易术语或其他方式约定由一方申请。承担申请许可证义务的一方未能取得，除非嗣后的情势变化如审批机关实质性地加大了获得审批的难度满足不可抗力、合同落空之类的免责事由，否则构成违约。

在英国法中，如果合同条款不包括受制于许可证、配额或其他类似的用语，则发生需要申请许可证或配额的一方是承担绝对的申请义务还是仅需承担充分勤勉即采取所有合理步骤获取的义务问题。一旦构成绝对义务，只要最终未能申领，即构成违约；如负担充分勤勉义务，则在证明其合理谨慎履行申请义务的情况下尚有借助合同落空免责的可能。[⑤] 只有特殊情况下才会考虑因许可要求未能满足而否定合同效力。根据德国的学说，若当事人明知需要批准却试图不经批准实施合同，则合同无效。[⑥] 合理的解释是，若双方当事人在缔约时有意避开申请许可证的义务而通过走私等非法途径履行或为追求不法目的骗取批准，则法院地

---

① See Frank Vischer, "The Antagonism between Legal Security and the Search of Justice in the Field of Contract", *Recueil des Cours*, Vol. 142 (1974), 24.

② 尽管特定个案中的合同无效总是对一方有利而对另一方不利，但无效的目的在于阻止此类交易的发生，从而使得双方当事人都不能获得交易预期的收益。

③ See Richard Plender & Michael Wilderspin, *The European Private International Law of Obligation*, 3rd ed., Sweet & Maxwell, 2009, p. 350.

④ See Peter E. Nygh, *Autonomy in International Contracts*, Oxford University Press, 1999, p. 226.

⑤ See Carole Murray, et al., *Schmitthoff's Export Trade*, Sweet & Maxwell, 2007, p. 128.

⑥ 理论上和实践中存在适用《德国民法典》第 134 条关于违反法律禁止的规定还是第 138 条关于违反善良风俗的规定的争议。参见汤文平：《德国法上的批准生效合同研究》，载《清华法学》，2010 (6)。

国可以考虑因严重违反第三国审批要求的立法意图而否定合同。[①] 此时，即使存在分担损失的合同安排，也因目的不法而得不到支持。故更应注重惩治当事人通谋违反外国法的恶意。当一方不知道，亦未参与到违法活动当中时，合同机制应得到维护。即使事实上无法履行，也不妨碍违约方承担损害赔偿责任。

2. 衡量的工具

明确了要考虑的利益情形后，接下来要进行适当的衡量。除优先维护法院地国的根本利益外，还要从比较法的角度考虑第三国强制规范适用的特殊性。以下将比较损害方法、比例性原则和转介条款的设置作为具体衡量利益的工具。前者更出于平衡国家间利益的需要，后两者则主要解决公益和私益的冲突。

（1）比较损害方法

为平衡第三国强制规范适用后的各国利益[②]，可考虑美国学者巴克斯特，提出的比较损害方法。[③] 该方法与柯里的理论十分相似，主要针对美国州际法律冲突。其不像美国《第二次冲突法重述》或莱弗拉尔的“优法”方法为增进政府利益添加新的考虑因素，而是宣称在面对真实冲突的案件时，法院地应当确定何州的政策将因为法律不适用而受到最大损害，进而为避免损害的发生而适用该州法。

比较损害方法旨在以选择结果不会倒向法院地的方式解决真实冲突。法院既不为了本地利益而对域外法存在偏见，也不决定哪个州的利益更有价值。相反，在考虑所涉州各自利益的基础上，法院只能够探究某个州是否能够承受它的法律不适用于特定个案带来的损失。在更为至关重要的利益上，巴克斯特认为，即使发生真实冲突，法律适用也非零和游戏。通过适用拥有更重要利益的州的法律，各州的长远利益会得到增长。[④] 在决定是否适用第三国强制规范时，可考虑比较适用或不适用对一国利益造成损害的大小。

此观点为《路易斯安那国际私法》所反映，其第3540条规定：除违反第3537条下本应适用法律所属国的政策外，形式和能力问题之外的合同实现应由当事人选择的法律支配。该法第3537条规定：合同义务由不适用于该事项其政

① 禁运中也可能发生此种情况。See Jürgen Basedow, “The Law of Open Societies”, *Recueil des Cours*, Vol. 360 (2012), 326（在禁运实施后，出于违反禁止的目的，当事人有意订立规避性质的合同）。

② See Seyed Nasrollah Ebrahimi, *Mandatory Rules and Other Party Autonomy Limitations*, Athena Press, London, 2005, p. 328（《罗马公约》第7条没有给出衡量哪一国的利益会受到更大损害的标准）。

③ See Baxter, “Choice of Law and the Federal System”, *Stan. L. Rev.*, Vol. 16, No. 1 (1963), 1-42.

④ See Lea Brilmayer, *Conflict of Laws*, Aspen Publisher Inc., 1995, p. 70.

策会遭到最严重损害的国家的法律支配。该国通常是当事人没有选择时的准据法所属国。[①] 另外，美国《第三次对外关系法重述》第403条“立法管辖权的限制”第3款规定：当两个国家对同一事项行使管辖权并非不合理但相互冲突时，各国应该评价其他国家行使管辖权的利益。如另一国的利益更大，则应该予以尊重。

（2）比例性原则

比例性原为行政法原则。通俗地说，法律的适用不能超过所追求的正当目的，从而避免公权力的实施对私人合法权益造成不必要损害。[②] 从内容上看，该原则包括手段有助于目的达成的适合性原则、公权力的行使应以对人民最小伤害的方式为之的适合性原则以及实现保护目的与保护手段均衡的均衡性原则。[③] 从适用的角度看，比例性原则多针对行政机关的自由裁量，即具体行政行为的作出在合法的基础上需符合合理要求。反映在公法作用于私人交易机制上，它同样用以解决公益需要和私益维护二者间的矛盾。据此原则，对意思自治的限制必须追求正当目的而且成比例，不存在公法适用的绝对优先，应具体判断合同是否有效。

比例性原则在判断国际强制规范的过程中即发挥作用。[④] 当强制规范没有在形式上表明可以直接适用而需要通过解释为之时，不仅要确定保护的利益，还要运用比例性原则分析国际强制规范的直接适用是否与本身的政策目标以及所维护的公益成比例。[⑤] 只有在绝对必要时才能限制准据法的适用。此外，第三国强制规范特别需要比例性原则来平衡规范维护的公益与法院地国、准据法所属国以及

---

① See Peter E. Nygh, *Autonomy in International Contracts*, Oxford University Press, 1999, pp. 223-224.

② 在欧盟条约许可的情况下，成员国出于公益采取国内措施对联盟内设业自由的限制同样须满足比例性和非歧视要求。See Graff-Peter Calliess, ed., *Rome Regulations*, Kluwer Law International, 2011, p. 205.

③ 参见黄忠：《比例原则下的无效合同判定之展开》，载《法制与社会发展》，2012（4）。

④ 首先，将国内规范适用于跨国情形必须为国内立法追求目标必不可少；其次，国内规范的适用要满足比例性原则要求，不能超出目标所需；最后，非重叠适用要求检验立法所追求的目标能否通过外国准据法的适用实现。Francesco Cimino, “Le norme di applicazione necessaria nel Regolamento Roma I”, *Sapienza - Università di Roma*, (2010), 10.

⑤ See Jan-Jaap Kuipers, “EU Law and Private International Law”, *Martinus Nijhoff Publishers*, 2011, p. 82（对当事人意思自治的限制必须追求正当目的而且与之成比例）。另一种看法是国际强制规范排除准据法的范围应遵循比例性，即仅就自身适用范围排除准据法的适用。参见肖永平、龙威狄：《论中国国际私法中的强制规范》，载《中国社会科学》，2012（10）。

当事人的利益。[①] 此时，法官拥有更大的裁量余地。

对于带有明显公法性的第三国强制规范，比例性原则关系到公法规范如何影响私人交易，即如何认识以及解释转介条款。在国际私法上，如果第三国强制规范所属国采用的比例性原则与法院地国的相同，则在规范适用问题上存在更大程度的国际一致。从既往的实践看，比例性原则容易被忽视，或隐藏在其他适用条件当中。[②]

(3) 转介条款的设置

利益一致判断的重要关键在于对转介条款的功能是否达成共识，否则，即便各国基于相同目的、采用相同法律干预特定领域，对公法作用于私人关系的机制和程度的不同认识仍会导致一国不接受外国强制规范在本国的适用。转介条款越先进、越精确，对第三国强制规范适用制度的设置和解释越有效。

关于转介条款，除各国立法规定和学理见解外，《国际商事合同通则》具有代表性。其将强制规范的适用交由各国的法律支配，但 2010 版本创造性地规定了包括违反国际强制规范在内的合同非法性所发生的后果。该通则第 3.3.1 条"非法性"规定：在强制规范没有明确违反对合同产生的效果时，当事人有权在情势合理时行使合同救济。合理性的确定应特别关注如下因素：1. 违反规则的目的；2. 规则要保护的人群；3. 规则违反施加的制裁；4. 违反的程度；5. 一方或双方当事人是否知道或应当知道违反；6. 合同的履行是否必然伴随违反；7. 当事人的合理期待。[③] 通则从比较法的角度对合同违反强制规范提出考虑因素，有助于具有转介条款功能的第三国强制规范适用制度的建立。况且通则本身即针对国际商事合同，故上述考虑在处理第三国强制规范适用上更具有借鉴价值。

另外，美国《第二次合同法重述》第 178 条第 1 款规定：如果立法规定不可强制执行，或执行允诺或条款的利益明显超出公共政策所允许的范围，则基于公共政策不可执行。其评注认为，此处的立法包括根据冲突规范指引的外国法，尤其是美国《第二次冲突法重述》第 202 条第 2 款——当履行依履行地法为非法时，合同通常会被拒绝执行。这表明在第三国强制规范适用问题上，转介条款的

---

① See Tillman Christopher, "The Relationship between Party Autonomy and the Mandatory Rules in the Rome Convention", *J. Bus. L.*, No. 1 (2002), 68.

② 如前面 Diam 案对违法和合同之间关联要求，实际是法院地国的比例性原则在发挥作用。

③ 评注还规定了其他考量因素，如合同部分内容违反强制规范以及违法一方从不当交易脱身的时间。

功能由法院地法发挥。另外，美国《第二次合同法重述》第178条列举了违反公共政策考虑的因素：在衡量执行某一条款的利益时应考虑：1. 当事人的正当期待；2. 如果拒绝执行导致的丧失；3. 执行特定条款的任何特别公益。第178条第3款规定在衡量拒绝执行某一条款的公共政策时应考虑：1. 由立法或司法裁判反映的该政策的强度；2. 该条款拒绝执行于增进该政策的可能性；3. 所涉及不当行为的严重性以及故意的程度；4. 不当行为和条款联系的直接性。出于利益平衡的目的，法院必须对可能危及公共政策的利益作出衡量。①

应该说《国际商事合同通则》和美国《第二次合同法重述》对强制性规范违反所能发生的后果即传统转介条款的功能的解释比较有代表性，不仅考虑诸多因素，而且集中反映了比例性原则，从而对第三国强制规范适用制度的设计有一定的启发。另外，上述规定都为裁判预留了充分的裁量空间。因此，《国际商事合同通则》和美国《第二次合同法重述》适用结果的不一致更多的是因为个案裁判的分析和倾向，而非作为交易准据法的上述规则不同。② 不过，二者都认为只有在立法没有明确规定所发生的私法效果时，才发生经由转介条款解释的可能。如前所述，在第三国强制规范要求适用的国际合同案件中，无论规范是否规定适用后果，都应该由发挥转介条款功能的第三国强制规范适用制度判断规范对合同效力的影响，以维护法院地的利益。此种差别应该予以关注。

五、国际法的作用

在没有条约约束的情况下，国际法不构成第三国强制规范适用的单独理由。如果作为适用依据，为何赋予法院以裁量权？即使一国可以就境外事项行使立法管辖权，但根据习惯国际法其无权将此类立法施加于他国主权之上或要求他国法院适用。③ 言国际法的适用要求，更多的是发生在法院地强制规范的情形。国际强行法需要国内法院实施，以制裁国际不法行为。例如，一旦认可资助外国叛乱的合同，则违反不干涉内政的国际法原则，法院应借助准据法当中的公共政策或

---

① See Gregoru Klass, et al., *Contract Law in USA*, Wolters Kluwer, 2011, p. 127.

② See Henry Deeb Gabriel, "An American Perspective on the 2010 UNIDROIT Principles of International Commercial Contracts", *RabelZ*, Bd. 77, H. 1 (2013), 168-169.

③ See Andrew Dickinson, "Third-Country Mandatory Rules in the Law Applicable to Contractual Obligations?", *J. Priv. Int'l L.*, Vol. 3, No. 1 (2007), 75.

公序良俗宣告合同无效。[①] 即使合同[②]的签订或执行同样违反第三国法，也无须运用第三国强制规范适用制度。另外，国际法作为适用依据的价值也不大。如果法院地国承担适用外国强制规范的国际义务，如《国际货币基金协定》第 8 条第 2 款 b 项，则超出国际私法范畴；如果将之归结于各国承担国际合作的一般义务，不仅过于模糊，其内涵又与法律适用上的礼让重复。

（一）国际法与第三国强制规范的范围

国际法在第三国强制规范适用制度建构上的作用更多地表现为适用的酌定理由。首先，它可用以判定第三国强制规范的范围。以 Sensor 案[③]为例：单从规范的性质和目的来看，该案涉及的美国实施出口行政法令的禁令自然对该国公益至关重要。从比较法的角度看，无论是为了维护国家安全、增进外交政策或实现国家义务还是为了保护本国经济，其背后的政策都可以接受。[④] 但荷兰法院以美国出口禁令的适用范围超出国际法对管辖权的限制为由不予承认。

该案涉及 1979 年《美国出口管理法》，该法规定，总统有权禁止或减少处于美国管辖的或由美国管辖的任何人进行的货物、技术或其他信息的出口。[⑤] 根据定义，美国人指除居住在美国境外且没有受雇的美国人之外的所有美国的居民或国民；总统规章决定的、包括外国企业在本国的永久设立机构在内的任何国内企业及其事实上所控制的包括外国永久性机构在内的外国关联和附属。由此，里根总统发布禁止向苏联出口用于勘探、生产、传输、提炼石油和天然气的源自美国设备的命令，针对的对象包括：1. 任何美国公民或居民；2. 任何根据美国联邦或地方法组建的公司；3. 由前述主体所拥有或控制的任何合伙、社团、公司或其他组织，无论在何处组建或开展业务。[⑥]

不同于传统属地和属人原则，基于产品国籍和控制确立域外管辖权的方式在国际上争议极大。国际强制规范得到域外承认的前提是经济制裁与交易存在管辖

① See De Wutz v. Hendricks, (1824) 2 Bing 314, 315. 关于法国做法，See Andrea Bonomi, "Note-Article 7 (l) of the European Contracts Convention", *Har. L. R.*, Vol. 114, No. 8 (2001), 2461。

② See Philip R. Wood, *Conflict of Laws and International Finance*, Sweet & Maxwell, 2007, pp. 66-67（要视违反外国法对该国是否达到有损外交关系的程度，如伊斯兰国家禁止放贷的法律不符合此处的标准）。

③ Compagnie Européenne des Pétroles SA v. Sensor Nederland BV, Haag, 17. 9. 1982.

④ 如为避免出现大幅度提升第三国军事能力而危害美国国家安全；为大幅度增进美国外交政策或实现国际义务；为保护国内经济免于遭受稀有原材料枯竭及降低国外需求造成的严重通货膨胀影响。

⑤ See Export Administration Act 1979, 50 USC, 2405 (a) (1) .

⑥ Interim Rule of 22. 6. 1982, Fed. Reg. 47 (1982) 27250.

意义上的充分联系。[①] 更确切地说，此种看法是法院地国对国际管辖权划分的主张，虽反映了多数国家的实践[②]，但不代表国际法规范的实际存在。国内法院处理涉及外国法适用的涉外私人纠纷，不同于国际法院解决关系当事国的管辖权是否合法的国家纠纷。即使后者，如常设国际法院审理的荷花号案，也难以说明国际法在该问题上的明确态度。另外，借用国际法的名义排除"过分的"第三国强制规范在法院地国的适用，多援用上文的密切联系要求完成。

（二）国际法与第三国强制规范的价值

有时第三国强制规范的价值需要国际法检验。对于被国际社会普遍认为歧视、有害的外国国际强制规范，法院地国自然以违反国际法为由拒绝实施。如在科威特航空公司案[③]中，尼科尔斯勋爵认为：英国法院应适当运用国际法决定是否承认外国法。不可诉原则（non-justiciability principle）不构成法官必须忽视一国违反国际法侵犯另一国的行为，如果违反是公认的。

在 Boskalis 案[④]中，荷兰公司曾与伊拉克当局签订疏通港口的合资合同，约定适用伊拉克法。为此，原告向被告投保战争险，约定适用英国法。当伊拉克入侵科威特后，荷兰根据联合国决议对伊拉克实施制裁。为了报复，伊拉克当局强迫原告签署终止协议，放弃其在先前合同下的所有权利，并支付一笔款项。原告试图就该损失向被告索赔。英国上诉法院认为：保险合同下的支付将违反实施联合国制裁的荷兰法。出于维护公共政策的考虑，此种支付等同于与敌国发生贸易，故不得执行。此时国际法构成法院地国对包括本国公共政策在内的国际公共政策的判断。与其说因第三国强制规范的内容或价值违反国际法而不予考虑，不如说触犯了法院地国的根本利益。总之，国际法更多配合其他适用因素，并非单独的决定理由。

① See H. van Houtte, "Trade Sanctions and Arbitration", *Int'l Bus. L.*, Vol. 25, No. 2 (1997), 168.

② 欧共体指控美国违反国际法，英国对贸易损失采取反措施，法国给予出口苏联的产品以补贴。See Mag. Alfred Siwy, *The Impact of Mandatory Rules in International Commercial Arbitration*, Wien, 2011, p. 20.

③ Kuwait Airways Corporation v. Iraqi Airways Company, [2002] UKHL 19.

④ Royal Boskalis NV v. Mountain, [1999] QB 674 CA.

第四章　第三国强制规范在法院地国适用的替代方式

无论第三国强制规范适用制度确立与否，必要时仍可使用作为替代方式的实体法和冲突法方法实现第三国强制规范在法院地国的适用。就实体法方法而言，通过作为准据法的实体法制度和规则赋予第三国强制规范自身或由此发生的情势以私法效果；就冲突法方法而言，充分利用冲突法制度和例外重新实现对第三国强制规范所在法律体系的援引。本章分别探讨上述替代方式，着重说明其与第三国强制规范适用制度的关系。

第一节　实体法方法

根据合同准据法理论和事实理论，第三国强制规范可以作为合同准据法下的事实予以考虑。在实践中，不仅中国香港法院在司法审判中注重第三国强制规范对合同效力的影响，英、德等国家在《罗马条例Ⅰ》生效之前也常将其视为实体考量的因素。[①] 此时合同准据法更关注规范颁行发生的事实状态，淡化规范本身的法律性质。不过，与第三国强制规范适用制度类似，借助准据法对公共政策或公序良俗的规定来否定合同效力的做法尤其注重规范自身的性质，需着重分析规范的意图。

一、合同有效性规则

从实体法的角度，合同订立时已经实施的第三国强制规范构成准据法下合同有效性问题的考量因素。如果当事人在缔约时有意违之，则可以视为违反实体法层面的特别公共政策或一般公序良俗而认定合同无效；如果当事人在缔约时对第三国强制规范产生认识或理解的错误，从而无法实现合同目的，则此种意思表示瑕疵可能导致合同撤销。

（一）合同无效规则

在规范合同效力时，各国普遍设置违反公共政策或公序良俗的合同无效之类的兜底规则[②]，防止当事人利用制定法的漏洞滥用意思自治订立违反社会公益的合同。已有多国法院运用实体法层面的公共政策或公序良俗认定违反第三国强制规范的合同无效。[③]

1. 特别公共政策的违反

试图通过合同实施违反制定法的行为一直是英国普通法认定合同违法无效的重要情形。[④] 出于国际礼让的考虑，普通法特别重视维护友好国家关系在涉外合同纠纷处理中的作用。[⑤] 基于仅适用于涉外合同的特殊公共政策，有意违反友好

---

① See Kurt Siehr, "General Problems of Private International Law in Modern Codifications", *Yb. Priv. Int. L.*, Vol. 7 (2005), 45（一国法院往往会根据合同落空或履行不能的规定考虑第三国的与敌贸易法令）。

② 公序良俗包括公共秩序和善良风俗两部分。前者强调国家和社会本身的秩序，后者则偏重于道德观念。参见洪逊欣：《中国民法总论》，337页，北京，中国政法大学出版社，1997。

③ 法国法院同样曾利用公序良俗条款认定违反外国进口管制的走私交易无效。See Andrea Bonomi, "Note -Article 7 (1) of the European Contracts Convention", *Har. L. R. J.*, Vol. 114 (2001), 2475.

④ See Andrew Burrows, *English Private Law*, Oxford University Press, 2007, pp. 706-707.

⑤ 此类损害与其他国家关系的合同被称为妨害国交之约定。参见杨祯：《英美契约法论》，311页，北京，北京大学出版社，2000。

国家法律[①]的合同无效且不可强制执行。

在 Foster 案[②]中，为向全面禁酒的美国走私威士忌，一群英国人订立适用英国法的合伙协议。货物将自英国合法清关，并交给境外的走私者。当事人为此筹集资金，但最终未实施，并就款项的返还发生争议。英国法院认为：由于协议方的真实意图是使他们在友好国家共同参与依当地法为非法的行为，如果承认合伙协议，不仅使美国政府有正当借口对英国政府提出抗议，而且违反公认的国际礼让，有悖于英国公共道德理念。即使存在合法履行的替代方式或履行地，主要目的是在友好国家境内实施犯罪以获取收益的合伙协议也是非法的。[③]

在 Regazzoni 案[④]中，英国和瑞士的当事人订立黄麻买卖合同，约定货物在意大利热内亚交付，并适用英国法。交易表面合法，而实际上，虽然合同未规定货物的来源地和销售地，但有证据证明当事人企图自印度出口并转售南非，以逃避印度为抗议南非政府歧视南非籍印度人[⑤]而颁布的禁止向南非出口黄麻的法令。英国上诉法院认为：虽然合同本身不存在迫使当事人履行根据任何国家的法律构成违法的行为，但不应执行合同或者以违约为由判令赔偿，因为履行涉及违反印度这一英联邦成员国的法律。该原则基于公共政策和国际礼让。[⑥] 本案涉及外国公法规范，但不能因为不执行外国税法或刑法就认为法院应执行要求在外国实施违反法律的行为的合同。无论是否需要继续遵守外国公法例外原则，本案不属于此种情形。

关于规则的性质，福赛特认为：从普通法的角度，此种友好国家的分类是构成英国公共政策原则还是赋予外国强制规范或公共政策以效力方式争议很大。故

① 这里的法律仅指制定法。Lemenda Trading Co. v. African Middle East Petroleum Co.，[1988] 3 WLR 735.

② Foster v. Driscoll，[1929] 1 KB 470 (CA).

③ 斯克拉顿勋爵提出不同看法：当事人存在备用计划，即将威士忌合法地出口到加拿大，再卖给试图走私至美国的第三方，由此合伙协议没有违法之处。

④ Regazzoni v. K. C. Sethia (1944) Ltd.，[1958] AC 301 (HL).

⑤ 关于时代背景，参见徐国庆：《南非印度人问题与尼赫鲁政府时期的印度对南非政策》，载《西亚非洲》，2011 (4)。

⑥ 正如公共政策使得违反我国法的合同无效，违反外国法的合同也基于公共政策的缘故而无效，这是因为公共政策需要维护国际礼让。Regazzoni v. K. C. Sethia (1944) Ltd.，[1958] AC 301 (HL)，309. 有学者不以为然，认为给予原告救济具有阻却潜在卖方参与类似交易的效果，更容易实现国际礼让。See Jürgen Basedow，"Private Law Effects of Foreign Export Controls"，*Ger. Y. B. I. L.*，Vol. 17 (1984)，121.

支持该规则是出于公共政策需要还是外国规则直接适用并不十分清楚。[①] 尽管如此，理论界偏向于认定为国内法规则，而非自体法的例外，毕竟该规则在司法实践中无一例外地在准据法为英国法时被援引。[②] 从历史上看，特别公共政策具有深厚的学说渊源。维斯特莱克曾认为：合同约定行为的合法性原则上由履行地的法律决定，因为一国不能强迫当事人在另一国境内实施任何行为。当一个人在英国许诺于法国实施合法行为时，于是根据英国法产生债务。这并非表示英国主权者要求其在法国实施某种行为，而是实现其发生的期待。然而当一个人在英国许诺于法国实施不法行为时，出于对独立权力的尊重，英国法不能要求许诺的实际履行，从而不发生债务，对许诺人的行为不应产生任何期待。当然，义务的合法性适用履行地的规则要受自然法以及基本道德的限制。[③] 虽然他将在外国发生的不法行为限制于合同履行行为，但其依据的“对独立权力的尊重”属于国际礼让的范畴，可归结于英国普通法的公共政策。

区别于排除外国法适用的公共秩序保留，此实体法层面的特别公共政策能直接调整合同关系；与英国法院拒绝执行依履行地法为违法的合同不同，以违反英国与友好国家关系为由认定合同无效，不要求第三国强制规范必须构成履行地国的强制规范。即使第三国并非合同履行地或者存在备选的替代履行地，也不影响该规则的适用。[④] 出于礼让的需要，英国法院主动考虑该问题，无须当事人的主张。[⑤] 由于可能发生合同表面不涉及任何违法行为的实施，如 Regazzoni 案，违法性同案件的联系不甚紧密。[⑥] 特别公共政策条款更加关注当事人违反外国强制

---

① James J. Fawcett, et al., *International Sale of Goods in the Conflict of Laws*, Oxford University Press, 2005, p. 767.

② See Lawrence Collins, et al., eds., *Dicey, Morris & Collins on the Conflict of Laws*, 14th ed., Sweet & Maxwell, 2006, pp. 1593-1596.

③ John Westlake, *A Treatise on Private International Law*, W. Maxwell, 1858, pp. 176-177.

④ 只要能证明当事人具有不良意图，即使不法仅仅构成本应合法履行的先决条件，甚至发生在货物合法交付之后，法院亦不予执行。See Peter E. Nygh & M. Davies, *Conflict of Laws in Australia*, 7th ed., Lexis Nexis Butterworth Australia, 2002, pp. 378-379.

⑤ 将之看作第三国强制规范适用的学者认为，该情形构成冲突规范任意适用的例外。See Hausmann. “Rainer, Pleading and Proof of Foreign Law—A Comparative Analysis”, *The European Legal Forum*, No. 1 (2008), 1-7.

⑥ 当违法性与合同过于遥远时，该原则不再适用。See Trevor C. Hartley, *International Commercial Litigation*, Cambridge University Press, 2009, p. 619. Euro-Diam Ltd. v. Bathurst, [1990] 1 QB 1（为逃避德国税收当局征税，买卖合同提供虚假发票。在英国法院看来，此违法情形不影响以合理价值对本案标的投保的保险合同的效力）。

规范的主观意图，无法证明这一点同样丧失该规则适用的基础。[①]

2. 一般公序良俗的违反

(1)《德国民法典》第 138 条第 1 款的应用

尽管德国一度拒绝适用外国公法，但并不意味着它会忽视第三国强制规范的实施后果。[②] 由于冲突规范没有指向第三国法，《德国民法典》第 134 条[③]一直被认为只适用于违反本国法的行为。[④] 因此，帮助原民主德国人逃亡到原联邦德国的补偿合同并非单纯因违反原民主德国法而无效。[⑤] 德国法院通过对《德国民法典》第 138 条第 1 款"违反善良风俗（*gute sitten*，*bonos mores*）的法律行为无效"这一规则的扩大解释，赋予合同订立时即已存在的第三国强制规范以效力。[⑥]

在 1960 年硼砂（*Borax*）案[⑦]中，德国法院适用该规则，使得根据德国法有效的买卖合同无效。根据美国法，作为武器制造原料的硼砂不得出口到社会主义国家。合同的双方当事人试图通过伪造销售地证明的方式获得出口许可证，并最终运往原民主德国罗斯托克。由于买方拒绝美国外贸主管部门签署销售保证书的要求，卖方无法履行合同，发生诉讼。虽然当时德国尚未就此颁布出口禁令，但德国联邦最高法院承认了美国禁运措施的域外效果，认为双方有意欺骗美国出口当局并将个人的金融优势凌驾于包括德国在内的西方世界对自由、和平的需求之上[⑧]，有违公序良俗。

---

① See Jan-Jaap Kuipers, *EU Law and Private International Law*, Martinus Nijhoff Publishers, 2011, p. 169（比起 Ralli 规则，要求有意违反外国法的 Regazzoni 规则更为狭窄，但无须将超越型强制性规范限制在履行地的范畴，而只需与法域存在强制联系，故此更宽泛）。

② 德国法区分规则的事实适用（*faktischer Anwendung*, factual application）和规范适用（*Normative Anwendung*, normative application）。事实适用的第三国强制规范可以作为合同不履行抗辩的依据，而规范适用构成有违公序良俗合同无效的依据。See Mathias Kuckein, *Die 'Berücksichtigung' von Eingriffsnormen im deutschen und englischen internationalen Vertragsrecht*, Mohr Siebeck, 2008, S. 72 ff..

③ 违反法律禁止规定的法律行为无效，但法律另有规定的除外。

④ See Jan Kropholler, *Internationales Privatrecht*, 6. Auflage, Mohr Siebeck, 2006, S. 505; Kurt Siehr, "Ausländische Eingriffsnormen im inländischen Wirtschaftskollisionsrecht", *RabelsZ*, Bd. 52, H. 1-2 (1988), 78. 关于《德国民法典》第 134 条和第 138 条在处理外国公法问题上的关系，可参考凯格尔的看法。See Gerhard Kegel, *Internationales Privatrecht: Ein Studienbuch*, 6. Auflage, C. H. Beck, 1987, p. 719.

⑤ See BGH 29. 9. 1977, BGHZ 69, 295.

⑥ See Klaus Schurig, Zwingendes Recht, "Eingriffsnormen und neues IPR", *RabelZ*, Bd. 54, H. 2 (1990), 240.

⑦ BGH 21. 12. 1960, 34 BGHZ 169 (1960) (F. R. G.). 类似的还有硼酸案，1962, NJW 1962, 1436。

⑧ 美国的禁运措施不仅维护美国利益，而且维护自由西方世界的利益，同样维护德国的利益。

在1972年尼日利亚文物案[①]（*Kulturgüterfall*）中，德国保险人承保一批从尼日利亚哈科特港运至德国汉堡港的文物，部分文物在运输途中丢失，发生索赔纠纷。在缔约前，尼日利亚颁布了禁止文物出口法，被告保险人主张文物交易违法，保险合同因缺乏可保利益而无效。由于合同适用德国法，根据准据法理论，尼日利亚的强行法不能直接决定合同有效问题。德国法院将规避尼日利亚文物出口管制法的行为视为对德国公序良俗的违反。在案件审理时，尼日利亚签署了《关于禁止和防止非法进出口文化财产和非法转让其所有权的方法的公约》，虽然该公约未生效且德国未加入，也不能证明其满足作为习惯国际法判断标准的法律确信（*opinio juris*），从而根据《德国基本法》第25条作为联邦法的一部分适用，但德国法院没有否定公约要求缔约国相互尊重文物进出口管制的效力，而是认为这反映各国都具有保护其文化遗产权利的基本信念。为维护国际文物贸易的体面性，违反来源国施加的禁止性规范的文物出口不值得私法保护，从而借助《德国民法典》第138条否定合同效力。[②]

上述案例的共同点是，所涉及的出口管制法不属于合同准据法或法院地法，法院没有直接承认外国公法的域外适用，但仍根据本国法赋予其效力。具体而言，第三国强制规范效力的发挥通过对公序良俗的扩大解释实现，即运用外国强制规范背后的价值来填充本国民法的基本条款（*Generalklauseln*）。如违反自由西方社会的需要体现了德国法院坚持当时本国在东西方政治对立中的立场，从而对其他巴黎统筹委员会（CoCom，简称巴统）成员国的禁运和贸易管制措施的宗旨予以尊重[③]，而保护文化遗产权利的基本信念是基于软法支持的国际公共秩序。[④]

---

① 59 BGHZ 83（1972）(F. R. G.)，59 BGHZ 1（F. R. G.）. BGHZ 59，82，85 = NJW 1972，1575.

② 在审理通过中介合同向尼日利亚公务人员行贿的案件中，德国最高法院认为存在打击腐败的共同利益，从而以违反公序良俗为由驳回诉讼请求。See BGH，8. 5. 1985，BGHZ 94，2. Gerhard Kegel，“The Role of Public Law in Private International Law：German Report”，in F. Klein，et al.，eds.，*Basle Symposium on the Röle of Public Law in Private International Law*，Vol. 49，Helbing & Lichtenhahn，1991，pp. 56-57. 瑞士、荷兰也有类似实践。See Bundesgericht 28. 2. 1950，in：*BGE* 76 II 33（该案关于违反罗马尼亚外汇管制的保证合同的效力，涉及《瑞士债法典》第20条。法院认为，违反外国货币或贸易政策的法律通常不构成违反瑞士法下的公序良俗，而违反外国禁止毒品交易或人口买卖的法律则构成。可见，瑞士法设置了更高的适用门槛）；Hoge Raad，16. 11. 1956（被告有权以优惠汇率兑换印尼卢比，故当事人通谋由被告为原告兑换，违反印尼外汇管制法。荷兰最高法院认为当事人的协议违反《荷兰民法典》第三编第40条而无效）。

③ See Oliver Remien，“Außenwirtschaftsrecht in kollisionsrechtlicher Sicht”，*RabelZ*，Bd. 54，H. 3（1990），505.

④ 在1970年联合国教科文组织会议上，《关于禁止和防止非法进出口文化财产和非法转让其所有权的方法的公约》以77票支持、1票反对以及8票弃权获得通过。联邦德国未反对。上述事实说明保护文物成为国际公序良俗。See I. Seidl-Hohenveldern，“International Economic ‘Soft Law’”，*Recueil des Cours*，Vol. 163（1979），200.

与英国维护国际礼让相比，德国更重视本国的利益牵涉。利益等同原则（*Grundsatz der Interessengleichhei*，equality of interests）构成通过本国的公序良俗条款实现外国禁止规范目的的基础。[①] 硼砂案和 Regazzoni 案都涉及如何看待外国出口限制的域外效力。虽然二者都借助本国公共政策、公序良俗否定合同的效力，从而间接实现第三国法的意图，但英国偏向于案件审理可能产生的外交影响，即使执行这一合同对本国不会发生其他危害，而德国更加看重法律适用的结果对德国国内利益的作用。[②] 虽然德国传统民法没有将之视为法律行为违反公序良俗无效的情形，但为达到公正的结果，德国法院通过创造性地释法来满足案件审理对第三国强制规范适用的需求。当然，以违反公序良俗为由赋予第三国强制规范以效力同样需要特别关注当事人缔约时的主观状态。[③]

(2)《瑞士债法典》第 20 条第 1 款的应用

在 1988 年 Hilmarton 案[④]中，英国公司为法国公司提供咨询服务。如果能促成后者和阿尔及利亚政府达成建设城市排水系统的交易，则英国公司能够提取项目合同金额 4%的佣金。当事人约定适用瑞士法，并在日内瓦由国际商会仲裁。后因法国公司未支付足额的咨询费用发生争议。在仲裁中，法国公司认为咨询合同违反了阿尔及利亚关于禁止在政府采购中使用中介的强制性规定[⑤]，此类适用于所有阿尔及利亚签订的国家合同的公序法应该予以考虑，即使当事人另行选择法律。仲裁庭认为：准据法为瑞士法，如果违反阿尔及利亚法的行为同时违反瑞

---

① See Gerhard Kegel, *Internationales Privatrecht*: *Ein Studienbuch*, 6. Auflage, C. H. Beck, 1987, pp. 717-719.

② See But see Jürgen Basedow, "The Law of Open Societies", *Recueil des Cours*, Vol. 360 (2012), 330（认为英国同样考虑利益等同）；Mohammad Reza Baniassadi, "Do Mandatory Rules of Public Law Limit Choice of Law in International Commercial Arbitration", *Int'l Tax & Bus. Law.*, Vol. 10, No. 1 (1992), 74（法院作出判决的缘故是基于印度针对南非的种族歧视行为予以制裁，这符合国际公共政策的要求）。单从判决中看不出此种倾向。

③ 在中国文物案中，除讨论《罗马公约》第 7 条第 1 款外，奥地利最高法院还考虑涉嫌违反中国文物保护法的行为是否违反《奥地利民法典》第 879 条第 1 款。该案是否真正发生不法行为以及不法出口是否构成合同履行的条件不确定。如果不法出口已经完成，买受人在之后缔结合同时便知悉对方通过非法出口的途径获取，也可能构成不道德。在缺乏对实际过程和时间了解的情况下，不能认定存在有违公序良俗的情况。See Dieter Martiny, "Beachtung ausländischer kulturgüterrechtlicher Normen im internationalen Schuldvertragsrecht (OGH, S. 553)", *IPRax*, Jah. 32, H. 6 (2012), 568.

④ Hilmarton v. OTV, ICC Case No. 5622, 19. 8. 1988, *Yb. Comm. Arb.*, Vol. 19 (1994), 105.

⑤ See Algerian Law No. 78-02, 14. 2. 1978.

士的公序良俗，则可以援引《瑞士债法典》第 20 条第 1 款[①]认定合同无效。要构成对瑞士公序良俗的违反，普遍认为外国法须出于保护个人或社会的基本公正之目的，从而优于对合同自由的维护。阿尔及利亚法旨在建立公正、健康的商业实践并打击腐败行为，这与国际反腐败的普遍道德观念相符，满足上述要求。

该裁决被日内瓦法院撤销。日内瓦法院同意特定触犯外国法的情形构成对《瑞士债法典》下公序良俗的违反，但认为阿尔及利亚的强制规范不满足该要求。由于无法证明当事人实施了腐败行为，而瑞士法又不存在禁止在政府采购中运用中介的规定，故日内瓦法院认定不违反瑞士的公序良俗。法国公司上诉至瑞士联邦最高法院，要求撤销该裁定。瑞士联邦最高法院认定本案合同构成中介合同，认为：虽然阿尔及利亚法禁止使用中介，但合同是否违反瑞士法的公序良俗却值得分析。阿尔及利亚的禁止规定十分宽泛，具有保护主义的色彩。其服务于国家垄断外贸的需要，严重违反当事人的缔约自由，无法通过瑞士法考虑，故维持撤销裁决的裁定。[②]

在合同订立时，《瑞士联邦国际私法》尚未生效，作为第三国强制规范的阿尔及利亚法只能通过实体法方法发生效果。争议的焦点在于阿尔及利亚法是否与国际公共政策一致，从而借助瑞士关于合同违反公序良俗的规定发生效力。这一过程的关键是如何解释阿尔及利亚法的意图。国际商会仲裁庭认为该法旨在打击腐败，而反腐败是国际任务，故该法构成国际公共政策。瑞士法院不同意这一观点，尤其瑞士联邦最高法院认为阿尔及利亚法不是为了维护国际交易的公正有序，而是服务于本国外贸垄断的保护主义做法。此种个别甚至不良的意图无法通过国际公共秩序实现，更不足以超越当事人的意思自治。可见，第三国强制规范能否借助本国的公共秩序发生效力取决于两国法的形式内容及背后政策的相似性，与第三国强制规范适用制度需要考虑的因素类似。

（二）合同撤销规则

有时当事人在缔约时没有逃避第三国强制规范适用的意图，而是发生认识错误。根据香港法院的实践，如果对第三国强制规范的错误认识达到影响合同订立基本假定的程度，则当事人可以借助普通法上的共同错误（common mistake）撤

① 包含不能履行、违反法律或者违反公序良俗之条款的合同无效。

② 后仲裁庭重新作出裁决，认为合同既不违反瑞士公序良俗，也不违反国际公共政策，故有效。

销合同，使合同归于无效。[①]

香港法院审理的 Albert 案[②]涉及从中国内地向德国出口服装的合同。合同得以订立的基本假定是中国内地出口至德国的服装属于 1986 年《中国和欧洲经济共同体纺织品配额协定》（以下简称《中欧协定》）分类 4 下的货物。在履行时，中国内地海关将该批货物归入分类 83，被告无法取得履行所需的出口配额。本案当事人都是香港法人，对适用香港法没有异议。《中欧协定》关于货物分类的规定不是法院地法或合同自体法，只能被视为第三国强制规范。被告认为，中国内地依据《中欧协定》对分类的裁决超出当事人的控制，是缔约时所不能预见的。即使分类不正确，香港法院也无权审查中国内地海关的行为，合同因当事人的共同错误而没有效力。原告则认为，任何关涉《中欧协定》的认识错误是法律错误，不能使合同无效。

一审法院认为，法院只宜考虑相关分类发生的后果，不应自行作出判断。分类认识错误须满足以下条件：第一，错误的对象必须是事实。由于外国法在香港法院被视为事实，故符合要求。第二，发生共同错误，事实错误的类型必须为法律所承认并能导致合同无效。本案错误属于共同错误，双方当事人基于关乎合同基本要素的错误假定签订协议，没有证据证明被告缔约时意识到错误的存在。第三，错误必须严重。合同的履行取决于中国内地根据《中欧协定》规定的货物分类相应授予出口配额。当事人订立合同时认为货物属于分类 4，可以合法地从中国内地出口至德国，这种错误假定足以导致合同的不能履行。简而言之，Albert 案将第三国强制规范的实施视为因共同错误发生自始不能的事实建立在 3 项条件之上：（1）规范属于外国法范畴，具有事实性，可作为影响合同有效性的认识错误的对象[③]；（2）当事人对第三国强制规范发生共同认识错误，即任何一方在缔约时都不知道错误的存在；（3）此种错误关乎合同的关键事实且十分严重，能导致合同无效。

此外，当事人能否就该认识错误预先在合同中作出安排，从而避免一方日后

---

① 英国合同法存在 void 和 voidable 的区别，前者指自始无效，后者则是合同方有权撤销，但当知悉此种无效事由后仍肯定合同则有效。

② Jan Albert (H. K.) v. Shu Kong Garment Factory, HCA 004434/1986, 4 November 1988.

③ 《国际商事合同通则》第 3.4 条认为错误的对象包括事实和法律。评注认为，基于现代法律体系的复杂性，有必要同等对待法律认识错误。特别就跨境交易而言，法律体系的复杂性导致的困难会因个体交易遭遇不熟悉的外国法律体系而加剧。另见《欧洲合同法原则》第 4.103 条。

提出抗辩？在 Full Wisdom 案[①]中，作为英属维尔京公司全资附属公司的被告，通过与中国内地企业签订合资协议的方式从事高速公路的建设和运营。为获取活动资金，英属维尔京公司及该附属公司同原告签订适用美国纽约州法的股权抵押融资合同，约定在到期日不能获偿时原告有权处置英属维尔京公司在附属公司的股权。由于被告违约，原告向香港法院起诉。被告援引中国国务院通知[②]提出错误和非法性抗辩。香港初审法院作出简易判决，认为被告的抗辩没有价值，相关证据不可信且与诉讼请求无关。争议集中于是否发生共同错误。一审被告认为，合资协议根据中国国务院的通知自始无效，故双方对其合法性发生共同认识错误。二审法院认为，一审被告提出的抗辩意图说明当事人签订的融资合同以及股权抵押合同建立在对合资协议合法认识的基础上，但融资合同中的违约情形包括合资协议全部或部分变成无效、非法或不可执行，这说明双方已经预见该情势有可能发生，不存在认识错误的可能。故香港法院尊重当事人的合同安排。

二、合同履行规则

对于合同订立后才颁布的第三国强制规范，不存在当事人有意违反或认识错误的可能。此时，它原则上不能作用于合同的有效性，但由此发生的履约障碍往往影响根据准据法有效的合同的履行。如果导致合同发生履行不能的后果，则可以构成不可抗力的免责情形；如果仅仅使得一方的履行更加艰难，则有情势变更规则作用的空间。

（一）不可抗力规则

1. 英国普通法的做法

在英国普通法中，如果合同订立后法令的颁布或变更导致合同履行违法，发生与当事人缔约时的预期根本不同的情况，则目的落空（frustration of purposes）足以解除合同并免除不履约的责任。[③] 反映在合同嗣后违反第三国强制规范问题上，如果合同履行地法规定合同履行违法，则不管作为合同自体法的英国法

① Full Wisdom Holdings & Ors v. Traffic Stream Infrastructure Co. Ltd.，FAMV 15/2004，4 October 2004.

② 《国务院办公厅关于妥善处理现有保证外方投资固定回报项目有关问题的通知》。

③ See Carole Murray，et al.，*Schmitthoff's Export Trade*，Sweet & Maxwell，2007，pp. 121-125.

是否认可，英国法院都不得强制执行该合同。该原则来源于戴雪的观点[①]，在Ralli案中首次被法院采纳，成为可援引的先例。

在该案中，西班牙船东和英国租船方以每吨50英镑的运费价格订立了将黄麻从印度加尔各答运至西班牙巴塞罗那的租约。在运输途中，西班牙颁布了价格管制令，要求任何运至西班牙的黄麻运费每吨不得超过10英镑（875比塞塔），否则，构成刑事违法。原告就运费差价提起诉讼，主张运费构成被告应绝对履行的义务。被告认为，尽管合同构成英国合同，但实质履行发生在西班牙，支付义务受隐含条件的限制，即履行根据履行地法合法。英国法院认为，本案的争议关乎租约当事人的权利，即租约的履行为履行地法所阻止。船东是西班牙公司，租船方必须在船东所在国支付，而该义务的履行根据西班牙法是违法的。法院援引戴雪的观点，认为在自体法为英国法的情况下，履行地法自始或嗣后规定的违法与英国国内法的违法后果相同，由此拒绝承运人的诉讼请求。[②]

首先，该案法院地国对外国主权的关注更多的是承认外国对合同的事实影响（*des faktischen Einflusses*），而非基于规范内在的效力。与温格将外国强制规范视为法院地国对制定国进行国际法律协助（*internationale Rechtshilfe*）[③]不同，英国采取当事人中心主义，于履行尚且可能的前提下尽量维持外国强制规范发挥作用下的合同关系。[④]

其次，Ralli规则只有在履行地的情形下才能适用。根据后续判例，仅仅一方的住所地或营业地国的强制规范禁止合同在域外履行是不够的。在1939年Ungarische案[⑤]中，原告是伦敦银行，以汇票持有人的身份就到期汇票向匈牙利籍出票人提起诉讼。匈牙利颁布的新外汇管制法规定，在没有得到国家银行的同意下，匈牙利人在境外支付非法，而该案票据的支付没有获得同意。被告提出如下抗辩：如果匈牙利实施的外汇管制法不允许被告在国外履行义务，则被告在票据到期日没有义务于伦敦支付，这构成合同默示条款。被告并援引Ralli案支持自己的观点。英国法院认为，由于合同准据法是英国法，且在英国履行，即使履

① 《戴雪论冲突法》第二版中即存在该规则。See A. V. Dicey, A *Digest of the Law of England with Reference to the Conflict of Laws*, 2nd ed., Sweet & Maxwell, 1908, p. 553.

② Ralli Brothers v. Compa Ia Naviera Sota Y Aznar, [1920] 2 KB 287 (CA).

③ See Wilhelm Wengler, "Die Anknüpfung des zwingenden Schuldrechts im internationalen Privatrecht", *ZVgl-RWiss*, Bd. 54 (1941), 181.

④ See Felix Maultzsch, "Rechtswahl und ius cogens im internationalen Schuldvertragsrecht", *RabelZ*, Bd. 75, H. 2 (2012), 97.

⑤ Kleinwort Sons & Co. v. Ungarische Baumwolle Industrie, [1939] 2 KB 678 (CA).

行可能会导致被告违反本国法，合同也因不必然涉及违法性而可以在英国履行。[①] 法院着重探讨了被告援引的 Ralli 规则的含义，认为只有合同需要（require）在特定国家履行时，根据英国法自始有效的合同才会因禁止履行的嗣后立法而不能执行。在 1935 年 Beéche 案[②]中，桑基勋爵认为，不能强迫执行其履行涉及（involve）在外国实施、根据该国嗣后立法为非法的债务。虽然 Ralli 规则没有采用"必须"的用语，但"涉及"包含着这层含义。也就是说，Ralli 规则如要得以援引，则履行的发生必然构成不法，由此要求导致此种不法的法律是履行地法。一旦承认不构成履行地的当事人营业地国的强制立法的域外效力，将损害履行地国的正常商业利益。

最后，Ralli 规则是非法性由履行地法支配的冲突规范还是国内法下特别的合同落空？[③] 有人认为 Ralli 规则包括十分宽泛的不法情形，涵盖自始不法和嗣后不法、当事人都知悉或不知悉以及一方知悉的不法、永久不法或一时不法，构成特别冲突规范。[④] 单就案情本身来看，合同订立后出现的西班牙价格法令没有影响自体法发挥作用，这种履行地嗣后的强制规定可被看作是依英国准据法判断的合同出现履行障碍的事实。况且多数法官在作出裁判时认为合同应包含履行应在履行地合法进行的默示条件，这正是早期英国合同落空理论确立的依据。[⑤] 故该案法官更倾向于将戴雪的观点视为实体法下嗣后违法造成的合同解除，而不是援引外国强制规范适用规则。[⑥]

---

① 法院强调，虽然一国可以立法干预本国人的境外行为，但其他国家不会以牺牲本国法来加以执行。

② De Beéche v. South American Stores Ltd.，[1935] AC 148.

③ See Trevor C. Hartley，"Mandatory Rules in International Contracts"，*Recueil des Cours*，Vol. 266 (1997)，392. 此外在决定是否适用该规则时，并未出现准据法为英国法之外的法律的情形，故法官在司法实践中的态度比较模糊。在 Kahler 案中，里德勋爵认为，只有适用英国法的合同的履行行为构成履行地国法下的不法，才不能执行。在 Zivnostenska Banka 案中，他又指出，无论合同准据法为何，英国法院都不要求当事人为此种行为。

④ See Martin Wolff，*Private International Law*，Oxford University Press，1945，pp. 451-452.

⑤ Taylor v. Caldwell，(1863) 3 B & S. 826（合同解释应该受制于履行不能时没有过错的当事人应当免于履行的默示条件）；122 ER 309。此解释一开始就存在争议。See Christoph Brunner，*Force Majeure and Hardship under General Contract Principles*，Kluwer Law International，2009，p. 89. 关于合同落空理论变迁，see Richard Stone，*The Modern Law of Contract*，8th ed.，Routledge-Cavendish，2009，pp. 531-534。也有人认为此种合同解释构成单独考虑外国不法的方式。See Peter Kaye，*The New Private International Law of Contract of the European Community*，Aldershot，1993，p. 22.

⑥ See Joseph Chitty & H. G. Beale，eds.，*Chitty on Contracts*，31th ed.，Vol. 1，Sweet & Maxwell，2012，pp. 1648-1650（嗣后不法一直是合同落空的重要情形）。

虽然没有援引 Ralli 规则，但 Albert 案同时认为：即便因共同错误发生无效后果的理由不充分，也存在合同落空的可能。如果合同在约定期间可以履行，则中国随后拒绝授予分类 4 下的配额。不能获得相关配额并非因被告的行为或过失，而是中国出口当局造成的，合同因落空而解除。共同错误和合同落空关系密切：当事人基于某种业已存在的错误订立合同即发生共同错误，合同落空的发生则是订立合同后因为某些事件的介入而严重改变原有情势，由此合同不能以当事人预想的状态履行。除此之外合同落空的条件与发生共同错误的前提相同。因不可归责于当事人的事由发生的履行不能，可能会导致债务免责、合同解除。发生合同落空的条件是：（1）时间上，阻碍合同履行的第三国强制规范须在合同订立后才开始实施。（2）主观状态上，该规范的实施严重超出双方当事人缔约时预想的履行状态。如有一方预见该情势的发生，那么该方很难声称此风险导致合同落空。[①]（3）程度上，实施的结果导致当事人履行不能，从而有必要免除履行义务。

另外，就合同订立后颁布的禁令而言，法院地国在判断是否构成合同的履行障碍时，更应注重强制规范实施对合同履行的事实影响而非其本身的合理性，但也有例外：如果一国禁止履行单纯旨在保护本国或本国人的利益，则存在不被考虑的风险，特别是在援引此种情势作不履约抗辩的一方是该国的国有企业时。在 1978 年 Czarnikow 案[②]中，波兰国有公司与英国公司签订了白糖供应合同。由于天灾，白糖的产量尚不足以满足本国的需求，故波兰政府颁布了禁止履行的禁令。英国公司认为此举是为了谋求更高的销售价格。英国上议院支持了波兰公司以禁令为由提出的不履行抗辩[③]，并认为如果颁布禁令的政府与履行合同方存在密切联系，且能清晰证明禁令的不良动机，则不构成不履行的借口。波兰公司独立于该国政府，有证据表明出口禁令系为了避免严重的国内社会动荡，符合约定的不可抗力条款。从合同落空的适用看，当履行情形的根本改变是由于一方作为或不作为，不能履行是自己造成（self-induced）的时，不构成合同落空。[④] 国有企业引诱一国政府颁布免除其对外国当事人合同义务的履行禁止即属于此类

① Also see Full Wisdom Holdings v. Traffic Stream Infrastructure Co. Ltd., FAMV 15/2004, 4 October 2004（该案将第三国强制规范视为当事人认识对象，由于约定融资协议即使变得无效也不影响合同效力，故此判决认为非法性不存在共同错误的可能）。

② Czarnikow v. Rolimpex,［1978］3 W. L. R. 274,［1979］A. C. 351.

③ 先前在伦敦进行的仲裁得出同样的结论。

④ See Carole Murray, et al., *Schmitthoff's Export Trade*, Sweet & Maxwell, 2007, p. 120.

情形。

2. 美国的实践

受制于公法禁止的观念，美国法院传统上不仅不直接适用外国公法，甚至不承认外国禁令的实施构成不履行合同的正当借口。[①] 此种观点已发生变化，理论和实践逐渐区分外国公法在公法之诉中的执行和在私法之诉中的适用，后者不在公法禁止范围之列。即使外国公法不能通过冲突规范作为法律而适用，也有可能作为事实被赋予私法效果。[②] 但与英国普通法不同，当前美国合同法理论和实践将履行不切实际（impracticability）视为合同落空的重要情形。不仅如此，美国法还特别将外国的履行限制视为履行不切实际的重要情形。

美国《第二次合同法重述》第十一章“履行不切实际及目的落空”第264条“受政府规章或法令妨碍”规定：义务的履行因遵从国内外政府规章或法令变得不切实际，构成不发生合同订立基本假定的事件。美国《统一商法典》第2—615条（a）认为：卖方全部或部分的不交付或迟延交付……不构成违反销售合同义务，如果约定的履行因……善意遵守任何可适用的外国或本国政府规章和法令而变得不切实际，即便此类政府规章和法令事后被证明无效。只要卖方有合理理由信赖规章、法令为有效，其对该条的援引即不受嗣后对如上法令行为合法性的司法审查结果的影响。[③] 故美国《统一商法典》更加强调法令运行对当事人的履行事实上所发生的强制效果。

（二）情势变更规则

在历史上，根据旧的《德国民法典》第275条（一般给付障碍）、第306条（自始客观给付不能），德国法院通过履行不能（*Leistungsstörung*）赋予外国强制规范以私法效力。[④] 但现行民法对于因履行不能主张免责的要求较为严格，给

① Krulewitch v. National Importing & Trading Co., 185 N. Y. S. 838 (840) 1921.

② See Jürgen Basedow, “Private Law Effects of Foreign Export Controls”, *Ger. Y. B. I. L.*, Vol. 17 (1984), 130.

③ UCC § 2—615 (a), comm. 10.

④ 在德意志帝国最高法院审理的外贸案件中，英国被告辩称，英国和德国正处于战争状态，根据英国1914年《与敌贸易法令》，无法在英国履行本案合同。德意志帝国最高法院认为：《与敌贸易法令》显然不能在德国适用。即使其具有适用法的资格，也将会因为违反德国公共秩序的缘故而被排除。然而德意志帝国最高法院承认合同因上述法令及其处罚在英国的实施而发生实际履行不能的后果。See RG 28. 6. 1918, RGZ 93, 182, 184. 又如在咨询合同案中，德国最高法院认定原民主德国禁止高校与外国人订立咨询合同的规定不适用，并在附带评论中认为，即使实际情况并非如此，该规定也仅能通过德国法下关于履行不能的规定发生私法效果。See BGH 17. 11. 1994, BGHZ. 128.

付不能原则上只会导致债权人给付请求权的丧失，债务人仍需以损害赔偿替代履行。[①] 与英国不同，德国法院曾借助于交易基础丧失理论（*Den Wegfalls der Geschäftsgrundlage*）应对本国合同因第三国禁令发生的履行艰难。[②] 交易基础丧失，是指合同基础发生了根本变化，由此导致损失或收益的增减将在当事人之间进行公平合理的分担。[③] 可见，交易基础丧失并非完全免除合同当事人的履约义务，而是基于诚信公平要求变更合同。

在 1984 年发生的啤酒出口（*Bierexport*）上诉案[④]中，伊朗买方以 CIF 德黑兰的价格从德国酿酒厂购进听装啤酒，在不莱梅港启运。由于货物的缺陷出现大量货损，并发生额外的海关及检验费用。双方于 1978 年 11 月 7 日达成和解协议，买方有权至 1980 年 5 月 31 日以优惠价格从德国酿酒厂购进啤酒，并在完成一定数量购买时获得额外赔偿。在协议履行完毕前德黑兰革命爆发，伊朗颁布禁酒令，使得买方的进口和销售构成违反刑法的行为，交付不可能完成。

虽然和解协议下的交易为装运合同，卖方无须保证到货，但德国联邦最高法院认为：交易基础已经丧失，以优惠价格提供啤酒的协议需要以双方继续合作为前提。当事人缔约时不会料到伊朗将颁布使进口无法进行的禁酒令。至于买方是否可以在伊朗之外销售啤酒无关紧要，因为协议的共同假定建立在买方可以通过进口啤酒的方式来弥补损失。当事人误以为进口啤酒的事实不会导致和解协议根据《德国民法典》第 779 条无效，因为错误认识的对象并非和解时存在的事实。如果由买方独自承担因政治巨变产生的贸易禁止导致的补偿协议不能实现的风险，将极不公平。德国最高法院借助《德国民法典》第 242 条[⑤]关于诚信履行的规定调整合同，在当事人之间分摊因交易基础丧失产生的损失。[⑥]

---

① 参见《德国民法典》第 275 条第 1 款。有关德国履行不能的基本效力及例外，参见［德］迪特尔·施瓦布：《民法导论》，郑冲译，877 页，北京，法律出版社，2006。

② 交易基础丧失构成在德国法上的艰难情势。合同落空理论虽然也能处理合同订立后出现的当事人始料未及的事实和法律障碍，但法院不能调整合同，应归入不可抗力的范畴。See Hannes Rösler, "Hardship in German Codified Private Law", *European Review of Private Law*, Vol. 15, No. 4 (2007), 483.

③ See Christoph Brunner, *Force Majeure and Hardship under General Contract Principles*, Kluwer Law International, 2009, p. 500.

④ BGH 8. 2. 1984, BGH NJW, (1984), 1746-1747.

⑤ 经过《债法现代化法》改革，交易基础丧失理论被正式确立为交易基础障碍（*Storung der Geschäftsgrundlage*），即现行《德国民法典》第 313 条，无须以第 242 条之类的基本条款为依据。

⑥ 法院估算和解协议提供优惠啤酒的数量为 6 万箱，每箱折扣价为 0. 9 马克，正常履行的优惠金额为 5. 4 万马克。而履行后买方还可以从酿酒厂获得 2 万马克的赔付，故因交易基础丧失在当事人之间发生的分摊结果是酿酒厂向买方支付上述 7. 4 万马克的一半即 3. 7 万马克作为补偿。

三、评价

（一）积极评价

作为一种温和方法，通过合同准据法考虑的因素与第三国强制规范适用制度相似，往往能实现其所要达到的效果。它避开了对传统选法规则的突破，也不涉及适用外国公法带来的有损主权的争议，而是基于维护当事人公平正义的私法理念处理个案中发生的情势。其中，将合同订立后出现的第三国强制规范作为准据法考虑因素的争议最小，毕竟只有外国禁止规定影响履行的事实才能构成不可抗力或情势变更作用的对象。[①] 因此，对于履行障碍的发生以及后果可以由准据法这一私法体系下的规则评判。即使在第三国强制规范适用制度逐步确立的今天，此种方法也没被完全抛弃，仍为学者和仲裁员所推崇。

（二）不足之处

实体法方法不能取代第三国强制规范适用制度。方法论的内在缺陷以及实际运用的困难使其能发挥的替代作用十分有限。

首先，对于缔约时已经存在的第三国强制规范，除少数构成认识错误的对象外，更希望作为法律予以适用。不能将法律禁止的不法行为（*malum quia prohibitum*）与本质的不法行为（*malum in se*）混为一谈。[②] 前者属于强行法的范畴，后者多出于基本道德的考虑。在尼日利亚文物案中，德国法院将尼日利亚禁令排除于非法性的法律渊源之外而视为事实的做法备受批评，陷入循环论证。[③] 正是外国公法的存在导致否定合同效力判决的作出。认定违反公序良俗与外国禁止的内容和目的密不可分。[④] 如果尼日利亚不存在禁止出口的法律或涉案文物不在禁止之列，则合同根据作为准据法的德国法有效，不发生交易道德与否的评判。[⑤]

---

① See H. van Houtte, "Trade Sanctions and Arbitration", *Int'l Bus. L.*, Vol. 25, No. 2 (1997), 167.

② See G. van Hecke, "Foreign Public Law in the Courts", *Rev. Belge Dr. Int'l*, Vol. 3 (1969), 67.

③ See Jürgen Basedow, "Private Law Effects of Foreign Export Controls", *Ger. Y. B. I. L.*, Vol. 17 (1984), 122.

④ See Frank Vischer, "General Course on Private International Law", *Recueil des Cours*, Vol. 232 (1992), 170.

⑤ See Kerstin Ann-Susann Schäfer, *Application of Mandatory Rules in the Private International Law of Contracts*, Peter Lang, 2010, p. 216（实体法分析事实，而冲突法针对的是法律。采取规范分析的公序良俗的运用真的是实体法方法么?）。See Mathias Kuckein, *Die 'Berücksichtigung' von Eingriffsnormen im deutschen und englischen internationalen Vertragsrecht*, Mohr Siebeck, 2008, S. 117（在准据法层面考虑外国干预法的规范结果，是混合冲突法和实体法的解决方式）。

简而言之，德国法院事实上在实施外国的立法政策，不过打着德国法的幌子罢了，难怪被视为不诚实地选择适用法律。英国的做法同样存在问题：Foster 规则是基于英国公共政策的需要还是第三国强制规范在英国法院的直接适用仍不确定。毕竟外国法构成了英国法下非法的实质内容。总之，实体法方法的性质模糊构成第三国强制规范适用制度确立的重要缘由。

其次，虽然实体法方法能够达到与第三国强制规范适用制度相同的适用效果，但仍有区别。① 其一，此种方法限于所属法律体系具有准据法的资格。② 以德国为例，除非援引《民法施行法》第 6 条公共秩序条款（*Ordre-public-klausel*）③，否则，作为外国国际强制规范价值考量的《德国民法典》第 138 条、第 242 条仅仅构成由冲突规范决定适用与否的国内强制规范。④ 此类平衡私人利益的私法基本条款并非《民法施行法》第 34 条下的干预规范，不发生特别联系问题。⑤ 其二，实体法方法取决于准据法当中是否存在履行不能、合同不道德的规定。⑥ 在准据法并非法院地法时，能否扩大解释令人质疑。将第三国强制规范的违反视为对公序良俗的触犯，未必是规范本身的意图。其三，就证明方式而言，经适用制度适用的第三国强制规范属于法律的范畴，如无特别规定，应该遵循外国法查明的一般方法和途径。而实体法方法下的第三国强制规范被视为案件事实，由当事人举证证明。虽然英美国家多奉行由当事人证明外国法，但大陆法系基本保留法官知法的传统，二者在查证方式上存在差异。

最后，将缔约后实施的第三国强制规范视作履行障碍得到普遍欢迎，但也有需要澄清之处。其一，将此类规范限于履行地国法的范畴有不足之处。的确，仅仅当事人住所地或营业地国的禁止不足以产生实际履行障碍，但也要考虑其他履

① See Michael Hellner, "Third Country Overriding Mandatory Rules in the Rome I Regulation", *J. Priv. Int'l L.*, Vol. 5, No. 3 (2009), 469（这好比用左手掏右面口袋的钥匙，能做到但十分别扭）。

② See Frank Vischer, "General Course on Private International Law", *Recueil des Cours*, Vol. 232 (1992), 177.

③ Jan Kropholler, Internationales Privatrecht, 6. Auflage, Mohr Siebeck, 2006, S. 476.

④ 在司法实践中，与《德国民法典》第 138 条第 1 款类似的有关高利贷等暴利行为无效的该条第 2 款被认为不构成《民法施行法》第 34 条下的干预规范。See BGH, 19. 3. 1997.

⑤ See Peter Mankowski, "Art. 34 EGBGB erfaßt § 138 BGB nicht", *RIW*, Bd. 42, H. 1 (1996), 8-12.

⑥ See Nathalie Voser, "Mandatory Rules of Law as a Limitation on the Law Applicable in International Commercial Arbitration", *Am. Rev. Int'l Arb.*, Vol. 7 (1996), 343（还认为包括非法的规定）。虽然成熟的法律体系都应包含此类基本条款，但并不意味着存在相同的解释标准。

行必然涉及地域的强制规范。巴斯多认为：外贸出口禁止，即使与法院地公共秩序不一致，只要合同项下的货物位于禁止所属国，可以作为不履行的借口。[①] 这不仅针对特定物以及经过划拨特定化了的种类物，甚至还针对未特定化物。如果当事人约定或合理预期货物只能来自某一国家，即使合同明确规定将在另一国交付，除非由卖方承担备货风险，否则该特定国家的出口禁令同样可能构成不可抗力。其二，因强制规范的实施造成履行障碍的事实，毕竟不同于合同项下的货物毁损、灭失或被扣押、没收等履行不能的情形。[②] 特别对于如贸易禁令的颁布，除考虑私法上的合同约定和履行事实外，应综合分析作用的对象、范围，持续的时间、溯及力的有无以及例外。[③] 其三，类似情况也可能出现在国内案件当中。某些外国国际强制规范的实施可能构成国内合同的履行障碍。例如，德国X计划购买德国Y生产的啤酒，并最终销往伊朗。虽然合同订立时伊朗禁止酒的进口，但双方当事人认为该禁令在交付前将会取消，同时也意识到该批货物最终只能以合理价格销往伊朗。合同没有约定如何处理交付时禁令继续存续的问题。当Y交付时，禁令仍然实施并解除无望，X便拒绝接受货物。虽然当事人不存在违反外国法的意图，而且合同在德国可以实际履行，但考虑到X再销售的意图，则履行对其没有意义，X仍可援引《德国民法典》第313条请求法院调整合同。

（三）与第三国强制规范适用制度的关系

一方面，直接适用第三国强制规范和实体法方法产生的适用结果相似，但宜在各自支配的领域发挥作用。如上所述，在第三国强制规范希望作为法律适用的情形，即意图作用于合同效力，以违反公序良俗等迂回方式实现规范意图是权宜之计，应由适用制度支配，否则，容易造成兜底条款滥用的局面。[④] 关于嗣后不

---

① Jürgen Basedow, "Private Law Effects of Foreign Export Controls", *Ger. Y. B. I. L.*, Vol. 17 (1984), 136.

② 这建立在规范能得到行政机关有效实施的基础上。在1987年德国咖啡协会仲裁院的裁决中，英国卖方需要向美国买方交付原产自哥伦比亚的咖啡，后来卖方以哥伦比亚实施出口禁令为由拒绝交货。尽管存在如上事实，仲裁庭没有接受不可抗力抗辩，因为有证据证明涉案货物仍大量出口，哥伦比亚海关并没有严格执行。See *Yb. Comm. Arb.*, Vol. 19 (1994), 44 ff..

③ 参见《最高人民法院关于邦基农贸新加坡私人有限公司申请承认和执行英国仲裁裁决一案的请示的复函》。

④ 当缺乏法院地行政当局的明确指示时，由法院评判外国政令以及协助外国域外执行其政治目标令人怀疑。在Borax案中，尽管德国政府通过巴统与美国合作，但未就该案货物实施禁运。对外国利益的司法赏识导致法院宣告已获得行政部门批准的交易行为违反公序良俗。See Frank Vischer, "General Course on Private International Law", *Recueil des Cours*, Vol. 232 (1992), 175.

法，首先，合同不能依约定履行；其次，无论作为法律还是作为不可抗力等免责制度下的事实，都要求案情和强制规范所属国存在密切联系；最后，直接适用只针对具体争议点，于其他事项仍有必要求助于准据法。[①]

另一方面，二者在特定环境下可以相互配合，以满足具体案情的需要。布鲁纳认为：不具有跨国公共政策性质的外国强制规范，即使在缔约时已经存在，也不影响合同效力，但仍可作为自始存在的履行障碍……能够禁止履行的嗣后法律障碍通常依据不可抗力进行分析。当准据法或跨国公共政策需要时，也可能从现在起或溯及产生无效的制裁。[②] 仅就履行障碍而言，对于合同订立时存在的第三国强制规范，如不满足直接适用要求，仍可考虑作为自始履行不能的因素根据准据法发生一定的私法效果[③]；合同订立后颁布的第三国强制规范应根据准据法发生私法效果，但如果第三国法具有使之无效的强烈意图[④]，而不可抗力的援引不足以实现该强制规范的目的的，则可考虑援引第三国强制规范适用制度。

第二节　冲突法方法

国际强制规范的适用在理论上无须冲突规范的指引，但潜在的第三国强制规范在法院地国的适用取决于法官运用冲突规范的结果。在当事人选择域外法作为合同准据法时，通过对当事人选法效力的否定或限制，能够实现第三国强制规范的准据法资格；在没有选择法律且根据客观联系指向第三国以外的国家时，基于第三国强制规范适用要求，通过加大连结点的选法权重，重新确立该国法为合同准据法。凡此种种，构成替代第三国强制规范适用制度的冲突法方法。

---

① See H. van Houtte, "Impact of Trade Prohibitions on Transnational Contracts", *Int'l Bus. L. J.*, No. 2 (1988), 142.

② Christoph Brunner, *Force Majeure and Hardship under General Contract Principles*, Kluwer Law International, 2009, p. 245.

③ See Bernhard Grossfeld, "A Shared Values Approach to Jurisdictional Conflicts in International Economic Law", *Int'l & Comp. LQ*, Vol. 23, No. 4 (1983), 945（如果外国法不满足价值共生或真实联系的要求）。

④ 如英国《与敌贸易法》。当战争出现时，该法导致合同无效，而不仅是中止履行，即使当事人另有约定。

一、当事人选法自由的限制

如果当事人选择强制规范所属的第三国以外的国家的法律，此时需要在冲突法层面否定选法条款的效力，进而适用与案件存在最密切联系的第三国的强制规范。并非所有的选法限制都可以作为替代方式。[①] 结合国际私法的立法和学说，可以基于所选择的法律与案件没有实际联系或合理依据、当事人选法具有逃避国际强制规范适用的恶意以及违反第三国基本政策而否定选法的效力，从而根据最密切联系确立包括国际强制规范在内的准据法地位。

（一）选法范围的限制

选法范围的限制是指如果当事人选择的法律与案件没有实际或真实联系，又不存在其他合理的考虑，则不予适用。国际私法曾主张所选择的法律体系要与合同存在特定或不特定的关联。[②] 这限制了当事人对权利的处分，尤其在双方希望选择某一中立、内容良好的法律体系时，但有利于适用与合同存在密切联系的国际强制规范。选法联系要求又衍生出合理性要求，即当事人虽然可以选择与案件无关的法律，但需要有合理缘由，以防止武断、无意义的法律选择的出现。

对合同当事人选法范围的一般限定[③]在现有立法和司法实践中不常见，比较典型的是《美国第二次冲突法重述》第 187 条第 2 款 a 项，即对当事人不能自由处分的问题，所选择法律应该与当事人或交易存在重要联系或合理的基础。另外，美国《统一商法典》第 1—105 条要求商事交易的当事人所选择的法律要与交易有合理联系。该条曾被 2001 年修正案第 1—301 条[④]删除，但仅有美属维尔京群岛采纳，故大致得以保留。但其对合理联系或合理基础的理解比较宽泛，故在美国的司法实践中极少运用。[⑤]

---

① 如选法时间、自愿选法要求，与第三国强制规范无直接关联，不能作为适用依据。

② 在美国《第一次冲突法重述》前，当事人只能就合同订立地和履行地作出选择。See Peter E. Nygh, *Autonomy in International Contracts*, Oxford University Press, 1999, p. 55. 另见 1926 年《波兰国际私法》第 7 条。

③ 在消费者、雇佣或运输等特种合同领域，仍有不少立法例限制当事人可选择法律的范围。

④ 在消费者合同中仍得以保留。See UCC § 1—301 (c) (2), (e) (1) (2007).

⑤ 美国第一巡回上诉法院根据采用美国《第二次冲突法重述》的新罕布什尔州冲突法拒绝适用当事人选择的科罗拉多州的法律，因为科罗拉多州与该案的联系仅仅在于当事人的律师在该州起草合同。Contour Design, Inc. v. Chance Mold Steel Co., Ltd., 693 F. 3d 102 (1st Cir. 2012).

（二）选法情形的限制

与之类似的是选法情形的限制。一般认为当事人只能为具有涉外因素的合同选择准据法。但是，如果选择某外国法的国内合同的当事人同时选择由该国法院管辖，该国法院可能会认为其法律被选用是基于当事人对该国法的信任，不应违反他们的预期。[①]《罗马公约》第 3 条第 3 款、《罗马条例 I》第 3 条第 3 款都允许当事人为国内合同选择准据法[②]，只要这不影响仅与一国存在联系[③]的该国法中不得通过协议予以减损的规范的适用。

美国《第二次冲突法重述》第 187 条第 1 款规定，当事人可以就其自由处分的事项协议选择法律，而允许当事人就其不能自由处分事项选择法律的该条第 2 款仅针对两个或两个以上国家拥有利益的情形。[④] 由此，除非严重违反法院地公共政策，为只与一国存在联系的合同另外选择法律的当事人无法排除该国强制规范的适用。此处不得减损的规范、不能自由处分事项所适用的法律一般指国内强制规范，但由于其并非国际强制规范的对应物，故触发第三国强制规范适用的特别问题。当所有案件事实均与法院地国以外的一国存在联系，而当事人选择法院地法时，唯一联系国的国际强制规范可以借助《罗马公约》第 3 条第 3 款、《罗马条例 I》第 3 条第 3 款适用，无须援引第三国强制规范适用制度。由于此类条款有着严格的适用限制，类似于在实体层面并入外国法的情形，故即使将与案情"有关"的情形宽泛理解[⑤]为可以同其他法域存在不甚重要的联系[⑥]，借此实现第三国强制规范适用的情形仍十分有限。

---

① 这主要反映英国的要求。伦敦作为国际金融、航运中心，会审理完全与一国有关但选择英国法为准据法的案件。然一概承认此种情形下当事人选择的法律的效力，又难免会发生规避法律情形，从而为多数成员国所难以接受。《罗马公约》第 3 条第 3 款是妥协的结果。See Michal Wojewoda, "Mandatory Rules in Private International Law", *Maa. J. Eur. & Comp. L.*, Vol. 7, No. 2 (2000), 199.

② 此类国内立法实践，如《俄罗斯民法典》第 1210 条、《韩国修订国际私法》第 25 条。

③ 此处的联系，其一，指实体法上的联系，诉讼地除外；其二，仅与一国存在联系可以理解为不同其他国家存在任何实体联系，也可认为与其他国家存在某些不甚重要的联系。

④ *Restatement (Second) Conflict of Laws* § 187com. d..

⑤ See Adeline Chong, "The Public Policy and Mandatory Rules of Third Countries in International Contract", *J. Priv. Int'l L.*, Vol. 2, No. 1 (2006), 53（狭义理解容易导致当事人规避一国的强制性规范）。

⑥ D. MacClean, "*De conflictu legum*: Perspectives on Private International Law at the Turn of the Century", *Recueil des Cours*, Vol. 282, (2000) 214（英国雇主雇佣英国的雇员在英国工作，雇员以前在荷兰工作的事实能否被视为相关因素）.

（三）选法意图的限制

即使对当事人的选法范围不作限制，如果合同根据当事人选择的法律为有效，而根据最密切联系的第三国的国际强制规范无效，则可以基于选法恶意否定选法效力，从而适用包括该国强制规范在内的客观准据法。在大陆法系，该问题表现为法律规避制度。从 1878 年法国最高法院审理鲍富莱蒙（Bauffremont）案[①]以来，禁止法律规避一直是大陆法系国际私法的重要制度。法律规避，又称僭窃法律，是当事人故意制造某种连结点的构成要素，以避开本应适用的强制性或禁止性法律规则，从而使有利的法律得以适用的行为。[②] 法律规避现象的实质在于故意制造连结点的事实能否发生法律选择的效果。它不属于民事法律行为等表意行为的范畴。法律规避制度的适用只会变更法律选择的结果，不直接导致当事人实施的法律行为的无效，该行为的效力应由实体法确定。

法律规避制度作为第三国强制规范的适用依据存在如下两大障碍：其一，当事人选择法律是否构成故意制造连结点的行为。法律规避多产生于硬性连结点的改变，如婚姻缔结地。为改变法律适用的结果，此种连结点事实的有意构造被视为应予规制的欺诈或逃法行为。法律规避制度建立在当事人不具有法律选择权利的基础上[③]，而合同适用当事人选择的法律是国际私法的基本原则。如果当事人有权选择与合同没有联系的法律，则应允许其避开本应适用法律中的强制规范，使之免于矛盾的境地。如果出于适用特别重要强制规范的缘故而需要限制当事人选法，宜通过国际强制规范适用制度完成。[④] 其二，所规避的法律是否包括外国法。尽管从冲突规范运行的角度来看，内、外国的法律应一视同仁，然而仅允许规避本国法还是允许规避外国法取决于法院地所在国，如果只考虑本国法，无异于鼓励当事人挑选法院。在现实中，出于自私利益或适用法困难的考虑，一般只关注规避本国法的情况。法国法院曾将法律规避制度适用于逃避外国公法的合同案件中[⑤]，但这样的实践并不普遍。

---

① Cass. Civ. 18 mars 1878, S. 1878. 1. 193. See G. Parra-Aranguren, "General Course of Private International Law-Selected Problems", *Recueil des Cours*, Vol. 210 (1988), 103-106.

② 参见肖永平：《法理学视野下的冲突法》，154 页，北京，高等教育出版社，2008。

③ 那些认为法律规避有效的观点将法律规避行为视为当事人主观能动的选法行为。参见殷仁胜：《国际私法中法律规避的定性问题》，载《三峡大学（人文社会科学版）》，2006（6）。

④ 公序法理论足以为此情形提供保护。See Henri Batiffol & Paul Lagarde, *Traité de Droit International Privé*, Vol. 1, 8th ed., Pichon et Durand-Auzias, 1993, p. 595.

⑤ Spitzer v. Amunategui, Tribunal de Seine, 4. 1. 1956.

与大陆法系不同，除合同、婚姻、收养等少数情形外，英美国际私法不认为法律规避具有冲突法制度的地位。[①] 通过法律选择逃避本应适用的准据法构成英国普通法下选法无效的缘由。1939 年 Vita 案[②]确立了合同选择的法律无须与案件存在地理联系的规则，仍要受善意、合法且不违反公共政策的限制。通常认为此种善意要求是指当事人选择法律时不得逃避本应适用的强行法，尤其是当合同根据客观准据法非法、无效而根据当事人的选法有效时。此种做法无须受大陆法系法律规避概念的限制，如选法行为是否构成有意设置连结点，但同样面临判断选法主观意图的难题。[③] 不仅如此，为维护法则适用目的而以恶意为由否定选法行为往往超出强制规范的目的，不符合比例性要求。其他问题仍交由准据法支配。[④] 在普通法系的司法实践中，以恶意逃避法律为由否定当事人的法律选择十分罕见。迄今为止，除澳大利亚法院曾用以确立本地国际强制规范的适用外[⑤]，唯一借此排除外国法的实践发生在中国香港地区审理的一起金融交易纠纷当中。[⑥]

（四）第三国基本政策

公共政策保留主要针对冲突规范指引的外国法适用结果为法院地国根本不容的情形，是排除外国法的机制，一般不服务于第三国法背后的政策。[⑦] 拒绝第三国强制规范适用制度的重要理由是这样做等同于执行外国的公共政策。此种直接以违反第三国的基本政策为由否定当事人选法效力的情况主要存在于美国。在

---

① See William Tetley, "Évasion/Fraude *à* la Loi and Avoidance of the Law", *McG. L. J.*, Vol. 39, No. 2 (1993), 310.

② Vita Food Products Inc. v. Unus Shipping Co. Ltd., [1939] A. C. 277 (P. C.).

③ See James J. Fawcett, "Evasion of Law and Mandatory Rules in Private International Law", *Cambridge Law Journal*, Vol. 49, No. 1 (1990), 50-57 (所谓道德归责、不公平、国家利益都不构成否定当事人选法的理由。该问题更宜通过国际强制规范理论发挥作用)。

④ See David St. L. Kelly, "Reference, Choice, Restriction and Prohibition", *Int'l & Comp. LQ*, Vol. 26, No. 4 (1977), 869 (出于维护意思自治的目的，发挥作用的空间应限制在表达国际公共政策的强制规范的范畴)。

⑤ Golden Acres Ltd. v. Queesland Estates Pty. Ltd., [1969] Qd. L. R. 378, (1970) 123 C. L. R. 418 (香港公司与澳大利亚昆士兰公司签订中介协议，代为出售位于昆士兰的土地，并约定适用香港法。后因昆士兰公司未能如约支付中介费用而发生诉讼。昆士兰法院认为：中介协议违反昆士兰对房地产中介管理的立法。为避免此种非法性的后果，当事人选择香港法，此种行为有违善意而无效)。更确切地说，昆士兰房地产中介管理法构成法院地强制规范。

⑥ Credit Agricole Indosuez v. Shanghai Erfangji Co. Ltd., [2002] HKCU 706. 将在第五章第三节分析该案。

⑦ 唯一的例外是将第三国法的适用视为本国公共政策违反的情形，如 Foster 规则。不过该规则更偏向实体法规则，体现第三国强制规范适用的实体法方法，通过公共政策保留运用的情形极为少见。

2001 年美国《统一商法典》修订前，美国冲突法对强制规范的概念几近陌生。[①]欧洲语境下的强制规范在美国表现为公共政策或基本政策。依美国《第二次冲突法重述》第 187 条第 2 款 b 项，当所选择的法律违反具有更大利益的法域的基本政策，且该法域根据第 188 条与案件存在最密切联系时，针对当事人不能自由处分事项的法律选择条款无效。[②]

1. 与《罗马条例 I》第 9 条第 3 款的异同

从内容上看，美国《第二次冲突法重述》第 187 条第 2 款 b 项和《罗马条例 I》第 9 条第 3 款的最大区别在于其关注不可减让的法律条款，而后者必须满足能导致履行不法的要求。因此，前者之下第三国强制规范的范围更为广阔。然并非所有国内法意义的强制规范都能借助 b 项下的基本政策实现当事人选法的超越。基本政策必须是实质性的政策，如英美法下有关合同要式形式、合同需要对价才能执行以及已婚妇女缔约能力的规定无疑是强制性的，但不构成需要特别维护的基本政策。[③] 故有人认为 b 项所关注的强制规范位于国内和国际强制规范之间的范畴[④]，即不限于能导致合同非法的纯粹公法性质的规范，也包括保护消费者、劳动者等弱者利益的政策法规。[⑤] 此种区分意义不大，毕竟保护弱者利益的强制规范具有构成国际强制规范的可能，其所需维护的一国重大公益和 b 项中反映的一国的基本公共政策没有显著的差异。与国际强制规范的构成有别，b 项是合同客观准据法中的强制规范对当事人选法的超越，而国际强制规范排除一切法律选择机制。易言之，b 项关注的仅仅是国际强制规范两种适用情况之一。仔细观察可发现 b 项针对合同不同争议点确定准据法，于特定事项出现多个与案件或当事人有密切联系的法律的可能性不大，即根据最密切联系确立准据法时，探讨其他法域的强制规范不甚必要。

二者还有其他不同。首先，美国《第二次冲突法重述》第 187 条第 2 款 b 项

---

① See Patrick J. Borchers, "Categorical Exceptions to Party Autonomy in Private International Law", *Tul. L. Rev.*, Vol. 82, No. 5 (2007—2008), 1652; UCC § (e) (2) (2001)（保护消费者不容协议变更的规则）。

② 此种立法考虑或许还可以从法律适用原则中看出。美国《第二次冲突法重述》第 6 条第 1 款规定，法院在适用法律时须考虑的因素之一是其他利害关系州的相关政策以及在决定特定事项上的有关利益。

③ See *Restatement (Second) Conflict of Laws* § 187com. g.

④ 就程度而言，公共政策保留的门槛最高，法院地强制规范次之，基本公共政策最低。See Symeon C. Symeonides, *Codifying Choice of Law around the World*, Oxford University Press, 2014, p. 156.

⑤ See Ole Lando, "The Conflict of Laws of Contracts", *Recueil des Cours*, Vol. 189 (1984), 297.

不区分法院地国和第三国，准用相同的标准。[①] 而第三国强制规范适用制度施加更多的要求和限制，突出表现在第三国强制规范的适用是任意的。具体到满足公益标准以及联系要求时要考虑的适用因素，二者区别不大。规范的性质和目的以及适用的后果在 b 项也有反映：其一，基本公共政策即是第三国强制规范的目的。但 b 项不希望对第三国强制规范及其背后政策的正当与否作过多的价值评判。就价值取向而言，第三国法与法院地法的近似与否不影响其适用，除非与法院地公共政策根本不容，方需要予以排除；就适用范围而言，第三国法的适用范围是否超出法院地国所容忍的限定无须再作考虑，此种范围已通过履行地等连结因素的聚合予以划定，几乎无须考虑要求域外适用的第三国法。这表明发源于政府利益分析学说的 b 项更为简单。其二，体现一国基本政策的最密切联系法域的法律较当事人选择的法律存在更大的利益。衡量的关键不在于公益和私益的平衡，而在于可能存在冲突的法域利益的权衡。就合同的有效性而言，可能发生根据当事人的选法有效而根据最密切联系指引的法律无效的情形。此时，强制规范背后的公共政策和当事人缔约机制的冲突就表现为法域的法律冲突。而保护合同当事人的正当期待关系有助于维护交易地秩序和商业繁荣，同样不能忽视。解决真实法律冲突的 b 项从案件与法域联系的多寡予以评判。与规范所属国的联系越多，则越有可能利用；反之，当事人的选法更有维护的必要。由于强制规范所属国一般构成与案件存在最密切联系的法域，拥有更大利益，如果履行地位于当事人另行选择的法域[②]，此时很难推翻当事人的选法，毕竟履行地对合同效力具有支配地位。

2. 在司法实践中的运用

美国《第二次冲突法重述》第 187 条第 2 款 b 项的运用反映在 1985 年纽约法院审理的 Triad 案[③]当中。为签订军事服务采购合同，纽约公司与由沙特人控制的列支敦士登公司约定，如果后者能够成功游说沙特政府，则可以获得佣金，并约定所产生的纠纷由纽约法院管辖。虽然美国公司由此获得订单，但其以游说合同违反 1975 年颁布的沙特法为由拒绝支付剩余佣金，并要求返还已支付的部分。

---

① 从系统解释的角度看，第三国强制规范的适用不得违反法院地最根本的公共政策。

② 在现代国际私法中，以特征性履行方所在地为代表的最密切联系推定导致履行地之外的法律构成客观准据法。美国《第二次冲突法重述》没有采用特征性履行，但也规定了最密切联系推定，同样存在履行地之外的法域构成与案件有最密切联系法域的问题，参见其第 188 条。

③ Triad Financial Establishment v. the Tumpane Company，611 F. Supp. 157（1985）.

纽约法院认为，当事人选择纽约法院表明其希望适用纽约法。然而，当沙特法满足美国《第二次冲突法重述》第 187 条第 2 款 b 项的要求时也有适用的资格：首先，本案与沙特存在重大联系。原告列支敦士登公司构成“沙特销售代理”[①]，而且军事服务采购合同主要在沙特履行。其次，沙特法令的意图是根除军事服务采购合同中的腐败和贿赂行为。如允许通过法院选择条款逃避沙特重要政策的实施，将会使得法令毫无意义。纽约不会因法律选择条款的存在而与案件产生重要联系。被告虽然是纽约公司，但主要营业地在华盛顿，且纽约与项目的履行几乎没有关联[②]，故纽约不拥有重要的政策考虑，也不包含支持原告获取佣金的利益。总之，基于案情与沙特存在重大关联、反对军事服务采购合同支付代理费用的沙特法当中的基本政策以及案件与纽约间微不足道的联系[③]，法院认定沙特法可以适用。不过，由于沙特法令在合同签订后才颁布，如认为该法具有溯及力会产生严重的宪法问题。根据分割的理念，这之前的合同部分没有理由替代当事人选择的纽约法，故仅对法令通过后签订的服务合同下的佣金，法院不予支持。

二、定性和分割的巧妙运用

第三国强制规范适用制度本身包含特别种类的分割[④]，但分割适用法律的情形不止于此。[⑤] 现代国际私法对同一法律关系的各方面分别规定连结点，使得分割的巧妙运用成为赋予第三国强制规范以效力的重要冲突法方法。与合同当事人为不同争议点选择不同法律的意定分割[⑥]往往用来排除本应作为准据法的强制规

---

① 其代理的声誉完全建立在公司所有人卡舒吉（*Khashoggi*）在沙特权势的影响上。

② 为实施该项目，被告仅有两名雇员在纽约，同期却有 3 750 名雇员被派往沙特。

③ 潜台词是沙特法构成合同的客观准据法。See Vladimir R. Rossman，Morton Moskin，*Commercial Contracts：Strategies for Drafting and Negotiating*，Wolters Kluwer，2013，sec. 6，p. 24.

④ See Andrea Bonomi，“Note-Article 7（1）of the European Contracts Convention”，*Har. L. R.*，Vol. 114，No. 8（2001），2470；Hans W. Baade，“Operation of Foreign Public Law”，*Tex. Int'l L. J.*，Vol. 30，No. 3（1995），468.

⑤ 分割在冲突法上有两层含义。其一，并非所有与合同有关的问题都必须由自体法支配，由此可以发生合同订立地的法律支配合同形式、属人法支配当事人的缔约能力等特殊情形。其二，不同的法律支配合同的不同部分，当事人可以约定此义务适用 A 国法而彼义务适用 B 国法。See Lawrence Collins，et al.，eds.，*Dicey，Morris & Collins on the Conflict of Laws*，14th ed.，Sweet & Maxwell，2006，p. 1555.

⑥ 参见《罗马公约》第 3 条、《罗马条例 I》第 3 条、《国际货物买卖合同法律适用公约》第 7 条。

范不同[①]，合同形式、缔约能力、履行方式等法定分割情形通常构成以当事人选法为特征的合同准据法支配的例外。[②] 如果第三国强制规范不在合同准据法支配的范围，但满足针对特别问题设置的冲突规范当中的连结点要求，则可借助法定分割的方式适用。[③] 另外，有关标的物交易的合法性虽然不属于分割适用的情况，但存在定性的争议，也构成第三国强制规范适用的途径。

（一）能力问题

作为民事主体特别行为能力的缔约能力构成合同准据法支配的例外。《罗马公约》和《罗马条例 I》都未就此制定全面的冲突规范[④]，留待成员国的国内法解决。将缔约能力从准据法支配领域分割出去可能会发生争议。当公司法人所在地法禁止公司从事特定交易或施加条件限定，如外汇管制禁止本国人对外支付，则可以认为该规范影响公司法人的行为能力，但也有定性为合同非法性或有效性的可能。[⑤] 如果定性为前者，则即便法院地国没有第三国强制规范适用制度，也有适用机会。

在德国法院审理的涉外仲裁裁决执行案[⑥]中，由于前南斯拉夫的卖方不具有订立外贸合同的权限，故以往通过具有外贸许可的第三方同德国买方签订合同。后来，声称取得本国许可的卖方代表直接签订本案外贸合同，约定在德国不莱梅仲裁并适用德国法。由于卖方未能如期交货，买方提起仲裁并胜诉。德国上诉法院以及联邦最高法院认为，前南斯拉夫的卖方没有缔结外贸合同及仲裁条款的能力，遂以不满足德国民事诉讼法的要求为由拒绝执行。此外，前南斯拉夫法的适用不会严重违反德国公共利益，故无须援引公共利益保留予以排除。买方特别提出，规定卖方没有能力签订外贸合同的前南斯拉夫的外贸管制构成传统上德国法院不予承认的外国干预规范；并援引学说和判例予以支撑。[⑦] 德国联邦最高法院

---

① See Patrick Ross Williams, "The EEC Convention on the Law Applicable to Contractual Obligations", *Int'l & Comp. LQ*, Vol. 35, No. 1, (1986), 13.

② See Peter E. Nygh, *Autonomy in International Contracts*, Oxford University Press, 1999, p. 122.

③ 分割适用合同准据法在我国没有引起必要的重视。See Allan Verman Yap Ong, "Issues in the Application of Dépeçage in Chinese Private International Law", *Chi. J. Int'l L.*, Vol. 8, No. 3 (2009), 643-648.

④ 除《罗马公约》第 11 条、《罗马条例 I》第 13 条有关同一国内订立合同的自然人无能力的主张之外，不涉及人的能力问题。参见《罗马公约》第 1 条第 2 款第 1 和 6 项、《罗马条例 I》第 1 条第 2 款第 1 项。

⑤ See Andrew Mcknight, *The Law of International Finance*, Oxford, 2008, p. 176.

⑥ BGH 23. 4. 1998—III ZR 194/96.

⑦ See Fischer, IPRax, (1996), 333. BGHZ 31, 367 at 371 et seq. （不承认原苏联法对发生在德国的债务清偿的限制）；BGHZ 64, 183, 188 et seq. （著作权的转让不适用原苏联对于知识产权垄断的规定）。

不认同这种观点。根据德国法，外国干预规范是在自身范围内对合同效力产生影响的外国经济法，大多表现为禁止让渡或限制处分。本案的南斯拉夫法经德国冲突规范的指引，其发挥外贸管制职能的事实不影响此种认定，故案件的定性至关重要。至少对法人而言，将一国外贸许可要求定性为行为能力，根据属人法原则大多会指向外贸许可所属国的法律；如果定性为合法或有效性，则应适用约定的德国法。因此在缺乏第三国强制规范适用制度时，前南斯拉夫的外贸管制无法作为法律而适用。

英国也有类似的案件。在 Continental Enterprises 案[①]中，英国商事法院对谷物与饲料贸易协会作出的一项涉及以 C&F 中国港口为交货条件的豆粕买卖纠纷的仲裁裁决进行审查。该案被申请人山东诸城外贸集团未获得中国许可，无法取得进口许可证，进而不能开立以卖方为受益人的信用证。[②] 其辩称不具有从事外贸交易的许可，且根据 1994 年中国《对外贸易法》第 8 条和第 9 条[③]认定缺乏缔结外贸合同的能力。申请人大陆集团认为：没有外贸许可只发生合同是否有效，不会导致被告缔约能力的缺失。况且，合法性由英国法支配，与中国外贸许可无关。英国商事法院认为：《罗马公约》不适用于缔约能力。英国普通法认为公司的缔约能力主要由章程确定，进而适用公司所在地法，故未获得中国法下的外贸许可不直接导致缔约能力的缺乏。1993 年中国《公司法》第 11 条[④]以及诸城外贸集团的公司章程对经营范围的描述不包括外贸活动，故其没有缔结外贸合同的能力，所签订的外贸进出口合同因超越权限（*ultra vires*）而无效。[⑤]

虽然合同因当事人缺乏缔约能力而无效，法官仍对被申请人提出的合同因未获得中国外经贸部颁发的许可证而不法、而无效的抗辩作出回应。《罗马公约》第 8 条规定合同的实质有效性由准据法决定，即适用英国法。根据 Ralli 案确立

---

① Continental Enterprises Ltd. v. Shandong Zhucheng Foreign Trade Group, [2005] AER (D) 117.

② 被告曾通过拥有进口资格的下属子公司——诸城外贸公司——履行了一部分合同义务。

③ 从事货物进出口与技术进出口的对外贸易经营，必须经国务院对外经济贸易主管部门许可。

④ 同见《民法通则》第 42 条。英国法院没有认识到中国法对公司超越经营范围订立合同的效力认定存在变化。从一概无效到仅限于违反特许专营以及法律、行政法规禁止经营的情形，参见《〈合同法〉解释（一）》第 10 条。这不影响该案的结论，毕竟合同订立时我国外贸经营的资质要求仍未全面取消。

⑤ 法院将当事人缺乏缔约能力对合同所发生的后果一并交由缔约能力问题的准据法即中国法支配，此种做法是否合理值得探讨。根据英国法对超越权限的规定，如 1989 年英国《公司法》第 35 条——“不能以公司章程中的任何要求导致缺乏行为能力为由对公司作出行为的有效性提出异议”，则可能得出不同结论。

的普通法规则，如果履行根据履行地法不法，则合同无效。由于该C&F合同下的履行未发生在中国，从英国的角度[①]，该批货物出口至中国不存在事实困难，故无法适用该规则。此外，合同明确规定被告取得必要的进口许可，这一义务的不履行不会发生不法。最后，虽然《罗马公约》第16条用于排除外国法，但其适用标准可资借鉴。即使中国外贸管制与本案相关，被告参与外贸交易也不会与英国的公共政策明显不一致，毕竟本案仅发生许可制度的不遵守，不涉及绝对禁止（absolute prohibition）的违反。

（二）履行方式

履行方式作为当事人约定的一部分，原则上由准据法支配。出于公共管理的目的，履行地国可能要求某些合同的履行方式必须适用本国强制规范。故许多国家的国际私法认为要考虑履行地法，从而使得履行方式部分游离于合同准据法的范畴。[②] 由此，履行地国有关履行方式的强制性规定可以根据特别冲突规范适用。《国际货物买卖合同法律适用公约》第4条规定，如当事人没有相反的明确约定，因买卖而应交付货物的检验地国的国内法应适用于检验的形式和期限、检验通知以及拒绝货物时采取的措施。该规定较为刚性[③]，不存在任何裁量的可能。[④]《罗马公约》第10条第2款及《罗马条例I》第12条第2款的表述更为宽松，即瑕疵履行发生时所采取的履行方式和步骤，应考虑履行发生地国的法律。另外，美国冲突法重述认为履行方式由履行地法支配。[⑤]

履行方式以不实质影响合同义务[⑥]的性质和范围为限，如是否给予债务人以

① See Congimex Companhia Geral je Commercio Importadora e. Exportadora Sarl v. Tradax Export SARL, [1983] 1 Lloyd's Rep. 250（C&F合同为单证交易无须保证到货）。

② 考虑令人费解。有人认为这意味着法院可以考虑履行地相关规定是否与合同应履行的方式相关，且拥有是否适用以及完全适用的裁量权。See Gralf-Peter Calliess, ed., *Rome Regulations*, Kluwer Law International, 2011, p. 256. 比照第三章第二节，该处的考虑也是裁量适用的表达。

③ 《国际私法统一法的比荷卢条约》不允许裁量，履行方式必须考虑履行地国法中的强制规定。

④ See A. L. Diamond, "Harmonization of Private International Law Relating to Contractual Obligations", *Recueil des Cours*, Vol. 199 (1986), 295. 该款未考虑履行方式中的强制性规则，只在没有相反约定时适用。

⑤ 美国《第二次冲突法重述》第206条与《罗马公约》第10条第2款相似。另参见《代理法律适用公约》第9条。

⑥ 合同履行免责应由准据法支配，最早可追溯到Jacobs案：法国卖方因没能依约在阿尔及利亚向英国买方交付茅草而在英国受诉。被告认为，未交货是由阿尔及利亚境内暴乱和军事活动造成的，该情势构成法国民法下的不可抗力而免责。英国上诉法院认定合同准据法是英国法，当时情势变更原则尚未在英国确立，故被告需要严格履行合同。Jacobs v. Crédit Lyonnais, (1884) 12 QBD 589.

宽限期、履行的准确时间和地点。至于债务人是否因法令的缘故延迟支付，涉及当事人的实质权利和义务，应由准据法决定。[①]《罗马公约报告》列举了有关公共假日的规则、货物检验的方式及拒绝接受货物时应采取的步骤。其他履行方式情形主要关乎履行细节，如支付货币的单元，以现金、支票还是通过存入银行账户的方式支付，计算时间的期限，正常的交易时间以及如何在船边实现交货。反之，延期支付要求和外汇管制等针对支付的实体性问题不在此列。[②] 这使得通过履行方式实现第三国强制规范的适用十分有限。

特定国家就国际海上货物运输合同施加的港口交货要求涉及履行方式的特别支配。中南美洲国家的海关法往往要求货物承运到该国港口后必须交付当地海关，然后由收货人持正本提单向海关请求提取。通行的海上货物运输法以及提单条款普遍要求凭单放货，这与上述公法性强制规定发生冲突。就英国法院而言，如果目的港的法律或惯例要求承运人无单放货，则承运人无须承担违约责任。毕竟，严格凭单放货意味着运输合同不可能合法履行，超出当事人的预期。[③] 以 DKBS 案[④]为例：班轮承运人负责将托运人的货物运至智利，并签发凭指示的提单，约定适用英国法。当货物运至智利时，在港口代理人的协助下，承运人将货物清关，而后海关在没有收到原始提单的情况下将货物交给买方。由于买方没有支付货款，托运人对承运人提起诉讼。英国法院认为，虽然英国法要求凭单放货，但依据《罗马公约》第 10 条第 2 款，承运人有理由相信智利关于运输货物交付海关仓库的规定支配该地的履行方式和步骤，凭单放货的义务为智利法所修改。

（三）交易标的物的合法性

作为买卖合同对象的标的物的可商销性是由合同准据法还是物之所在地法支配？与缔约能力或履行方式不同，交易合法性没有构成合同准据法体系支配的例

---

① See Willis LM Reese，“Contracts and the Restatement of Conflict of Laws”，*Second*，*Int'l & Comp.*，Vol. 9，No. 4（1960），540. 法国学者认为，债务人催告条件、交货不足的确认、延期利息利率、标的物短缺责任等合同后果适用履行地的法律。参见王军：《合同冲突法》，293 页，北京，对外经济贸易大学出版社，2003。

② 福赛特有不同看法：当出现合同违反履行地的强制规范的情况时，法院可援引《罗马公约》第 10 条第 2 款赋予履行地法以效力。比如货物应在一国交付，而该国禁止进口，则此种规定应被赋予效力。此时合同准据法决定是否履行以及在何种情况下可以在其他国家进行。See James J. Fawcett，et al.，*International Sale of Goods in the Conflict of Laws*，Oxford University Press，2005，p. 721.

③ Sucre Export SA v. Northern Shipping Ltd.（the Sormovsky 3068），[1994] 2 Lloyd's Rep. 266. 此处的惯例（custom）应该严加解释，习惯做法（practice）是不够的。

④ East West Corp. v. DKBS 1912 A/S，[2002] EWHC 83（Comm）.

外。因此，如果不分割适用，或直接定性为物权关系，则此时第三国对标的物交易的限制只能借助第三国强制规范适用制度。以《罗马公约》和《罗马条例 I》为代表的多数国家和地区的法律认为不动产买卖合同适用当事人选择的法律，只在没有选择时才根据最密切联系推定适用不动产所在地的法律，而动产买卖合同的法律适用更看不出对所在地法的考虑。

该问题既涉及物，又涉及债，可追溯到罗马法时代的禁止流通物（res *extra commercium*）。[①] 就不动产交易而言，合同准据法可能与不动产所在地法不一致，故会出现根据准据法有效的合同面临所在地的法律障碍而不能履行的情况。[②] 传统上多认为不动产交易由所在地法支配，这不仅仅因为不动产与所在国的关系最为密切，而且因为将可交易性交由当事人决定可能违反所在国的公共需要。然而，这不符合意思自治的精神，毕竟不动产交易仍属于合同的范畴。反之，因不动产交易发生的物权争议全面适用合同准据法不免损害所在地的利益，毕竟物之所在地法对可交易性具有支配利益。譬如，一国法律规定外国人在该国境内不得取得不动产，即使当事人选择适用无此限制的另一国法律，涉及外国人的不动产交易仍无效。[③] 因此，有必要确立物之所在地法支配标的物的可交易性的例外规则。

因动产可以发生空间移动，故动产交易的法律适用较为复杂，通过物之所在地法实现第三国强制规范的适用余地不大。物权变动对合同当事人产生的效果也可以由当事人约定。如涉及第三人权益，则存在适用当事人选法外的另一国法的空间。跨国文物的归属是实践中的热点。不考虑各国文物返还上的行政合作[④]，从国际私法的角度，来源地国对文物交易的禁止、限制或明确文物归属于国家的规定能否在另一国交易纠纷中适用?[⑤] 如果合同准据法并非来源地国法（*lex*

---

① 包括神法物、共用物（*res communes*）和公有物（*res publicae*）。

② See Janeen M. Carruthers, *The Transfer of Property in the Conflict of Laws*, Oxford University Press, 2005, p. 109. 与毒品等不同，不能交易的不动产多非因自身本质而不能交易，而最终落实到对交易主体的限制上。

③ 前述法国法院审理的 Roux 案存在类似问题。

④ 如 1970 年《关于禁止和防止非法进出口文化财产和非法转让其所有权的方法的公约》、1995 年《关于被盗或者非法出口文物的公约》。我国相继加入这两个公约，并通过行政合作实现多起跨国文物的追索。

⑤ See Amalie Weidner, *Kulturgüter als res Extra Commercium im internationalen Sachenrecht*, Walter de Gruyter, 2001, S. 100（通过维护既得权、实体法的解释、干预规范、国际公共政策、在合同法外考虑文物的物权身份、本国进口法间接考虑、替代性冲突法方法等方式考虑外国关于文物不可商销的禁止规定）。

originis)，而且法院地国不承担否定合同效力的国际义务，其为何要执行外国的文物保护法?[①] 虽然各国普遍规定某类动产的不可商销[②]，但恐怕第三国强制规范适用制度难以应对。[③] 来源地国能否满足《罗马公约》的密切联系要求尚存在异议，而《罗马条例 I》的履行地要求更是来源地国不常具备的。[④] 即使将履行地扩大解释为履行所涉及的重要地域，但当发生合同签订时文物已经流出的情形时，来源地国仍不满足履行地的条件，无法借助第三国强制规范适用制度实现来源地国文物保护规则的适用。[⑤] 故在出现以来源地国为连结点的特别冲突规范之前[⑥]，跨国文物可交易性的法律适用不尽如人意。

以 Stato Francese 案[⑦]为例，法国政府在意大利法院诉请返还被不法出口至意大利并已出售给当地善意购买人的文物，其主张的理由是，本案文物构成法国法下的禁止流通物，由此希望认定买卖合同无效。但意大利法院认为，涉案文物的可流通性由意图转让财产时的物之所在地法支配，文物实际在意大利销售，只能由意大利法支配[⑧]，法国法的规定无关紧要。

---

① See Dieter Martiny, "Beachtung ausländischer kulturgüterrechtlicher Normen im internationalen Schuldvertragsrecht (OGH, S. 553)", *IPRax*, Jah. 32, H. 6 (2012), 563.

② See Kurt Siehr, "International Art Trade and the Law", *Recueil des Cours*, Vol. 243 (1994), 64-66.

③ See Jürgen Basedow, "The Law of Open Societies", *Recueil des Cours*, Vol. 360 (2012), 457 (几乎不存在说明此条路径可行的法理依据)。

④ 有学者认为，《罗马条例 I》只有在履行地国同时构成文化财产受保护地国时才能发挥作用。一旦文物被带出该国或已然位于该国境外即不满足该规范的要求，更适合采用宽松的《罗马公约》第 7 条第 1 款。See Dennis Solomon, "The Private International Law of Contracts in Europe: Advances and Retreats", *Tul. L. Rev.*, Vol. 82, No. 5 (2007—2008), 1738. 奥地利法院审理的中国文物案将标的物能否交易定性为合同事项，从而由准据法支配。如果合同订立时文物位于中国，则中国文物保护法尚可能满足《罗马公约》下的密切联系要求。在《罗马条例 I》背景下，无论认定合同履行地系作为运输起运地的中国香港还是作为目的地的奥地利，都与中国内地无关。

⑤ 出现这种情形宜由国际公约解决，如《关于被盗或者非法出口文物的公约》关于对善意购买人补偿的规定。

⑥ 《比利时国际私法典》第 90 条规定，除特别情况外，追索从一国境内被非法转移的文化财产，由该国法支配。1991 年国际法协会巴塞尔方案第 2 条规定，属于来源地国文化遗产的文物所有权转让适用该国法。

⑦ Stato Francese c. Ministero dei beni culturali e. De Contessini, Tribunale di Roma, 27. 6. 1987.

⑧ 《意大利民法典》第 826 条规定的不可流通不包括外国的国家财产。这说明各国关于能否流通的规定并非纯粹的私法规定，面临难以交换的困境。此外，如毒品之类的物被各国公法普遍认为不得自由买卖，但对文物一度存在自由贸易和保护之争。即使各国普遍颁布了文物保护法，也主要针对本国的文物。除承担条约义务以及维护本国公共政策之外，不情愿适用外国文物保护的规定。

（四）合同的形式

以往许多国家[①]要求合同必须以书面方式作出，故合同的形式要求不仅构成统一国际实体公约适用的例外[②]，也由自体法之外的特别传统规范支配。目前来看，由当事人选定合同形式成为各国的通例，多采用有利于合同成立的推定。[③]即使存在特殊形式要求，能否构成维护一国重大公益的国际强制规范仍值得商榷。[④] 然而，合同的特殊形式要求仍有必要关注。《罗马条例Ⅰ》第11条第5款规定，尽管存在前款，标的为不动产的物权或不动产租赁的合同应该满足不动产所在地的形式要求，此类要求不管合同在何处订立、准据法如何都要遵守，不可协议减损。可以看出，限制的目的在于给予不动产所在地的强制规范以优先效力。[⑤] 故该特殊形式要求不仅构成不能由当事人自主决定的国内强制规范，而且可超越针对合同形式的一般法律适用规则。即使不存在特别的冲突规范，仍可以如同处理不动产交易合法性般定性为不动产物权关系，由不动产所在地法支配。

除书面形式要求外，中国等国家还存在合同登记的问题。此种登记多为公法性质，不容当事人通过实体法乃至冲突法的方式予以排除。订立登记可以视为特别的要式行为[⑥]，合同准据法不能决定公行为的形式有效性。[⑦]《罗马公约报告》

---

① 英美法国家存在此问题，如欺诈法的适用。See R. G. Mortensen, *Private International Law in Australia*, Lexis Nexis Butterworth, 2006, p. 404（此类法院地国对合同的形式要求多会被定性为程序问题而予以适用）。Trevor C. Hartley, "Mandatory Rules in International Contracts", *Recueil des Cours*, Vol. 266 (1997), 356。

② 反映在《国际货物销售合同公约》，因原苏联等国家提出合同书面形式构成该国公共政策，公约第12条和第96条允许缔约国在一方当事人的营业地位于该国的情形下作出保留。

③ 《罗马公约》第9条、《国际货物买卖合同法律适用公约》第11条以及《罗马条例Ⅰ》第11条规定，除例外情形，合同形式满足合同准据法或订立地法之一的即有效。传统普通法也持类似的观点。See Peter Kaye, *The New Private International Law of Contract of the European Community*, Aldershot, 1993, p. 18.

④ 法律规定采用书面形式也经常出于证据等私人利益原因，特别是针对动产的买卖合同。See Ulrich G. Schroeter, The Cross-Border Freedom of Form Principle Under Reservation, at http://papers.ssrn.com/sol3/papers.cfm?abstract_id=2169834. 违反不必然导致无效，本质并非绝对强制规范。

⑤ See Allan Philip, Mandatory Rules, "Public Law (Political Rules) and Choice of Law in the E. E. C. Convention on the Law Applicable to Contractual Obligations", in P. M. North, eds., *The E. E. C. Convention on the Law Applicable to Contractual Obligations*, North-Holland Pub. Co., 1982, p. 108.

⑥ 特别的要式形式，包括公证、鉴证、审核、登记等法律所规定的形式。

⑦ See Cornelis A. de Visser, *The European Community Conflict of Laws Rules on Voluntary Assignments*, Ulrik Huber Inst. for Private Intern. Law, 2007, p. 28.

认为，公约有意忽略公行为形式的法律适用。毕竟公行为并不为所有的法律体系所认可，故不应该就在公共机构面前订立的私行为的效力专门制订规则。公共机构根据授予权力的法律拟定文书，对其形式有效性也只能根据该法判断，不依法作出的公证自然不具有效力。但其他国家未必会接受该国登记或不登记所产生的私法后果，二者存在潜在的法律冲突。如法院地国认可登记国的要求，则合同登记适用登记国的法律可以作为该第三国强制规范在法院地国发挥效力的途径。

三、最密切联系的例外

为追求特定的法律适用结果，法官可能不真实地运用最密切联系，这在确立本应构成第三国强制规范的准据法地位时也可能发生。① 确定合同客观准据法的冲突规范多表现为以特征性履行为代表的最密切推定加例外条款。② 当特征性履行方的住所地之类的客观连结点指向强制规范所属第三国之外的法域时，可以运用例外条款重新确立强制规范所属法律体系的准据法地位。其实质是在双边选法过程中融入单边主义的考量。③ 这看似中立地采用连结点，实际上却因为特定强制规范的存在而加大特定联系的权重，以实现该国国际强制规范背后的政策。

杰菲认为：在决定合同是否与另一国拥有足以推翻最密切联系假定的更密切联系时，应考虑合同能否满足强制规范的适用意图以及该规范的适用对当事人是否公平。一旦满足，则可以考虑利用更密切联系这一例外条款实现强制规范的适

---

① 《奥地利国际私法》没有像《罗马公约》那样规定国际强制规范的适用，但该法通过第1条规定适用与案件有最密切联系国家的法律实现强制规范适用的目的。See Peter Hay, "Flexibility versus Predictability and Uniformity in Choice of Law", *Recueil des Cours*, Vol. 226 (1991), 382.

② 由于传统实践的差异，采取弱假定方法的英国，在履行地不同于特征性履行一方住所地的情形下，动用例外条款转向履行地国法的概率要较荷兰这个采取强假定方法的国家大得多。See Chukwuma Samuel Adesina Okoli & Gabriel Omoshemime Arishe, "The Operation of the Escape Clauses in the Rome Convention, Rome I Regulation and Rome II Regulation", *J. Priv. Int'l L.*, Vol. 8, No. 3 (2012), 517.

③ 此种做法是基于维护当事人选法预期的特征性履行理论，针对的是合同法中的任意性规范。当发生强制规范的适用时，有可能需要援用《罗马公约》第4条第5款予以纠正。当出现需要同时适用任意规范和强制规范的情形时，应考虑《罗马公约》援用第4条第5款的所追求的法律选择的灵活性是否大于第4条第2款所能实现的确定性。See A. J. E. Jaffey, "Choice of Law in Relation to Ius Dispositivum with Particular Reference to the E. E. C. Convention on the Law Applicable to Contractual Obligations", in P. M. North, eds., *The E. E. C. Convention on the Law Applicable to Contractual Obligations*, North-Holland Pub. Co., 1982, pp. 44-45.

用。假设 Kleinwort 案①发生在《罗马公约》的背景下，由于原告英国一方是特征性履行方②，此时除非认为合同与被告住所地所在的匈牙利拥有更密切联系，否则英国法构成合同准据法。匈牙利的外汇管制法虽然出于保护公益的目的，而且该法意图适用于境外的支付行为，但该法的适用对原告不公平，毕竟合同的订立和履行都不在匈牙利，无效的结果与当事人的合理预期不符，故不发生根据更密切联系替代英国法的可能。③

此种在传统选法机制中融入适用考量的做法备受质疑。其一，最密切联系意图选择与当事人期待一致的法律，不应该过多考虑国家利益。况且，个别政策不足以推翻整个合同应适用的法律，即使该政策构成国际强制规范，也只能通过《罗马公约》第7条等超越准据法适用。④ 其二，将第三国强制规范的适用融入最密切联系指引准据法的过程，使之被重复考虑。作为与案件有更充分密切联系的法律取代本应适用的法律；如不满足，还可以构成法院予以考虑的国际强制规范，进一步弱化本就宽松的选法规则。⑤ 然司法实践中经常出现的是，当需要适用法院地强制规范时，利用最密切联系的模糊性指向法院地法，避免援引公共秩序保留、法律规避或直接适用法制度改变或限制法律选择的结果；当不希望接受合同依外国准据法当中的强制规范发生的无效后果时，改变最密切联系的正常指向，使得本应作为准据法的外国强制规范沦为不能适用的第三国法。这足以说明该冲突法方法具有明显的法院地倾向，法官缺乏足够的动力解决第三国强制规范的适用问题。

四、特别私法的冲突规范

各国纷纷针对特定的交易人群制定保护性强制规范⑥，此种实体法的政策导

① Kleinwort Sons & Co. v. Ungarische Baumwolle Industrie，[1939] 2 KB 678 (CA).

② 杰菲认为债权人（汇票持有人）构成本案特征性履行的一方存在疑问。不过此种推定使得债务人本国即奥地利的外汇管制法成为既非合同客观准据法又非法院地国法的第三国强制规范。

③ A. J. E. Jaffey, "Essential Validity of Contracts in the English Conflict of Laws", *Int'l & Comp. LQ*, Vol. 32, No. 1 (1974), 10-11（根据加入《罗马公约》前的英国合同准据法领域对最密切联系的推定，能得出相同的结果）。

④ See Andrea Bonomi, "Mandatory Rules in Private International Law", *Yb. Priv. Int. L.*, Vol. 1 (1999), 229.

⑤ See Peter Hay, "Flexibility versus Predictability and Uniformity in Choice of Law: Reflections on Current European and United States Conflicts Law", *Recueil des Cours*, Vol. 226 (1991), 385.

⑥ 此强制规范表现为民法的半强制规范，即在当事人的约定比法律的规定更有利于公共政策的实现时发挥任意规范的作用，可以排除。参见钟瑞栋：《民法中的强制规范》，33 页，北京，法律出版社，2009。

向也引起冲突规范的关注。有关法定最低工资、休假、补偿等外国劳动基准法根据自身性质和目的适用，不允许当事人通过法律选择的方式排除。但此类规范的适用是否需要借助第三国强制规范适用制度，取决于冲突规范能否满足其要发挥的功能。保护性强制规范仍属于私法体系。在各国保护理念以及立法规范相似时，通过合适分类以及恰当连结点的选用可以创制特别冲突规范①，借此实现该领域强制规范的国际交换。为消费者和雇佣合同制定的冲突规范特别关注了保护性强制规范的适用，甚至许多立法完全以保护性强制规范的适用为导向，这同样构成该领域的第三国强制规范适用的替代方式。

就立法模式而言，目前最流行的是采取有利原则，即当事人选择的法律不得减损与弱者一方有最密切联系的国家的法律所能给予的保护。这源自《奥地利国际私法》，并为《罗马公约》和《罗马条例Ⅰ》所采用，产生了广泛影响。如《罗马公约》第5条规定，在满足被动消费者的要求时，合同双方当事人所作的法律选择不得剥夺消费者惯常居所地国法律的强制规范的保护；第6条规定，雇佣合同当事人作出的法律选择不得剥夺受雇者依照没有选择时要适用法律中的强制规范的保护；没有选择时要适用的法律主要是惯常工作地国的法律。②《罗马条例Ⅰ》大致延续《罗马公约》的做法，除用语更加规范之外，只是针对实践中出现的问题对消费者合同类型的范围③以及劳动者合同的特别连结情形④进行修正。

有人认为《罗马公约》第5条和第6条之类针对特别私法领域制订的规则尚不足以为弱势方提供充分保护。与合同存在最密切联系国的政府利益绝非仅表现为强制规范，而是要求合同整体适用该国法。一国要矫正社会不公平的希望不能通过最重要规则的适用得到满足⑤，合理的解决方式是，就偏向保护弱者一方的合同类型，全部适用与其存在密切关联法域的法律。这不乏立法实践，如《法律适用法》第42条和第43条。其缺点是先验地否定当事人的选法效力，在所选择法律的保护更优时对弱势一方不利。⑥ 保护性强制规范在实体法上多表现为相对

---

① See Pierre Mayer, "Les lois de police étrangères", *JDI*, Vol. 108, N° 2 (1981), 295-296.

② 如果受雇者不惯常地在任何一国工作，则适用雇主营业所在地国法。为强制规范适用的目的，根据该条第4款，上述最密切联系的推定可以在合同与另一国家具有更密切联系的情况下被推翻。

③ 《罗马条例Ⅰ》扩大了消费者合同的范围，即不限于提供货物或服务的范畴，由此解决了无法为诸如分时度假合同的消费者提供保护的问题。See BGH, 19. 3. 1997—VIII ZR 316/96.

④ 增加惯常工作出发地作为雇佣合同客观选法时连结点的情形，以解决空乘人员的雇佣法律适用。

⑤ See Ole Lando, "The Conflict of Laws of Contracts", *Recueil des Cours*, Vol. 189 (1984), 299.

⑥ 根据《罗马公约》《罗马条例Ⅰ》，只有在当事人选择的法律给予消费者、受雇者的保护低于与之存在最密切联系的国家的保护性强制规范的标准时，才予以排除。

强制规范，即只对强势一方构成强制，而不禁止对弱者更有利的约定。无论采用何种立法模式[①]，保护性强制规范的适用仍然是设置特别冲突规范时最重要的考虑因素，毕竟强制规范构成该类合同意思自治的限制。

另外，特别私法的冲突规范与国际强制规范适用制度的关系如何？一种观点认为二者相互排斥，不发生并用的问题。这以德国的理论和实践为代表。另一种观点是，当保护性强制规范无法通过特别冲突规范指引时，可以借助国际强制规范适用制度。[②] 还有人认为二者都存在被援用的可能，具体要视何者能为弱者提供更高程度的保护[③]，但这更可能发生在利用法院地强制规范适用制度援引本地保护性强制规范的情形。此外，特别在冲突规范指向本地法时，法院很难会利用第三国强制规范适用制度替代本国法。

五、其他替代方式

（一）反致的利用

反致[④]会导致外国冲突规范的适用，由此带来不确定因素，故现代国际私法普遍拒绝或限制运用。如果将强制规范的适用范围视为隐含的单边冲突规范，则在适用第三国强制规范时难免要考虑外国的冲突规范，毕竟国际强制规范的适用首先取决于所属国的态度。[⑤] 反之，接受反致理论的国家会发现这与赋予作为首要可适用的外国法律体系中国际私法组成部分的公共政策以效力的做法一致，故

① 就双方选法而言，除有利于弱者及不允许双方选法外，还存在只允许双方选择特别法域的情形，如《瑞士联邦国际私法》第 121 条第 3 款对雇佣合同的规定。See Peter E. Nygh, *Autonomy in International Contracts*, Oxford University Press, 1999, p. 156. 在不允许双方选法时，不排除立法允许弱者单方选择特定法律，如《法律适用法》第 42 条。

② See Gralf-Peter Calliess, ed., *Rome Regulations*, Kluwer Law International, 2011, p. 197.

③ See Jan-Jaap Kuipers, *EU Law and Private International Law*, Martinus Nijhoff Publishers, 2011, pp. 95-97.

④ 关于反致在各国立法的介绍，参见陈卫佐：《比较国际私法》，191～214 页，北京，法律出版社，2012。

⑤ See R. G. Mortensen, *Private International Law in Australia*, Lexis Nexis Butterworth, 2006, p. 286（适用另一国的制定法等同于反致，因为法则本身可能包含自己的定位规则）。But see Frank Vischer, "Drafting National Legislation on Conflict of Laws: The Swiss Experience", *Law & Contemp. Probs.*, Vol. 41, No. 2 (1978), 142（将强制规范对适用范围的自动限制排除在反致之外）；Franco Mosconi, "Exceptions to the Operation of Choice of Law Rules", *Recueil des Cours*, Vol. 217 (1989), 149（自我限定规则不包含国际私法规则，由此对自我限定的考虑不构成根据反致适用外国的国际私法规则）。

第三国强制规范能通过反致予以考虑，即使在多数情况下等于拒绝适用法院地国法中的实体规则。[①] 比如，A 国的法官根据本国的冲突规范指向 B 国法，而 B 国的冲突规范又指向 C 国法或 A 国法，但 C 国法或 A 国法的适用违反 B 国公共政策，则法官可以通过不运用反致制度拒绝适用 C 国法甚至 A 国法，只要不违反 A 国公共政策。[②] 又如，A 国的法官根据本国的冲突规范指向 B 国法，而 B 国实体法的运用违反 C 国公共政策，但并不达到严重违反 A 国公共政策而予以保留的地步。此时，如果 B 国的冲突规范能够指向 C 国法，而 A 国的法官拥有是否采用转致的裁量权，则可以作为本应构成第三国法的 C 国的强制规范适用的途径。

反致制度在第三国强制规范适用上的作用十分有限。出于尊重当事人的选法意愿以及维护无选择时通过最密切联系选择法律的考虑，合同法律适用的普遍趋势是拒绝接受反致。[③] 况且各国普遍承认合同选法自由，故除考虑国际强制规范的适用外，采用反致没有太大意义。[④] 即使在涉外合同领域保留反致，也仅应在当事人明确选择包括冲突规范在内的整个法律体系时才可加以运用。[⑤]

（二）国家行为主义

也有国家借助国家行为主义[⑥]实现第三国强制规范在涉外民事案件中的适

---

① See Michael Bogdan, "Private International Law as Component of the Law of the Forum: General Course on Private International Law", *Recueil des Cours*, Vol. 348 (2010), 186-187. 此处"等于拒绝适用法院地国的实体规则"令人困惑。当冲突规范指向的准据法的适用损害第三国强制规范背后的利益时，如不考虑转致，而是运用法院地国的公共政策维护第三国法的目的，则会通过公共政策保留的方式实现法院地法的适用。

② See Martin Gebauer, "Ordre Public (Public Policy)", in R. Wolfrum, ed., *The Max Planck Encyclopedia of Public International Law*, Oxford University Press, 2008.

③ 参见《罗马公约》第 15 条、《国际货物买卖合同法律适用公约》第 15 条；Francisco J. Garcimartín Alférez, "The Rome I Regulation: Much Ado about Nothing?", *The European Legal Forum*, No. 2 (2008), 1-79。

④ 散见于一国实体法中的强制性冲突规范可能有所差别。如《美国商法典》第 4～102 条、第 8～110 条。不过此类冲突规范多带有一定程度的实体性质，与周围的实体规范难以分离。

⑤ 如法院地国位于采取转致的 A 国，合同当事人选择 B 国法，而 B 国因第三国强制规范适用制度考虑适用 C 国法，则不具有第三国强制规范适用制度的 A 国将该制度视为冲突规范，从而通过转致实现 C 国强制规范的适用。

⑥ 类似的是美国《第三次对外关系法重述》第 441 条第 1 款"外国国家强制"（Foreign State Compulsion）规定，一国不会要求任何人在另一国实施为该国法律或为其国籍国法律所禁止实施的行为，也不会要求任何人在另一国不得为该国法律或为其国籍国法律所要求实施的行为。

用，这主要表现为美国的实践。[①] 美国《第三次对外关系法重述》第443条“国家行为主义：美国法”第1款规定，在没有条约或其他明确协议的规定时，美国法院通常限制审查外国在其境内征收财产的有效性，也不会审判该国在其境内作出并实施的其他政府行为。该规则多出现于外国征收财产案件中，少数涉及冻结令、外汇管制对合同履行的影响。具体包括两类：其一，外国原告认为该国家行为使之取代了原债权人的身份，从而可以对美国债务人主张债权。这属于一国征收的特殊类型。其二，外国义务人宣称外国的国家行为改变了对美国人所负的债务，由此债务人可以拒绝或延迟履行债务。这多发生在金融管制领域，如禁止兑换、延期支付或废除外债。上述主张能否成立，关键要判断债之所在地是否位于该强制规范所属国境内。[②]

在Chuidian案[③]中，菲律宾国有银行向在美国开展经营活动的菲律宾商人开立了一份不可撤销信用证，由该行的洛杉矶支行兑付。1986年，菲律宾新政府发布冻结令，以涉及腐败为由要求菲律宾国有银行不得兑付。于是，受益人向美国地区法院提起诉讼。法院在探讨该问题时考虑了国家行为原则。由于信用证将在菲律宾履行，给予菲律宾冻结令以效力不违反美国或加利福尼亚州的公共政策，故银行关于履行不法的抗辩成立，信用证不可强制执行。该案法律适用的关键是判断履行地的位置。多数法官认为，菲律宾的法令得以适用是因为该履行发生在该国境内，故菲律宾与之有最密切的联系。也有法官不以为然，认为合同的履行地位于加利福尼亚州，信用证可以执行。国家行为主义虽然被视为联邦冲突法，但更多应在国际公法层面探讨构成一国在国际领域行使公权力的正当性以及国家间相互尊重主权的依据。就私法而言，其主要针对合同订立后颁布且在该国境内生效的外国禁止性规定，仅向后发生效力[④]，多数可以通过不可抗力等合同实体法规则赋予其效果，对第三国强制规范在法院地国的适用影响不大。

---

① See James J. Fawcett, eds., *Reform and Development of Private International Law*, Oxford University Press, 2002, p. 99（英国普通法存在两条外国公法礼让规则：一是不执行在外国实施不法行为的合同；二是不会判断另一国政府根据其法律的授权所实施行为的有效性，也即国家行为原则）。

② See Vladimir R. Rossman, Morton Moskin, *Commercial Contracts*, Wolters Kluwer, 2013, sec. 6, p. 34.

③ Chuidian v. Philippine Nat. Bank, 734 F. Supp. 415, 418, affirmed 976 F. 2d 561 (9th Cir. 1992).

④ See Marc Blessing, *Impact of the Extraterritorial Application of Mandatory Rules of Law on International Contracts*, Helbing & Lichtenhahn, 1999, p. 53.

六、评价

第三国强制规范适用的冲突法替代方式十分接近于传统国际私法的做法。对中国这样尚未确立第三国强制规范适用制度的国家而言，知悉替代性的冲突法方式，不仅可以为司法实践处理第三国强制规范的适用问题提供参考，还有助于增进对其他国家国际私法的实际运行的认识。然而，冲突法方法发挥的作用有限。多数国家取消了对当事人选法意思自治的限制，即使保留，也极少运用。[①] 此类规定由于为合同法律选择带来不确定因素而广受质疑，国际强制规范的直接适用足以实现其发挥的功能，毕竟只有那些反映一国重大公益的强制规范才有必要超越当事人选择的法律。对当事人选法的限制在很大程度修正了冲突法上的意思自治。较选法范围、选法意图等传统选法意思自治的限制而言，国际强制规范虽有诸多不足，但更清晰明了，更有针对性，甚至可以说选法联系、善意要求为国际强制规范适用制度所替代。

反之，传统选法限制的式微使得第三国强制规范适用制度更有建立的必要。[②] 此种限制在国际私法中表现为双边的适用要求，能够实现作为客观准据法的第三国强制规范的适用。就目前而言，首先，通过公共秩序保留、法院地强制规范的直接适用等选法限制或矫正只能实现法院地法的限制功能，不符合国际私法普遍适用的精神。其次，为第三国强制规范的目的运用最密切联系的例外值得商榷。例外条款使得本应作为第三国法的外国国际强制规范获得适用的可能，这一过程既考虑规范本身的公益属性，又强调适用结果对当事人的影响，但遮遮掩掩，容易发生不真实的法律选择。何况单边和多边选法虽然共存于大陆法系的国际私法体系，但毕竟发挥不同的选法功能，方法论的多元恰恰是其与美国冲突法方法的区别，不应混同。

此外，如分割的巧妙运用和为特别私法制定冲突规范的做法的确发挥了适用

---

① 直接运用第三国基本政策限制当事人法律选择的做法，完全是美国独特冲突法发展演化的结果，不足以推广。毕竟就合同准据法的确立而言，美国《第二次冲突法重述》是现代国际私法中少见的客观主义理论的表现，即一定情况下允许客观准据法对当事人选法的超越。See Chia-Jui Cheng, eds., *Schmitthoff's Select Essays on International Trade Law*, M. Nijhoff, 1988, p. 587.

② See Nathalie Voser, "Mandatory Rules of Law as a Limitation on the Law Applicable in International Commercial Arbitration", *Am. Rev. Int'l Arb.*, Vol. 7 (1996), 320 (传统的选法联系要求或合理性要求已经放弃，故强制规范构成当事人选法限制的新手段)。

外国国际强制规范的效果，但也不是完美无缺。保持定性的唯一是合理分割的前提，但各国对此没有达成一致意见。在 Bodley 案[①]中，作为被告的原苏联作家授权瑞士代理人在境外发行其作品，后来案件争议在英国法院审理。被告认为，根据原苏联法其不具有订立对外合同的能力，故代理合同无效。英国法院认为，该争议是合同实质有效性问题，和禁止本国国民参与外贸交易的苏联法无关，应该由合同准据法即瑞士法决定。[②] 而在 Emeraldian 案[③]中，作为被告的中国公司主张该案的担保合同因未经过中国外汇部门审批而无效。法院未考虑被告的缔约能力，而认为属于合同有效性问题，由英国法支配，作为第三国法的中国外汇管制无法得到适用。然而从中国法的角度，上述订立外贸合同、对外担保合同资格的规定都属于可直接适用的国际强制规范的范畴。

① Bodley Head Ltd. v. Flegon, [1972] 1WLR 680.

② 不仅如此，法院还作出附带意见，认为即使定性为能力问题，且被告根据苏联法缺乏缔约的能力，合同也不因此而无效，毕竟缔约能力同样可以由合同准据法来决定。See C. M. V. Clarkson & Jonathan Hill, *The Conflict of Laws*, Oxford University Press, 2006, pp. 210-211.

③ Emeraldian Limited Partnership v. Wellmix Shipping Limited & Guangzhou Iron & Steel Corporation Limited, [2010] EWHC 1411. 详见第五章第一节。

第五章　作为第三国强制规范的中国法的域外适用

随着改革开放的深入和国际交往的频繁，跨国经贸纠纷越来越多。作为社会主义市场经济国家，中国在外汇、外贸等领域存在许多类型的监管，而发达国家和地区多盛行自由主义经济模式，此种差异极易导致法律冲突的发生。如果涉外合同约定适用域外法并由域外法院管辖，则中国国际强制规范能否获得承认值得探究。基于英国伦敦、美国纽约以及中国香港地区在国际经贸、航运以及争端解决中的重要地位，本章从若干典型案例出发，分析作为第三国强制规范的中国法的域外适用情况①，以期中方当事人在需要援引中国国际强制规范维护自身的正当权益时能获得支持。

---

① 据笔者所知前述中国文物案是欧陆国家绝无仅考虑适用中国国际强制规范的案件。另外，纯粹作为事实看待的情形，如视为缔约时当事人认识错误的对象或缔约后发生的履行障碍，不再赘言。

第一节　英国的适用情况

伦敦是著名的国际金融、航运中心，与中国存在大量的经贸往来。英国合同冲突法已经实现欧盟化，在《罗马条例Ⅰ》背景下探讨作为第三国强制规范的中国法在英国的适用具有现实意义。就目前而言，2010年英国法院审理的Emeraldian案①是该领域的典型案例。由于法不溯及既往，所以该案没有考虑《罗马条例Ⅰ》第9条第3款，而是突出反映《罗马公约》及英国传统普通法对待合同违反外国法的做法。本节主要结合Emeraldian案分析中国国际强制规范的适用争议，探讨英国法院在《罗马条例Ⅰ》通过前后适用作为第三国强制规范的中国法的具体情况，并与中国同期的做法进行比较。

一、《罗马公约》背景下的法律适用

在Emeraldian案中，利比里亚籍船东和租船人华美公司因使用不安全泊位产生滞期费的负担发生争议，涉及中国境内机构对外担保②的有效性问题。本案第二被告广州钢铁公司就租船人在租船合同下的义务向船东出具担保函。英国高等法院认定第一被告华美公司应该向原告船东赔偿滞期费用，由此担保人应履行担保责任。但广州钢铁认为，担保合同因未获得中国外汇主管部门的批准而无效。故本案需要解决中国国际强制规范的适用问题。

（一）准据法的确定

本案租船合同虽然明确约定适用英国法，但担保函未包括准据法条款。通过英国《合同（准据法）法》转化适用的《罗马公约》第3条第1款规定，当事人可以通过明示或者默示方式选择准据法。双方没有异议，但未能就该款适用的后果达成共识。原告认为，由于担保函和租约联系密切，当租约明确选择英国法时，担保函当事人默示选择英国法作为准据法。广州钢铁则认为，作为在上交所上市的中国内地公司，其意图承担中国香港公司在租约下的责任，且担保函在广

① Emeraldian Limited Partnership v. Wellmix Shipping Limited & Guangzhou Iron & Steel Corporation Limited, [2010] EWHC 1411.

② 其定义见《境内机构对外担保管理办法》第2条。

东总部签发并送至原告上海办事处。此类与担保有关的案情足以说明当事人默示选择中国法。

法院认为：担保函所担保的租船合同包含“高等法院争端解决条款”，即租约适用英国法，且任何与租约有关的争议都应提交英格兰和威尔士高等法院排他管辖。广州钢铁的财务报告中将租船人描述为指定的船舶代理人，可以推定它同意参与租船交易的租船人选择英国法并由英国法院管辖，任何与中国的联系都不能视为当事人有选择中国法作为担保准据法的意图。即使不存在默示选择英国法的情形，但同样基于与主合同的联系，根据《罗马公约》第 4 条，此时担保与英国存在最密切联系，仍应适用英国法。

英国冲突法一般不区分准据法的公、私法性质。当中国法具有准据法资格时，中国的外汇管制可以适用于担保合同，无须考虑国际强制规范的直接适用。然而从本案准据法的确立过程可以看出，在当事人没有明确选择法律时，无论根据默示选择法律还是最密切联系，英国法院都倾向于确立英国法作为准据法。如果说以默示选择为由确立从合同的准据法尚有可取之处①，那么本案关于最密切联系的解释则难以令人信服。《罗马公约》第 4 条以特征性履行方的经常居所地、管理中心地或营业地将该条第 1 款下的最密切联系具体化②，则正常理解时与本案有最密切联系的地域应为广州钢铁的管理中心地即中国。但法院轻率地认定英国法为客观准据法，这反映了在解释《罗马公约》第 4 条时英国法院频繁援用例外条款的态度。③

（二）强制规范的适用

广州钢铁提出，《罗马公约》第 3 条第 3 款赋予中国外汇管制以超越当事人

---

① 英国冲突法认为，除独立保函外，如果担保合同当事人没有选择法律，则可以推定作为从合同法律关系的担保合同适用主合同的准据法。See Chukwuma Samuel Adesina Okoli，“The Significance of the Doctrine of Accessory Allocation As a Connecting Factor under Article 4 of the Rome I Regulation”，*J. Priv. Int'l L.*，Vol. 9，No. 3（2013），449.

② 即使在《罗马公约》之前，将担保人住所地法视为担保合同客观准据法的观点就广受支持。如联邦德国和斯堪的纳维亚国家认为担保等单务合同应考虑由债务人居住地法律支配。此种推定是基于该地更有可能作为争议解决地，由该国法支配其承担的债务更为便利和公平。See Ole Lando，“The Conflict of Laws of Contracts”，*Recueil des Cours*，Vol. 189（1984），389.

③ 英国更注重履行地在确立最密切联系地中的作用。本案法院似有意认为被告应在原告所在地即利比里亚履行担保责任。这一看法是基于当事人的默示意图还是没有选择时的推定无从考证。然在《罗马公约》背景下，也有英国判例认为担保合同的特征性履行是担保人的支付行为。Samcrete Egypt Engineers and Contractors SAE v. Land Rover Exports Ltd.，[2001] EWCA Civ. 2019，[2002] CLC 35.

选法的效力。法院认为，该款只有在所有因素都发生在中国的情况下才能适用，本案显然不符合要求。其一，作为担保对象的租船人债务适用英国法。其二，担保受益人是利比里亚公司。由于英国的保留，本案探讨中国国际强制规范在准据法之外的适用只能借助《罗马公约》第 3 条第 3 款。[①] 但该款的适用十分有限，不能通过合同减损的强制性规范超越准据法的适用针对国内合同当事人选择外国法的情况。本案明显不属于连结因素都集中于中国的情形，甚至在英国高等法院看来中国法不具有客观准据法的资格，故不能通过此途径得到适用。

（三）英国公共政策的违反

广州钢铁还主张担保合同因违反英国特别公共政策而不可执行，即义务的履行构成在友好国家实施不法行为。原告则认为，在缺乏有意违反外国法的证据时，除非禁止构成准据法，否则仅仅涉及在外国实施法律禁止行为的合同并非无效。法院认为，根据英国判例，法院不应支持在中国实施触犯刑法行为的合同，但关键在于是否存在违反外国法的意图。当事人没有就此提出有效的争辩。

该案极为特殊。当事人提交的证明可以证明中国《外汇管理条例》要求对外担保必须经过外汇主管部门的批准，且在未获批准时担保合同无效并要受到处罚，但不发生担保民事责任不可执行的结果，此时仍需要根据当事人的过错来确定担保无效时的民事责任。因此，英国公共政策不会要求法院拒绝执行涉及违反中国法的、准据法为英国法的担保。如果中国法都不认为担保所发生的民事责任不可执行，那么英国更没有理由拒绝。此担保的执行不违反礼让原则。由于英国法是准据法，法院认为广州钢铁仍要承担全部连带赔偿责任。

除《罗马公约》外，中国外汇管制法的适用还要考虑传统普通法关于因外国法造成合同非法的两条规则，本案仅考虑 Regazzoni 规则[②]，即担保合同如存在当事人有意违反中国法的情形，则合同的执行会违反英国和中国的友好关系这一需要维护的公共政策。法院考虑该规则适用要件中的两重因素：其一，当事人的缔约意图。Regazzoni 规则注重当事人缔约时的主观状态。不良意图需要当事人举证证明，如不证明则无从判断。其二，由中国国际强制规范造成的非法。中国

① 中国外汇管制显然不满足《罗马公约》第 3 条第 4 款、第 5 条、第 6 条等强制规范适用条款的要求。

② 有学者多认为 Ralli 规则只针对履行地的嗣后非法性，本案被告未对履行地位于何处进行争辩。

外汇管制法是否导致本案担保合同违反法律以及违反的后果也是法院重点考虑的因素。私人诉讼的非法性问题更看重违反强制规范所发生的私法效果而非公法责任。易言之，如果合同仍可以为一方或双方所执行，则法院仍会支持当事人要求履约的诉讼请求。法院认为，本案担保合同虽然因违反中国外汇主管部门批准的要求而无效，但不属于绝对无效。[①] 违法的程度不足以援引公共政策来拒绝执行该合同。更关键的是，所涉及的中国法不构成英国法院熟悉的法律禁止。目前英国乃至多数国家取消了对外担保审批要求，这使得中国法的适用意图很难在域外得到认同。

（四）中国法适用的结果

最后，法院认为：如果案件适用中国法，则担保人和船东对担保合同的无效都存在过错，担保人承担担保金额50%的责任。关于过错的程度，广州钢铁承认自身存在过错，但以原告应该知道中国法律、法规为由认为其有过错，并援引中国的对外担保判决为证。原告对此没有异议。该问题不构成中国法适用的单独依据，却反映了法院对中国担保审批规定的认识。关于未审批时当事人的过错，法院倾向于根据中国司法实践中的做法予以认定，即担保人仅向债权人承担不能清偿债务一半的责任。然而这在中国法不构成准据法时无关紧要。即便中国法为合同准据法，在债权人不能从担保人处充分实现其不能清偿的债权时，此法律适用结果能否为英国法院接受即是否援引公共政策保留也存在未知之数。[②]

二、《罗马条例I》背景下的法律适用

《罗马条例I》已经生效，可以预见英国法院在审理涉外案件时将更多适用《罗马条例I》。假设Emeraldian案的担保合同签订于《罗马条例I》生效之后，则可以发现作为第三国强制规范的中国法的适用依据以及适用结果所发生的变化。

（一）合同准据法的确定

关于准据法确立的一般规定，《罗马条例I》与《罗马公约》没有实质差别，

---

① 与中国法不同，英国法原则上对合同非法无效问题不给予任何救济，甚至不发生财产返还。

② 基于当事人选法或最密切联系推定，英国法院几乎无一例外地确立英国法的准据法资格，公共政策保留能否被援用仍有待实践证明。不过，英国法院对公共政策保留的援引十分谨慎。

同样尊重合同当事人明示或默示的选法自由。[①] 故在主合同适用英国法时，法院仍可推定担保合同的当事人有默示选择英国法的意图。此外就客观选法而言，《罗马条例 I》仍以特征性履行方所在地作为最密切联系原则的具体表现。[②] 此种推定可以根据案件情形为更密切联系国家的法律所推翻，因而英国法院可认定担保合同与英国法存在最密切联系。除非欧盟法院作出解释，否则英国大体会延续 Emeraldian 案的做法运用《罗马条例 I》。

（二）强制规范的适用

除用语规范外，就案件发生在一国时的国内强制规范的适用而言，《罗马条例 I》与《罗马公约》基本一致。由于英国接受了《罗马条例 I》确立的第三国强制规范适用制度，故发生变化。就规范所属国的范围而言，即与案件的联系，《罗马条例 I》将可以赋予效力的第三国强制规范限于履行地国的范畴，则关键在于履行地位于何处。在 Emeraldian 案中，保函没有明确约定担保责任的履行地。当担保人向境外债权人作出担保承诺时，应推定在债权人所在地履行债务。此种履行地的判断亦为中国《合同法》所认可。[③] 故就该案担保纠纷而言，履行地位于债权人所在地的尼日利亚，中国法不会产生履行地上的非法。

有疑问的是，中国要求对外担保审批的规定能否导致合同履行发生不合法的结果。一方面，即使将《罗马条例 I》第 9 条第 3 款中的“不合法”狭义理解为非法，对作为公法性规定的中国审批要求的违反产生公法责任，具有导致合同非法的资格；另一方面，国际私法案件讨论的非法问题必须能产生私法效果。未经审批的担保合同根据中国法无效，然无效后果不产生通常意义的缔约过失责任，甚至类似于有效合同的履行。本案法院认可中国的司法实践，认为如果适用中国法，无效担保合同的担保人仍要承担未能清偿债务一半的责任。然一旦认为担保人承担提请审批的绝对义务，则除非能证明双方当事人缔约时有意回避中国的审批要求而试图不法地履行合同，否则英

① 参见《罗马条例 I》第 3 条第 1 款。有关默示选法的规定略有出入。该款规定，除明示之外，选法还可以从合同条款及案情得出。而《罗马公约》以合理性为标准，似乎更为宽松。

② 《罗马条例 I》第 4 条第 1、2 款增加货物买卖、服务等合同根据特征性履行原则确立的最密切联系推定。特征性履行推定的例外条款曾考虑取消，最终在英国等国家的反对下作罢，只是第 4 条第 3 款对更密切联系增加“显然”（manifestly）的限定，这能否对英国传统做法产生影响令人怀疑。

③ 中国《合同法》第 62 条第 3 项中规定，履行地点不明确，给付货币的，在接受货币一方所在地履行。

国法院要么认为合同当事人对未能审批这一履行风险进行划分，要么认为担保人作出虚假的意思表示。为维护当事人之间的公平，大抵会认定担保人需要承担违约损害赔偿责任。此种实体法上的适用结果差异，使得英国法院很难认同中国审批要求的效力。

（三）英国公共政策的违反

在《罗马条例Ⅰ》背景下，如将Regazzoni规则视为实体法的规则，则在准据法为英国法的情况下该规则的效力与《罗马条例Ⅰ》无关。考虑到实务界的看法，英国法院仍可能援用Regazzoni规则处理合同违反外国法的情形。不过，与是否构成《罗马条例Ⅰ》第9条第3款下不合法的争议类似，对中国对外担保审批规定的违反产生特别的无效责任，故英国法院多半会坚持本案的观点，认为违反中国法不足以达到援引特别公共政策规则的程度。

三、中国法院审理该案的法律适用

由于冲突法的差异，该案如由中国法院来审理，会出现与由英国法院审理不同的法律适用结果。《法律适用法》极大改变了中国法的规定，对外担保的法律适用也会出现不同于以往的情形。另外，中、英两国在该问题上出现法律适用冲突的原因也值得探讨。

在《法律适用法》颁布前，对外担保审批规定构成对外担保合同“必须要用的法”。当对外担保的当事人选择适用中国法或在没有法律选择时合同与中国有最密切联系，则对外担保审批规定具有准据法的资格；当对外担保的当事人选择域外法时，中国法院会援引公共秩序保留或法律规避制度排除域外法的准据法资格，转而适用包括对外担保审批规定在内的中国法。另外，虽然理论上最密切联系会指引域外法，但中国法在司法实践中几乎无一例外地构成客观准据法，故无须借助上述制度实现对外担保审批规定的适用。

《法律适用法》昭示了对外担保审批规定的直接适用资格，普遍认为只需援引国际强制规范的直接适用条款即可实现中国外汇管制法的目的。[①] 故无论《法律适用法》是否颁布，在中国审理的对外担保案件都会适用中国外汇管制法，必然发生未经审批的担保合同无效的后果。与援引公共秩序保留或法律规避制度不

---

① 参见刘贵祥：《涉外民事关系法律适用法在审判实践中面临的几个问题（下）》，载《中国法律》，2011（6）；《最高人民法院关于审理独立保函纠纷案件若干问题的规定（征求意见稿）》第6条。

同，国际强制规范中仅个别强制性规定适用于具体的争议点，此外仍求助于准据法，多认为无效的认定和无效的后果应该分别适用法律。[①]

两国法律冲突的产生，的确与英国的法院地主义观念有关，但也与中国对外担保审批规定自身的特殊性不无关联。如果合同准据法为中国法，则虽然担保合同因未经审批而无效，但债权人通常仍可以向担保人主张债务人不能清偿债务的50%，有时可以从担保人处实现债务人所欠之全部债务；如果合同准据法不是中国法，同时直接适用中国对外担保审批规定，则由域外准据法支配的无效后果至多发生缔约过失责任，债权人不可能从担保人处实现不能清偿债务的50%。原因在于关于担保合同无效损失分担的规则极其特殊。债权人选用域外法非但不能避开中国对外担保审批的强制要求，反而得不到合同无效后损失分担的有利救济。这最终使得对外担保的当事人放弃域外法的适用，从而对外担保事实上由单边冲突规范支配。即便案件由外国法院管辖，且考虑第三国强制规范的适用，也有可能因为适用中国法带来的尴尬望而却步。[②]

第二节　美国纽约的适用情况

作为两大经贸伙伴，欧盟和美国对中国国际强制规范的域外适用的态度至关重要。从目前来看，在涉外合同案件中承认法院地国和准据法所属国之外的第三国的国际强制规范的私法效力已经在欧盟层面达成共识。但国际强制规范在大西洋的彼岸几近于陌生。中国国际强制规范能否在美国实现自身的适用要求成为亟待解决的命题。虽然美国各州的冲突法制度不尽相同，但纽约州的司法审判实践

① 这存在争议。不能简单从《罗马公约》第10条或《罗马条例Ⅰ》第12条“准据法对合同无效后果的支配”得出结论。首先，合同无效后果分为单纯对合同的效果以及对当事人的效果。既然允许作为效力判断特别规则的国际强制规范适用制度在合同效力上发挥作用，为何一定排斥对后者的影响？其次，《罗马公约》第10条明确将准据法的范围限于第3条至第6条以及第12条，而《罗马条例Ⅰ》未采用此种限制，其根据条例适用的法律没有将第9条排除在外，能否说明《罗马条例》认为第9条的国际强制规范也可以构成第12条下的适用法情形呢？See Ole Lando & Peter Arnt Nielsen, “The Rome I Regulation”, *C. M. L. R.*, Vol. 45, No. 6 (2008), 1716（因《罗马条例Ⅰ》第9条而造成的无效后果不应再由《罗马条例Ⅰ》第12条第1款e项决定，而应由强制规范所在的法律体系支配）。即便如此，就第三国强制规范适用发生的无效后果，都受法院地国法的最终检验。

② 正如该案法官对中国法的疑惑。这一点在分割适用法的背景下更为明显。

可以反映出采用美国《第二次冲突法重述》的多数州的情况。[①] 为维护国际商事交易中心的地位，美国纽约州存在特别制定法，故探讨作为第三国强制规范的中国法在纽约州的适用具有典型意义。本节结合雷曼兄弟案[②]这一经典案例探究中国国际强制规范在美国纽约州的适用方式，希望在美诉讼的中方当事人能充分维护自身的合法权益。

雷曼兄弟是位于美国纽约的全球投资银行，中国五矿和其母公司有色金属是中国国有企业。在20世纪90年代，雷曼兄弟同有色金属签订代为投资期权、远期合约和现货等金融外汇合同，约定适用纽约州法。同时，中国五矿对有色金属发生的债务进行担保，准据法为美国特拉华州法。由于美元贬值，有色金属从事的外汇掉期交易发生巨额亏损，无法满足追加保证金要求，中国五矿也未承担保证责任，雷曼兄弟向纽约南部地区法院[③]提起诉讼。在应诉答辩过程中，二被告都提出了不法性抗辩[④]，理由是外汇合同因不满足中国的外汇审批要求而不可强制执行。纽约法院通过系统分析中国外汇管制法背后的政策，基本上支持了被告提出的抗辩。对于适用的路径却存在冲突法和实体法的区分，以下将逐一分析。

一、冲突法方法

根据统一联系原理，当外国国际强制规范与合同准据法属于同一法律体系时，只要满足该国际强制规范自身的目的和范围，且法律适用结果又不严重违反法院地国的公共政策，各国通常不会仅仅因其具有公法性而拒绝适用。[⑤] 一旦当事人另行选择了法律，则作为第三国法的中国国际强制规范的适用首先可以考虑的是借助限制当事人选法自由的冲突法方法，此类冲突法方法包括对选法范围、

① 美国有近半数州在审理涉外合同纠纷时采用美国《第二次冲突法重述》。See Symeon C. Symeonides, "Choice of Law in the American Courts in 2012: Twenty-Sixth Annual Survey", *Am. J. Comp. L.*, Vol. 61, No. 2 (2013), 278.

② Lehman Brothers Commercial Corporation & Lehman Brother Special Financing Inc. v. Minerals International Non-ferrous Metals Trading Company & China National Metals and Minerals Import and Export Company, 179 F. Supp. 2d 118 (SD NY 2000).

③ 纽约的联邦法院适用纽约冲突规范。Dornberger v. Metropolitan Life Ins. Co., 961 F. Supp. 506, 530 (S. D. N. Y. 1997).

④ 由于被告提出有力抗辩，法院最终以案件事实存在真实争议为由没有支持原告的提请简易判决主张。

⑤ See James J. Fawcett & Janeen M. *Carruthers, eds.*, *Cheshire, North & Fawcett Private International Law*, 14th ed., Oxford University Press, 2008, p. 47.

选法意图以及选法结果等方面的限制。① 在该案中，虽然担保合同已经选择特拉华州法，但由于该州与案件无重要联系且与案件存在最密切联系的中国外汇管制法背后的政策需要维护，纽约法院根据美国《第二次冲突法重述》否定了当事人选择的特拉华州法，从而确立了中国国际强制规范的适用资格。②

（一）当事人选法的限制

就被告的抗辩，雷曼兄弟宣称，担保合同根据中国法是否无效与本案无关，因为担保合同约定适用特拉华州法。法院认为：当事人合意选择特拉华州法的效力要根据纽约州普通法判断。虽然普通法的法律选择原则遵守意思自治并维护法律选择条款的效力，但根据美国《第二次冲突法重述》第 187 条第 2 款，存在例外。③

具体到本案涉及的法律选择条款的效力：首先，中国较美国特拉华州是拥有更大利益的法域、关涉基础交易的重要活动都发生在中国，同时担保将在中国履行。相反，原告之一虽在美国特拉华州注册登记，但它只构成另一原告的缔约媒介，不拥有单独的办事机构和人员。故除了被选择为准据法，特拉华州法与担保关系没有联系。④ 其次，担保合同中法律选择条款的执行会违反中国的基本政策。中国依据严格监管本国的货币市场以及公司承担外币债务限度的政策制定外汇管制法，该政策在中国转向市场经济的过程中发挥着重要作用。中国法不仅要求国有公司在签订任何担保外债的协议之前必须获得国家外汇主管部门的批准，还要求该公司事后向外汇主管部门办理登记。法院以此认定未经批准和登记的担保协议非法、无效。

（二）法律选择无效时的合同准据法

法律选择条款因违反拥有更大利益的法域的公共政策而无效的前提是，该法域的法律应构成未作有效选择时应适用的法律，即客观准据法。如果不存在有效的法律选择条款，普通法将寻找与交易发生最密切联系的法域，尤其强调合同磋

---

① 参见许庆坤：《论国际合同中当事人意思自治的限度》，载《清华法学》，2008（6）；Peter E. Nygh, *Autonomy in International Contracts*, Oxford University Press, 1999, pp. 55－68。

② 纽约法院为何不优先考虑美国《统一商法典》的法律适用规定？毕竟制定法优于普通法。首先，美国《统一商法典》第 1—105 条第 1 款主要服务于该法典的适用，并非系统的法律适用体系；其次，美国《统一商法典》内容上没有超出《第二次冲突法重述》的范畴。即使用语有差异，实践中也作一致解释。

③ 根据该款规定，如果出现如下情形之一，针对当事人不能自由处分问题的法律选择条款无效：（a）当事人选择的法律与当事人或交易无重要联系，且没有合理基础；（b）所选择法律的适用违反与案件有最密切联系的另一具有更大利益的法域的基本政策。

④ 法院作此说明的目的在于论述中国构成该款 b 项中更大利益的法域，但不难发现当事人选择的特拉华州法律同样符合 a 项的情形而不被适用。法院单独运用 a 项排除选择域外法的现象不常见。

商地和履行地聚合的作用。[①] 本案担保协议的磋商地和履行地都在中国，因而适用中国法。原告基于担保协议与基础交易的牵连关系主张适用纽约州法也不能成立。有色金属从事金融交易的账户虽位于纽约银行，但交易的执行大多发生于原告在伦敦和香港的分支机构，而且基础交易在中国磋商，位于纽约的连结点不比中国重要。非法提供的对外担保根据中国法不能执行且自始无效。[②] 如果合同无效由一方的过错导致，中国合同法会对相对方提供救济；如果双方都有过错，则需各自承担损失。[③] 由此看来，合同无效的结果同样依中国法来处理。[④]

（三）对冲突法方法的评价

在美国，跨国合同的法律适用一直存在有利于合同成立及有效的主张。此种观点的逻辑是，合同有效性上的核心跨界政策是鼓励州际和国际商事交易。本地无效规则的执行将不利于交易的开展，甚至损害无效规则所属法域的长期利益最大化。当能导致合同无效的强制性规范隶属当事人所选择的法律体系时，基于有效推定原则也应认定此时法律选择条款全部或部分无效。[⑤] 然而合同有效的结果推定要受如下类型规则的制衡：（1）意图保护处于弱势缔约地位的合同方的规则；（2）体现强烈公共政策，从而能认定合同非法或不道德的规则。[⑥] 此种看法和传统选法联系要求最终反映到美国《第二次冲突法重述》当中，共同作为当事人选择准据法的限制因素。

就法律适用方法而言，纽约法院排除特拉华州法适用资格所援引的美国《第二次冲突法重述》第 187 条第 2 款是较为特殊的选法规定。它与传统普通法对当事人选法的限制不同。Vita 案确立了善意、合法和公共政策这 3 项限制或排除当事人选法意思的事由，对所选择的法律与案件事实的联系不作一般性要求。而该款既对当事人选择的法律作实质联系和合理基础[⑦]的限定，又关注

---

① See *Restatement (Second) Conflict of Laws* § 188 (3).

② 参见中国《民法通则》第 58 条及《涉外经济合同法》事实发生于 1999 年前第 7 条、第 9 条。

③ 有关财产返还以及可能发生的缔约过失责任显然会由《涉外经济合同法》决定。该案如果发生在现在，则要面临《担保法》解释第 7 条、第 8 条对担保无效责任分担的规定。

④ 美国《第二次冲突法重述》第 187 条第 2 款就不能自由处分的事项另行确定准据法，其他问题仍由当事人选择的法律支配。但该款确立的准据法应全面适用，不仅支配合同效力，还支配无效后果。

⑤ See Maw, "Applicable Law and Conflict Avoidance in International Contracts", *N.Y. City Bar Ass. Rec.* Vol. 25 (1970), 374 - 375.

⑥ See Russell Jay Weintraub, "Functional Developments in Choice of Law for Contracts", *Recueil des Cours*, Vol. 187 (1984), 259.

⑦ 合理联系可以基于所选择法律体系的完善、双方当事人对所选择法律熟悉或其他合理原因而发生。See Peter Hay, et al., *Conflict of Law*, 4th ed., West, 2010, p. 1090.

所选法律与本应适用的准据法是否存在真实的法律冲突。与选法善意要求相比，第 187 条第 2 款 b 项不要求当事人有规避法律的意图；与合法即符合法院地强制规范相比，该款可用于确定第三国强制规范的适用；与公共秩序保留相比，该款在确立准据法的过程中不仅进行政策考量，还考虑法院地国之外的法域的基本政策。另外，从实施的效果来看，该款否定当事人的选法行为类似于选法善意和公共秩序保留；但从作用的范围看，该款只针对当事人不能自由处分的具体争议，当事人选择的法律对其他问题仍有适用的机会，故又接近于仅在自身范围内排除准据法的国际强制规范。总之，该款结合了传统普通法对当事人的选法限制，并在此基础上有所创新。

所谓基本政策必须是具有实质价值的政策，如能导致合同非法或旨在保护弱势一方免受压迫的法律政策。[①] 如果本案中作为第三国强制规范的中国法仅仅要求合同采用书面形式，则不能体现政策的基本性。适用法律的利益还要看连结点聚合的程度：合同及当事人与一国联系越大，则该国法越有可能适用。本案中不仅中国法构成客观准据法，而且重要的交易活动都发生在中国。特拉华州与案件及当事人的联系微乎其微，不具有要求适用的利益。其中以履行地联系最为重要。如果履行地位于特拉华州，不仅使得中国法难以构成客观准据法；即使构成，也难以证明中国较特拉华州具有更大利益。以上说明纽约法院对中国外汇管制法的适用持较开明的态度。国际的通行做法是对第三国强制规范施加合理性要求[②]，规范的内容或适用范围不可接受即不予适用。纽约虽然不存在第三国强制规范适用制度，但保留运用公共秩序排除外国法的可能。但其不仅没有因为当地不存在类似法令而拒绝承认中国外汇管制法所体现的基本政策的正当性，还排除了当事人选择的特拉华州法。总之，美国《第二次冲突法重述》第 2 款 b 项的基本政策为中国外汇管制法否定当事人另行选择法律的效力提供了依据。

二、实体法方法

实体法方法，是指将第三国强制规范置于合同准据法之下，进而评判合同是否因此发生违反善良风俗而无效、出现履行障碍而免责等私法效果。具体到雷曼

① See *Restatement (Second) Conflict of Laws* § 187 cmt. g.

② See Seyed Nasrollah Ebrahimi, *Mandatory Rules and Other Party Autonomy Limitations*, Athena Press, London, 2005, p. 326.

兄弟案，当合同需要适用纽约州法时，如果中国外汇管制法能导致合同的履行为非法且当事人在订立合同时即有违反之故意，则纽约法院不会执行该合同。这构成中国国际强制规范在纽约适用的实体法方法。

（一）合同当事人选择纽约州法的效力

实体法方法必须建立在法院地国法为合同准据法的前提下。与担保合同如出一辙，本案基础交易的纠纷同样包括法律适用之争。与根据美国《第二次冲突法重述》确定担保协议准据法不同，法院运用纽约州制定法。1984 年《纽约债法》第 5—1041 条[①]规定，除劳务、私人服务以及与个人、家庭或日常生活有关的交易外，即使交易本身与纽约没有合理联系，且本应适用美国《统一商法典》第 1—105 条[②]第 1 款，只要为商事目的且数额达到 25 万美元，双方当事人选择纽约州法是可执行的。本案基础交易符合上述要求，但被告认为这要受美国《第二次冲突法重述》第 187 条第 2 款 b 项公共政策的限制。

纽约法院认为，制定法优于包括美国《第二次冲突法重述》在内的普通法。1984 年《纽约债法》第 5—1041 条含义清楚，没有必要求助于条文外的材料，不包含公共政策足以说明它不欢迎例外。但是，州制定法要受美国宪法的限制，如正当程序、商业以及充分信任和保护等基本原则。[③] 美国联邦最高法院认为，法院能否适用本州法取决于这样做是否武断或实质是否公平。如此，法院根据当事人的选择适用本州法的权力几乎不受限制。如果出现法院地国与案件当事人或交易没有任何联系且适用该州法会违反具有更大利益州的公共政策的情形，则对能否在不违反宪法原则的前提下适用本州法存在疑问。在影响外国的交易中适用本地法的争议更大。有人认为此时应考虑礼让的必要，但礼让与宪法义务的关系不明，因为它游荡于绝对的国际义务和恩惠之间。[④] 被告没有向法院提出宪法限制，法院也未发现。何况雷曼兄弟总部位于纽约，交易和支付也部分发生在纽约，与纽约存在联系。即使考虑公共政策，虽然中国外汇管制法的政策性十分强

---

① See *N. Y. Gen. Oblig. Law* § 5 - 1041. 与之类似的是，该法的第 5 - 1042 条规定，对达到 100 万美元的商事交易，双方当事人选择纽约州法院管辖的约定同样可以执行，而不受联系的影响。

② 有人认为美国《统一商法典》的法律适用规定是许可性的，不影响《纽约债法》在没有联系的情况下继续适用。See Edward L. Sadowsky & Andrew M. Zeitlin, "Enforcement of Choice of Law Clauses", in Robert L. Haig ed., *Commercial Litigation in New York State Courts*, West, 1995, p. 352.

③ See Lea Brilmayer, *Conflict of Laws*, Aspen Publisher Inc., 1995, p. 107.

④ 在美国，是否给予礼让由法院单方决定，而非基于国际公法。礼让由于具有自愿性，常被描述为介于礼貌和诚信间的概念。

烈，但将纽约打造成国际商事交易中心的立法政策对缔约方、纽约州以及国际共同体而言十分重要。

(二) 发挥事实作用的中国国际强制规范

适用纽约州法并不意味着合同一定可以执行，因为纽约法院不会无视中国国际强制规范。依据纽约当地的普通法原则，如果合同当事人有意违反作为履行地的另一法域的法律，则根据该履行地的法律为非法的合同在纽约州不可强制执行。[①] 因此，即使合同不存在其他违反纽约州法的情形，如果原告明知该合同违反中国法或有意忽视这种事实，则该合同根据纽约州的法律也不可执行。

中国外汇管制法要得到纽约法院的适用必须满足两个条件：(1) 合同违反作为履行地国法的中国外汇管制法；(2) 合同当事人必须明知或应该知道该违法性的存在。前者由于合同将在中国履行，履行非法性问题必须考虑履行地国法；后者则为了保护无辜方的合理期待，作为准据法的纽约州法把双方当事人有意违反履行地国法作为不予执行的条件。纽约法院对被告提供的法律文件进行了逐一分析[②]，认为基础合同违反了中国外汇管制法规定的审批义务。尽管如此，原告是否具有违反中国法的意图仍值得探究。根据当事人签订的国际互换交易商协会主协议，被告需要提供中国国家外汇管理局批准的证明。因此原告在交易时便知道相对方需要中国国家外汇管理局的许可才能从事外汇交易，虽然它声称确信对方已获得许可，但没有要求对方提供许可复印证明以确保被告有色金属遵守中国法。[③] 该行为即使不构成放任，也存在过失。[④]

(三) 对实体法方法的评价

与选择特拉华州法的处理相比，这反映了纽约州法特别保护选择本州法交易

---

① Rutkin v. Reinfeld, 229 F. 2d 248, 255—56 (2d Cir. 1956); Dornberger v. Metropolitan Life Ins. Co., 961 F. Supp. 506, 533—35 (S. D. N. Y. 1997).

② 1980年《外汇管理暂行条例》、1981年《外汇管理暂行条例实施细则》以及1988年《金融机构代客户办理即期和远期外汇买卖管理规定》。

③ 该案法院对合理信赖的发生设置了门槛：仅仅让对方作出保证或者许诺不足以导致信赖的发生；同时，信赖也是可期待的。如果对方提供足以乱真的虚假证明，则可以主张信赖保护，执行合同。

④ Reckless是有意甚至故意无视或者不顾风险的存在，其程度要比negligent重得多。See Bryan A. Garner, *Black's Law Dictionary*, 8th ed., Thomson West, 2004, p. 3282.

的安全与稳定。在当事人不能证明违反美国宪法的情况下[①]，符合《纽约债法》第5—1041条[②]的任何真实选择纽约州法的协议都会获得支持，而无须接受美国《第二次冲突法重述》第187条有关联系和是否符合更大利益法域的基本政策的检验。即便如此，如果当事人有意违反履行地国的法律，纽约法院不会执行该合同。此规则虽然类似于第三国强制规范适用制度，但本质上是纽约州通过判例确定的实体法上的规则，构成将外国公法视为事实纳入准据法体系下予以考虑的实体法方法，从而间接适用作为第三国强制规范的中国外汇管制法，体现纽约本地法的特色。

首先，它与美国《第二次冲突法重述》对待合同违反域外法的冲突法方法不同。其一，二者针对不法性的范围不同。回顾历史，美国《第一次冲突法重述》第360条认为履行根据履行地国法为非法的合同无效，此种做法已经改变。美国《第二次冲突法重述》的中间草案认为，履行地法只能决定履行行为是否非法，但不法性的后果应该由合同准据法决定。虽然履行地构成确定合同客观准据法的重要联系，但不能说该地的法律一定构成准据法。[③] 反映到第202条，非法性对合同发生的效果由准据法支配，即通常履行根据履行地为非法的合同不得执行。该条适用于自始存在的非法和嗣后发生的非法以及一方或双方当事人知悉或都不知悉的非法；而纽约州的实体法方法仅适用于合同订立时存在且双方有意违反的不法情形。[④] 其二，适用的步骤不同。[⑤] 第202条需要三步分析：根据行为发生地的法律确定非法性是否存在；如果存在，再依据美国《第二次冲突法重述》第187条确立合同准据法；然后由准据法决定非法性的效果。如当事人选择的法律认为合法，则与不法行为发生地的法律存在真实的法律冲突，需要接受美国《第二次冲突法重述》第187条第2款b项公共政策的检验。由于在当事人选择纽约

---

① 根据美国联邦最高法院的判决，只有在涉案交易与法院地存在重大关联的情况下，州法院才可以基于本地公共政策否定或限制合同选择域外法的效力，否则违反宪法原则。Home Insurance Co. v. Dick, 281 US 397 (1930)（当交易地和法院地没有联系时，以公共政策排除域外法等于缺乏法律正当程序进行财产征收）。即便如此，不难看出纽约州法院不愿意承认宪法原则对本州制定法的限制。

② 伊利诺伊和加利福尼亚有类似规定。735 ICS § 105/5-5；CCC § 1646.5.

③ § 360 of the Tentative Draft No. 6. See Willis LM Reese, "Contracts and the Restatement of Conflict of Laws", *Second, Int'l & Comp.*, Vol. 9, No. 4 (1960), 539-540.

④ *Restatement (Second) Conflict of Laws* § 202 cmt. b.

⑤ 这说明在非法性问题的支配上不存在单独的准据法支配的例外。美国《第二次冲突法重述》第187条第2款只建议通常允许的实体结果，即在发生非法性争议时要尤其考虑第2款的规定。See Symeon C. Symeonides, *American Private International law*, Wolters Kluwer, 2008, p. 228.

州法时的纽约法院无须考虑第 b 项，故第 202 条也被纽约实体法排除。[①] 其三，利益衡量的角度不同。美国《第二次冲突法重述》第 187 条第 2 款需要衡量当事人选择的域外法和第三国强制规范的基本政策和适用利益，更多的是基于国际礼让的考虑。而纽约州的普通法规则是实体法方法，不需要再进行冲突法上的利益平衡。其对违反第三国法的不法性的考虑主要出于公序良俗，而施加当事人主观意图和履行地的限定则是为了维护善意缔约方的利益，提高交易的稳定性。

其次，它与通行的传统普通法规则不同。后者存在两条针对外国强制规范的实体规则。其一，如果当事人缔约时有意违反友好国家的法律，即被视为破坏与友好国家的关系这一违反公共政策的行为而不执行，即使合同根据准据法是合法有效的。[②] 其二，即使合同依准据法有效，履行根据履行地法为非法的合同不得强制执行。[③] 纽约州的规则显然融合了上述规则，在合同选择纽约州法时，既要求中国是合同履行地国这一地域联系，又要求当事人缔约时具有违反中国外汇管制法的恶意，才发生不执行有违中国国际强制规范的合同的效果。

总之，根据是否选择纽约州法，可以将中国国际强制规范在纽约的适用分为两种类型，即超越当事人选择的法律和作为能导致履行非法的履行地法的事实考虑。前者注意中国国际强制规范背后的公共政策在排除当事人选择法律时满足的条件；后者则要证明合同根据中国国际强制规范非法，并且当事人在缔约时知道或应知道违法性的存在。二者都表明纽约法院特别关注合同履行地国的国际强制规范，如中国并非履行地国，则其强制规范的域外效力很难获得纽约法院的支持。中国当事人在纽约诉讼时，应该综合考虑案情，充分利用普通法和制定法规则为中国国际强制规范适用提供的路径，争取有利的判决结果。

第三节　我国香港地区的适用情况

根据“一国两制”，与纽约、伦敦齐名的世界三大金融中心之一的香港特别行政区在回归祖国后仍保留独特的法律制度。作为中国对外开放的窗口，香港随

---

① See Vladimir R. Rossman, Morton Moskin, *Commercial Contracts*, Wolters Kluwer, 2013, sec. 6, p. 30.

② Regazzoni v. K. C. Sethia (1944) Ltd., [1958] AC 301 (HL).

③ Ralli Brothers v. Compa Ia Naviera Sota Y Aznar, [1920] 2 KB 287 (CA).

着《内地与香港关于建立更紧密经贸关系的安排》的实施，与内地经贸往来得到进一步加强。在此背景下，大量内地企业从香港银行融资，内地银行又在香港从事信贷业务，产生众多的跨境金融纠纷。由于内地在金融、外汇等领域仍实施严格管制①，违反监管不仅会发生公法制裁，而且导致合同无效；而奉行自由资本主义的香港较少对商事交易施加限制，原则上支持当事人选法约定②，故存在真实的法律冲突，如不加以协调，必然会出现审理结果大相径庭的局面。③ 从冲突法的角度看，《罗马公约》和《罗马条例 I》不适用于香港，故香港法对待外国强制性规范的态度大多沿袭传统普通法的做法④，多采用选法善意、履行地规则以及特别公共政策等冲突法和实体法方法。但由于实践的特殊要求，香港法院在适用传统普通法规则时也发生变化。本节探讨内地管制法之类的国际强制规范在我国香港地区的适用。

一、基于选法善意要求的适用

香港法承认当事人的选法自由，但施加限制。英国法院审理的 Vita 案⑤确立当事人须出于善意等要求选择自体法。如果当事人选择香港法旨在逃避内地强制规范则合同无效，从而根据最密切联系确立内地法的适用。

（一）东方汇理银行案

在东方汇理银行案⑥中，原告东方汇理银行上海分行与被告上海二纺机械公司签订外汇交易合同，约定适用香港法，并在纽约履行。由于被告未能履行还款义务，原告入禀香港法院要求作出简易判决。被告以合同非法为由提出抗辩：即内地法规定被告只能在其签订进出口合同所需货币范围内参与对冲交易，原告明知这一点，仍为交易提供融资。通过外汇合同解决因外汇交易产生的负债构成内地法下的不法，且未经国家外汇管理局的批准和登记，根据内地法和香港法均不

① 根据加入《国际货币基金协定》的承诺，我国仍可对资本项目采取外汇管制措施。

② 香港法通过《放债人条例》《银行条例》及普通法规则对借贷、担保施加一般限制，但外汇管制较松，即使有管制的因素也一般不影响合同的有效性。

③ 内地和香港关于判决承认和执行的安排作出了公共政策限制，上述实体法差异影响判决的执行。

④ See Lutz-Christian Wolff, “Hong Kong's Conflict of Contract Laws: Quo Vadis?”, *J. Priv. Int'l L.*, Vol. 6, No. 2 (2010), 467 - 468.

⑤ Vita Food Products Inc. v. Unus Shipping Co. Ltd., [1939] A. C. 277 (P. C.).

⑥ Credit Agricole Indosuez v. Shanghai Erfangji Co. Ltd., [2002] HKCU 706, para. 30.

可强制执行。当事人选择的香港法与原、被告的营业地没有联系，旨在逃避内地外汇管制法。原告则认为选择香港法是善意的，这不仅是因为原告的母公司在香港设立管理东亚业务的总部，而且香港作为国际商业中心，能提供一流的法律服务。

香港法院援引 Vita 规则，认为联系不是判断法律选择有效与否的主要因素，只要本着善意、合法且不违反公共政策行事，应该维护当事人明确的选法意图。香港法能否确立为自体法的关键是当事人选择法律时是否存在恶意①，选择的法律与交易事实没有联系通常可作为缺乏善意的证明。由于当事人以及合同的履行都与香港没有实质联系，而合同根据内地法不可强制执行，可以认定原告为保护从外汇交易合同下获得的收益免于因不法缘故遭受损失而在拟定合同自体法时存在恶意。对于法律选择无效的后果，简易判决无须作出，但考虑到香港冲突法的实践，可以认为香港法院会依据最密切及最真实联系标准确立包括外汇管制法在内的内地法。②

（二）对选法善意要求运用的评价

以恶意选法为由否定当事人的法律选择存在两个要件：（1）所选择的法律与案件没有实际联系。原告母公司在香港设立总部的事实不关乎当事人之间发生的交易，不足以使案件和香港发生实质联系；（2）合同根据当事人选法之外的某一法域的强制性规定无效且不可执行。外汇交易合同未经外汇管理部门审批构成内地法下的合同无效，这足以推测出当事人具有规避内地法的恶意。要件二还隐含了一个前提是，意图规避的外汇管制法所属之法域应该与合同有最密切及最真实的联系，即本案当事人没有选择或选择无效时合同自体法为内地法。本案当事人的营业地及合同签订地和履行地都位于内地，这说明了案件与内地有最密切联系，也足以认定当事人选择与案件没有联系的法域存在恶意。

以选法恶意排除法律选择条款的效力虽然未明确冠以禁止法律规避之名，但与内地法律规避制度相似。内地法院审理外汇交易和对外担保案件的实践以往运用该制度否定当事人选择的域外法，进而适用内地法。仅就外汇管制法适用的情形而言，合理的解释是，内地与合同本身具有最密切的联系③，内地法构成当事

① See Morris, ed., *Dicey and Morris on Conflict of laws*, 11th ed., Sweet & Maxwell, 1987, p. 1176.

② Macmillan Inc. v. Bishopsgate Trust Investment Plc. & Ors (No. 3), [1996] 1 WLR 387.

③ 《最高人民法院关于审理涉外民事或商事合同纠纷案件法律适用若干问题的规定》第 6 条规定，不适用外国法的结果是适用中国法。

人没有选择时应适用的准据法。当事人为逃避外汇监管而选择另一法域的法律，此种违反外汇强制规范的行为无效。就案件与当事人所选择域外法的联系是否构成法律规避的条件，如认为只有当事人选择的域外法与对外担保案件没有实际联系方有法律规避的可能，则法律规避制度类似于香港法院对选法恶意的判断标准；如果不管所选择的域外法与案件的联系，只要内地与案件有最密切联系，则法律规避制度更接近于美国《第二次冲突法重述》第 187 条第 2 款 b 项的解释。

二、导致履行非法的履行地法的适用

如当事人选择的法律与案件有实际联系，或者内地法不构成客观准据法，则香港法院会肯定当事人选择法律的效力。此时合同自体法之外的内地管制法如果构成能导致合同履行不法的履行地法律的一部分，则香港法院同样不会承认该根据香港法为有效的合同的效力。

（一）深圳发展银行案

在深圳发展银行案[①]中，原告深圳发展银行与被告新世纪国际和中国光大集团——两家香港公司——分别签订了借贷协议和担保协议，贷款用于偿还第一被告对原告欠下的旧债。由于被告未能按期履行，原告向香港法院申请简易判决。被告提出不法抗辩：（1）内地是合同履行地，因而内地法可以适用于本案，以新贷还旧债构成内地法下的不法行为；（2）原告未经内地有关部门批准擅自发放贷款也导致协议无效且不可执行。由于当事人协议选择香港法，而案件与香港有实际联系，满足前面的善意选法的要求。[②] 故合同不法性争议的关键在于作为域外法的内地金融管制能否在当事人法律选择之外得到适用。

香港法院首先探讨了 Ralli 规则能否作为内地法适用的依据。[③] 原告不否认 Ralli 案规则，但认为其仅仅适用于合同必须在特定地方履行而根据该地的法律履行为非法的情形，并援引 1979 年土耳其小麦案[④]来证实自己的观点：土耳其同纽约公司在瑞士的附属公司签订了运输目的地在土耳其港口的美国小麦买卖合

---

① Shenzhen Development Bank Co. Ltd. v. New Century Int'l (Holdings) Ltd.，［2002］HKEC 1087.

② See Lutz-Christian Wolff，"Hong Kong's Conflict of Contract Laws：Quo Vadis?"，*J. Priv. Int'l L.*，Vol. 6，No. 2（2010），469（与东方汇理银行案不同，该案被认为缺乏最低联系不等于有违善意）。

③ Ralli Brothers v. Compa Ia Naviera Sota Y Aznar，［1920］2 KB 287（CA）.

④ Toprak v. Finagrain，［1979］2 Ll Rep. 98.

同。后来土耳其因不能从该国财政部获得开立信用证的批准而未履行合同，瑞士公司在英国提起损害赔偿之诉。土耳其依据 Rali 规则辩称，该合同根据土耳其法为不法且不能履行。英国上诉法院认为履行地不在土耳其。合同要求开立经一流的西欧或美国银行保兑的信用证，瑞士公司不关心土耳其请求开证的银行位于何处，土耳其的外汇管制与诉讼无关。就此原告指出，贷款协议没有要求贷款一定要在内地偿还，相反，合同约定原告拥有选择支付方式的权利。而被告则认为，原告在内地之外没有营业地，在缺乏明确还款方式的合意时，被告应该在原告的营业地偿还。基于对合同的理解，香港法院认为还款不必在内地履行，何况原告曾主张被告在香港清偿债务。

（二）住友银行案

在住友银行案[①]中，被告广东发展银行向原告日本住友银行开立不可撤销的备用信用证，规定适用香港法并由香港法院管辖。为逃避付款责任，被告主张备用信用证没有得到国家外汇管理局的批准和登记，故信用证交易根据内地法属于不法且无效。作为香港法的基本原则，法院不会执行当事人意图在友好法域实施不法行为的协议，由此被告开立的备用信用证根据香港法不可以执行。原告则认为，备用信用证应适用当事人约定的香港法。被告作为根据香港《公司条例》登记的内地法人，理应受香港法院管辖。同时，支付义务的履行地应在香港，至于资金来源于何处无关紧要。只要被告有履行信用证的意愿，完全可以利用内地之外的资金。最后，原告不存在违反内地法的意图。在简易判决阶段，香港一审法院认为，被告的住所地在内地，于香港仅仅设立了办事处，履行如此巨大数额的支付义务难免要牵涉到发生在内地的活动，故认为在履行地问题上存在争议，不应该作出简易判决。但香港上诉法院法官采纳了原告的观点，从而改变一审法院的看法，没有理会双方当事人关于被告依据内地法是否具有开展离岸金融业务所发生的争执，而认为由于本案备用信用证的履行地不在内地，故不符合违反履行地法的要求，是否违反内地法不在讨论之列。

（三）中国银行案

中国银行案[②]的案情比较简单：原告和第一被告签订了融资协议，由第二被告提供担保。第一被告辩称本案融资协议违反了 1995 年《中华人民共和国商业

---

① The Sumitomo Bank v. Xin Hua Estate Limited & Ors, HCCL 1998/256.

② Bank of China (Hong Kong) v. Keen Lloyd Energy Limited & Keen Lloyd Resources, HCA 9309/2000.

银行法》第39条第4项[1]，不能执行。对此，原告主张第一被告的这一抗辩违反了禁反言原则，构成程序滥用，而且与案件无关。香港法院认为，原告在香港起诉执行一项与香港公司缔结的、以港币计价并在香港支付和偿还的融资协议，根据约定的香港法是合法的。香港法院虽不反对被告认为约定的法律并非确定准据法的唯一因素，但无法接受被告关于因为作为内地银行的原告的内部关系应适用内地的法律，故其签订的融资协议也应该适用内地法的主张。由于履行地在香港，本案不发生非法性的问题。即使融资协议根据内地的法律无效，也不影响它在香港的执行。何况有充分证据表明即使内地法律的实施也不会导致融资协议的无效，且事实上原告要求被告偿还的贷款未超过法定比例。[2] 故与上述案件相比，该案特别考虑了作为域外强制规范的内地法的实体适用结果。

（四）Orienmet 案

在 Orienmet 案[3]中，原、被告同为香港公司。作为承运人的被告出卖原告货物且未支付货款，由此引发诉讼。被告辩称协议内容违反了内地法。虽然本案约定适用香港法，但运输目的地为内地，根据判例[4]香港法院不会执行根据履行地的法律为非法的合同。本案约定用人民币支付，严重违反《中华人民共和国外汇管理条例》第39条第1项，而且合同还约定人民币应当私下换成外国货币并汇出，这明显违反该条例第11条关于以外汇支付要求审批以及第39条第2款的规定。香港法院认为，如同求助于香港《货物销售条例》或《转让和财产条例》，内地条例要想得到采信，则必须证明存在适用于本案的依据。在简易判决阶段，如同对待香港的立法，即使内地条例能够适用，香港法院也不宜评论是否违反。被告的抗辩得到香港法院支持的前提条件是，存在可信的证据表明内地的条例是可适用的条例，并且本案协议属于该条例第39条规定的禁止以外国货币而非人民币支付范围内的合同。对此，被告未能做到。

（五）对不执行违反履行地法的合同的评价

从上述案件可以看出，即使合同根据作为自体法的香港法有效，香港法院也不会执行根据履行地法为非法的合同。该规则虽属于实体法的范畴，但类似于

---

① 该项规定，对同一借款人的贷款余额与商业银行资本余额的比例不得超过10%。这在内地也被认为是纯粹的管理性强制规范，不影响合同效力。参见《最高人民法院关于信用社违反商业银行法有关规定所签借款合同是否有效的答复》。

② 虽然约定的信用额度超过资本余额的10%，但没有履行，贷款方可以随时撤销其提供的额度。

③ Orienmet Minerals Co. Ltd. v. Winner Desire Ltd.，HCA014689/1996，12 March 1998.

④ Regazzoni v. K. C. Sethia (1944) Ltd.，[1958] AC 301 (HL).

《罗马条例 I》第 9 条第 3 款。二者都对合同自体法之外的第三国（域外）强制规范施加地域联系（履行地）和适用效果（合同的履行不法）的双重限定，以避免破坏自体法选法机制的正常运行以及当事人适用法律的预期。与英国普通法不同，香港法院并没有严格限制在嗣后不法。① 内地强制规范在案件发生时已经存在，香港法院没有因此排除该规范的适用。关于履行地的解释，应遵从当事人意思自治，以合同约定的履行地为准。至于履行过程事实上涉及的其他法域，在所不问。如住友银行案显然不顾被告营业地和通常营业活动发生在内地的事实，以合同约定的支付义务履行地在香港为由排除合同违反内地金融管制法的可能。

最后，由于内地强制规范属于域外法的范畴，如何证明和解释此类规范也是其能否适用的关键。如中国工商银行案的争议在于内地强制规范在实体法层面的证明和解释。该案被告新国际集团在上诉意见中主张借贷协议因违反 1993 年国家外汇管理局发布的《银行外汇业务管理规定》第 46 条而无效且不可执行，即银行向境外金融机构或者向境内外资、中外合资金融机构存、拆外汇资金，必须建立信用额度控制制度，对每家机构的具体授信额度须报国家外汇管理局备案。由于原告中国工商银行深圳分行无法证明它已然提交必要的报告，故协议无效且不可执行。香港高等法院认为，作为内地境外香港法人的被告并非金融机构，从对象上不满足该条的适用条件；即使可以适用，也应该由被告证明原告没有向国家外汇管理局提交报告；即使能证明未履行报告义务，被告的法律专家没有援引任何法条来证明不遵守该规定所产生的后果。仅仅声称贷款交易因违反国家政策而不法、无效且没有法律拘束力不足为据。②

三、基于维护与内地友好关系的公共政策的适用

如果无法证明当事人选择香港法是出于逃避内地强制规范的恶意，同时内地强制规范又不构成能导致合同履行非法的履行地法，但能证明当事人在缔约时具有违反内地法的意图，则香港法院基于维护与内地友好关系的公共政策也不会执行该合同。

---

① See Graeme Johnson, *The Conflict of Laws in Hong Kong*, Sweets & Maxwell Asia, 2005, para. 4. 007（认为有意在国外实施不法行为构成履行地不法的特殊情形，即使其存在替代的履行方式或履行地）。

② The Industrial & Commercial Bank of China v. New International (Groups) Ltd., HCA 018944/1998.

（一）特殊公共政策与履行地不法规则的区别

在深圳发展银行案中，为适用内地金融管制法，被告又援引 Foster 规则。该案审理法院认为，如果协议双方的真实意图是使它们必须在友好国家共同实施某种依当地法为不法的行为，即使存在替代履行方式或履行地，那些准据法为英国法的合同应认定为非法。土耳其小麦案明确指出 Foster 规则与 Ralli 规则不同。Foster 案关注当事人的共同意图，一旦认定具有违反外国法的共同意图，即使根据合同存在合法履行的替代地域，该案的原则也适用。本案是否存在实施共同违反内地法行为的意图呢？如果仅限于支付，法院认为被告不能证明当事人存在于内地归还借款的共同意图。该交易为以港币计价的离岸贷款，且被告在香港注册，法律文件也在香港准备，原告在内地开展业务的事实至多表明双方可能就支付地进行过磋商，不同于共同违法意图。如果更广泛地思考案情，不能否认存在贷款在内地发放用以偿还在内地发生的旧债的共同意图。如果以新贷还旧债构成内地法下的不法，则 Foster 规则可以适用。

基于维护与他国友好关系这一公共政策而不予执行违反友好国家法律的合同与因为履行构成履行地法下的不法而拒绝履行的缘由不同。前者更关注当事人的缔约意图，后者则重视履行违反履行地法的客观结果。当合同履行根据履行地法为合法或履行地没有约定但仍违反自体法外的某一国家的法律时，有必要探究当事人的意图，是否能基于公共政策赋予外国管制法一定效果。此处的公共政策既不是国内实体法适用要考虑的公共政策，也不是排除外国法适用的公共政策保留，而是在特定情况下为赋予第三国强制规范以法律效果所要考虑的公共政策。

第三国强制规范的判定是平衡国际强制规范的直接适用和当事人选法自由二者利益的过程。将第三国强制规范作地域限定的主要目的在于维护当事人的选法自由，不过分损害其适用法律的预期。作为例外，以当事人违反第三国强制规范为由赋予该规则以效果，更关注违反外国法的意图。由于通谋违反法律的行为构成意思自治的滥用，不受法律的保护，因而此时适用履行地法之外的第三国强制规范不损害当事人的正当期待，同时能弥补前者限定过于狭隘的缺陷，也减少了如何解释履行地的争议。

（二）内地和香港关系的区际私法解读

基于特殊公共政策的考虑而赋予第三国（域外）强制规范以效力的重要前提是该强制规范属于友好国家（法域）的法律，深圳发展银行案虽然详细引述该规则在英国法院实践中的运用，但没有解释内地强制规范是否能视作友好国家（法域）的法律，任运良案[①]对此予以了解答。

原告任运良是香港中安置业的股东，该公司曾与第一被告招商银行签订股权担保融资协议，用于大连金石高尔夫公司的项目运营。由于未能按期还贷，第一被告依约处置中安置业在大连金石高尔夫公司中的股份并更换董事，这获得内地判决的认可。原告认为合同根据内地法无效，理由包括融资协议未取得国家外汇管理局的批准、商业银行不得成为非银行机构的登记股东。第一被告则认为，合同约定适用香港法，除非内地法构成履行地规则，否则无适用的可能。[②] 原告没有提出合同将要在内地履行的主张。香港法院认为：被告以原告未提出履行地事项的诉请为由否定内地法适用资格的观点过于狭隘。作为普通法原则，如果合同损害本国（法域）与其维持和平国家（法域）的友好关系，那么它因为违反公共政策而无效。根据冲突法，内地法应视为域外法范畴，公共政策可以用来处理香港地区和内地之间的关系。

香港法院的解释比较明确。香港地区的地位由《中华人民共和国香港特别行政区基本法》确立，包括普通法、衡平法、条例、附属立法和习惯法等原有法律在回归后继续有效。在私法层面，在不违反宪法和基本法的前提下，内地和香港构成不同的法域，内地法可以视为域外法。[③]

---

① Ren Yun Liang & Ors. v. China Merchants Bank Company Limited & Ors, HCA 2005/1456, Court of First Instance. 之前在内地的关联诉讼，参见招商银行诉中安置业、大连金石高尔夫俱乐部、刘淑兰、任运良借款担保纠纷案［（2000）粤法经二初字第3号］。

② Mobil Oil Hong Kong Ltd. v. Or Wing Ching, [2005] HKEC 367.

③ See Graeme Johnson, *The Conflict of Laws in Hong Kong*, Sweets & Maxwell Asia, 2005, para. 2.052（外国是区分不同法域的技术概念）; Lawrence Collins, et al., eds., *Dicey, Morris & Collins on the Conflict of Laws*, 14th ed., Sweet & Maxwell, 2006, pp. 30－31（冲突法中的国家指的是法域，不具有政治含义）。

第六章　第三国强制规范在中国适用的可行途径

不难发现，第三国强制规范可通过直接适用制度以及作为替代方式的实体法和冲突法方法实现其适用。对中国而言，首要的任务是建立第三国强制规范适用制度；另外，在已经建立较完备法律体系的前提下，如何利用中国现有的法律框架实现第三国强制规范在法院地国的适用也值得分析。本章尝试为第三国强制规范在中国的适用提供可行途径。

第一节　第三国强制规范适用制度在中国的建立

中国既往的立法实践对第三国强制规范适用制度不大关注，这不仅因为理论准备不甚充分，而且因为实际需求不足。但基于参与全球治理以及设立自由贸易区的需要，长远来看有确立该制度之必要。本节首先回顾中国的立法实践，进而分析阻碍立法的原因，最后对制度设计提出看法。

一、中国的立法实践

第三国强制规范适用制度长久以来都不构成国际私法立法的重要议题，更未在法律的正式文本中得到确立，但少数立法实践涉及该制度的设置。

（一）《国际货物买卖法律适用公约》修订案

1. 中方对第三国强制规范适用制度的意见以及回应

在修订 1955 年《国际货物买卖法律适用公约》的 1985 年海牙外交会议上，中方代表王振甫[①]认为，74 号工作报告中的第三国强制规范适用条款[②]旨在维护发达国家的利益。如果合同由发达国家当事人签订，而公约意图适用发达国家的法律，则条款可以接受。然而会议讨论的是由发展中国家参与且适用于发展中国家和发达国家之间签订的合同。因为营业地对当事人及合同存在直接重要的利益，公约应关注当事人营业地所属国的强制规范。故中方同意印度代表团提出的公约不应影响当事人营业地所属国强制规范适用的意见。他还认为，此类规范特别表现为各国都存在的货币管制、进出口管理、环境控制等公法规范。合同当事人应尊重并关注双方营业地所属国的强制规范，否则会导致判决或裁决的无意义。[③]

与会的其他代表纷纷对中方的意见发表看法。丹麦代表菲利普认为，中方观点大大限制了第三国强制规范的适用范围，所使用的术语比其意图更加狭隘。瑞士代表沃尔肯不赞同中方关于设置第三国强制规范的目的是维护工业化国家利益的看法，认为该规则不会先验地偏向于任何特定的法律体系，而是有助于促进国际纠纷公正解决的发展。法国代表贝罗多则认为，可以在原稿上增加“尤其买方或卖方拥有营业地国家的法律”的语句以反映中方的意见。[④] 该款最终未反映在 1986 年《国际货物买卖合同法律适用公约》之中。

---

① 时为我国对外经贸合作部条法司官员，担任该届外交大会的中方观察员。参见徐宏：《中国参加海牙国际私法会议二十年回顾》，载《武大国际法评论》，第 8 卷，238 页，武汉，武汉大学出版社，2008。

② 美国等国家参照《罗马公约》第 7 条第 1 款拟定条款，参见第二章第二节的内容。

③ See Antonio Boggiano, “The Contribution of the Hague Conference to the Development of Private International Law in Latin America”, *Recueil des Cours*, Vol. 233 (1992), 148 - 149.

④ 如果另一国与案件有充分密切联系，可以给予该国与前款特征相同的条款以效力，尤其是当事人营业地法。

2. 对中方提案的评价

（1）对第三国强制规范适用的认可

参加 1985 年海牙外交会议是中国最早接触第三国强制规范适用问题。中方的发言虽带有意识形态的烙印，但仍有可取之处。它并非一概排斥第三国强制规范的适用，而是就第三国强制规范的范围有所担忧。如货币管制、进出口管理、环境控制等公法规范当然适用于私人跨国间的商业活动，发达国家和发展中国家都应相互承认此种规范的作用。但无论出于维护规范所属国、当事人的利益还是规范实际对合同以及判决执行的影响的考虑，都应着重考虑当事人营业地国的强制规范。

（2）施加当事人营业地限制的原因

当时中方关注较多的《国际货物销售合同公约》第 1 条第 1 款规定，公约适用于营业地在不同缔约国的当事人之间所订立的货物销售合同。此种基于营业地联系认定销售合同“国际性”的做法一度备受推崇。《国际货物买卖合同法律适用公约》注意协调与《国际货物销售合同公约》的关系，也将当事人营业地作为确立适用范围的标准。如果第三国强制规范和公约适用范围采取同样的联系要求，一旦加入该法律适用公约，则准据法之外的中国国际强制规范在其他缔约国将有很大的适用机会[①]；对中国法院而言，将第三国强制规范限于当事人营业地国的强制规范不仅简易、方便，而且可避免考虑过分的域外立法。[②]

（3）属人和属地因素的重合

属人性连结因素的采用不代表中方排斥履行地之类存在属地性联系的国际强制规范。在当时，采用当事人营业地确立第三国强制规范的适用同样能实现进出口地在中国时中国国际强制规范的适用。一方面，对于双方当事人营业地不在中国而履行涉及中国的案件，如运输过境引发的外贸纠纷，当事人一般不会在中国诉讼或仲裁。即使在中国提起，也很少涉及中方的利益。另一方面，中国企业“走出去”的不多，几乎不存在涉及中方当事人的经贸诉讼不在中国实际履行或预备履行[③]的情况，故属人和属地因素高度重合。

① 看似同样的标准对各国都是公平的，实际不然。其一，中方当事人订立的外贸合同更有可能约定适用外国法，并在国外进行诉讼或仲裁；其二，当时改革开放刚刚起步，带有明显计划经济特征的立法层出不穷。故采用营业地标准更有利于中方当事人营业地国即中国国际强制规范的适用。

② 尤其是美国贸易禁令的适用标准并非传统属地或属人的范畴，而是基于货物或技术的来源、母公司国籍。此种过度管辖难为中国所接受。反垄断等竞争法当时也被中方视为霸权主义的表现。

③ 如采用 CFR 交易条件的外贸合同，在国内港口起运或在第三地如我国香港转运。

（二）《法律适用法》草案

自参与《国际货物买卖合同法律适用公约》的制定之后，该问题在中国立法层面长期沉寂。《法律适用法》确立了中国国际强制规范的适用，只是在立法的最后阶段才被正式提出。第三国强制规范适用条款仅在 2010 年 1 月于北京拟定的中国国际私法学会立法草案稿（简称《北京稿》）中有所反映。[①]《北京稿》第 5 条第 2 款规定，根据本法确定涉外民事关系的法律适用时，可以适用与案件有密切联系的一国法律中的强制规范。[②]

《北京稿》将国际强制规范的性质、目的和适用后果之类考量因素统一规定在第 5 条第 3 款当中，即无论法院地强制规范还是第三国强制规范都应进行如上分析。此种做法构成国际强制规范适用制度较明确的双边化，赋予了法院地国和第三国的国际强制规范在法律适用上的同等地位，有助于防止法院地国强制规范的滥用，也有利于跨国判决结果的一致。然而，出于贸然引入会增加法官理解以及外国法查证困难的担忧，该规定最终没有体现在中国国际私法学会正式提交的《法律适用法建议稿》[③] 中，以后立法的审议也没有继续关注，留下遗憾。[④] 与学者期待相左，《〈法律适用法〉解释（一）》第 10 条仍没有涉及这一问题，从而造成第三国强制规范适用制度尚未在中国确立的局面。

二、阻碍立法的原因

除存在较大的理论争议外，从事涉外民商事审判的法官重视程度不够和目前实践的需求不足都构成阻碍第三国强制规范适用制度确立的重要原因。

（一）重视程度不够

中国法官的整体业务素质仍有待提高，这不仅表现为对国际私法的认知能力较差、理解不足，而且表现为在观念上不重视吸收新鲜知识。以《法律适用法》

① 参见肖永平、龙威狄：《论中国国际私法中的强制规范》，载《中国社会科学》，2012（10），116 页。不同于中国国际私法学会最终形成的《法律适用法建议稿》，《北京稿》为提交全国人大法工委前的文本。

② 《北京稿》第 5 条第 1 款如下：本法的规定不影响中华人民共和国法律的强制性规定的适用。第 3 款规定适用前两款考虑的因素，即适用强制性规则时，应该考虑强制性规则的性质、目的以及后果。

③ 中国国际私法学会《法律适用法建议稿》第 7 条仅指向我国强制性规定，即本法规定不影响中华人民共和国法律的强制性规定的直接适用。

④ 参见沈涓：《法院地法的纵与限》，载《清华法学》，2013（4）。也有人基于当事人无法预见和确定合同准据法的看法反对立法。参见李凤琴：《论合同冲突法中强制规则的适用》，载《海峡法学》，2010（3）。

第4条为例，尽管最高人民法院下达认真学习的通知[①]，但司法实践中出现多起明显误用、滥用中国国际强制规范的案例。

在杨某诉钟某海上人身损害赔偿纠纷案[②]中，广东海事法院将侵权损害赔偿的冲突规范视为《法律适用法》第4条下的强制性规定，而该强制性规定只能是实体法规则。在上海伽姆普实业与Moraglis S. A. 承揽合同纠纷上诉案[③]中，为适用《国际货物销售合同公约》，上海市高级人民法院援引《法律适用法》第4条。国际统一实体公约的适用是承担国际义务的结果[④]，非出于冲突法的考虑，更何况该公约主要条款是任意的，允许当事人排除或修改。甲公司与金某某民间借贷纠纷案[⑤]的争议在于当事人的举证能否证明借贷事实，属于法院地国法支配的程序事项，但法院以"中国法律对境内公民向境外主体借款有强制性规定"为由援引第4条。虽然立法本身不够清晰，但也反映出法官对国际私法理论不够重视。如果能略微关注该领域的研究，就不会出现明显误用的情况。

对中国国际强制规范的理解尚且如此，如果设置了第三国强制规范适用制度，适用结果也必然五花八门。

（二）实践需求不足

首先，中国处于社会主义初级阶段，国家对经济生活的监管仍较多，尚不构成十分成熟的市场经济体。同时，受制于整体法制环境和法律服务能力，中国法院很少作为中立裁判地，适用第三国强制规范的机会不多。

其次，实践中极少发生适用第三国强制规范的案件。不仅法院不主动关注，当事人也极少主张。将厦友公司诉现代会社国际货物买卖合同纠纷案[⑥]作为中国审判遭遇第三国强制规范适用的实例[⑦]并不恰当。该案上诉人厦友公司辩称，被上诉人为规避韩国的法律订立讼争合同，达到向其海外分支提供原材料之目的。一审判决将该国际货物买卖合同认定为成立，没有探讨合同是否规避韩国法。实际上上诉人并非希望法院适用作为第三国法的韩国管制法，从而否定已经有效成

① 即《最高人民法院关于认真学习贯彻执行〈中华人民共和国涉外民事关系法律适用法〉的通知》。

② 参见（2011）广海法初字第373号判决书。

③ 参见（2012）沪高民二（商）终字第4号判决书。

④ 参见公约在我国适用的依据有《民法通则》第142条、《〈法律适用法〉解释（一）》第4条。

⑤ 参见（2012）沪一中民四（商）终字第S1262号判决书。

⑥ 参见（1999）经终字第97号判决书。

⑦ See Yong Gan, "Mandatory Rules in Private International Law in the People's Republic of China", *Yb. Priv. Int. L.*, Vol. 14 (2012—2013), 319.

立的合同效力，而意在表明当事人根本不具有订立国际货物买卖合同的真实意图，即合同因存在意思表示瑕疵而不成立。

最后，实践需求的不足也与国家政策立场有关。中国正处在韬光养晦的发展阶段，同世界各国发展普遍的友好关系，以创造和平的外部环境；同时坚定奉行主权平等和不干涉内政原则，倡导通过对话合作解决国际纠纷，极少通过单边经济制裁推进本国外交政策，对外国此类措施的域外效力鲜有关注。与之类似，第三国强制规范往往与国家合同相关，涉及一国的政府行为（*act jure imperii*）。尽管中国已经签署了《联合国国家及其财产管辖豁免公约》，但目前仍坚持国家及其财产的绝对豁免[①]，推崇通过外交途径解决纠纷，难以在司法层面探讨第三国强制规范在法院地国的适用。

三、未来的发展方向

综合我国现在的发展阶段、涉外民事审判的情况以及外交理念，是否确立第三国强制规范适用制度似乎无关紧要。就东亚国际私法格局而言，晚近对国际私法进行全面修订的日本、韩国以及中国澳门、台湾地区都没有对该制度予以规定。然而各国相互承认并适用第三国强制规范能够促进国家间公法领域的合作，有利于国际经济治理。随着深化改革并参与全球治理活动，中国必将在国际政治事务中发挥愈加重要的作用，终究会面临第三国强制规范的直接适用问题。

另外，良好的司法环境和法律服务构成自由贸易区建设规划的前提。随着"一带一路"国家战略的实施以及上海等自由贸易区的纷纷建立，是否适用第三国强制规范关乎中国法院和仲裁机构在国际上的声誉。在适用制度缺失时，目前只能借助公共利益、合同发生履行不能等替代性方法实现第三国强制规范所在法律体系的指引或将其作为事实予以考虑，无法有效实现规范适用的意图。故对该问题的研究须有前瞻性，宜及早着手设计中国的第三国强制规范适用制度。

四、条文的设计方案

第三国强制规范适用制度设计的难点在于如何解释规范背后的实质意图，这

① 《全国人民代表大会常务委员会关于〈中华人民共和国香港特别行政区基本法〉第十三条第一款和第十九条的解释》。

一复杂问题不能通过单一的条文解决。毕竟该制度更多提供的是判断方法，而非作出明确解答的系统规则。单从规范的内容，《罗马公约》和《罗马条例 I》都可为中国第三国强制规范适用制度提供参考。本文不试图推翻现有的立法例，而只就制度设计涉及的框架性问题进行探讨。

（一）存在的领域范围

首先，要确定第三国强制规范适用制度作用的领域。就现有立法例而言，瑞士等多数国家将第三国强制规范适用制度作为法律选择的一般条款而适用于所有的民商事领域；而土耳其明确将该制度限制在合同范畴[①]，德国甚至将法院地强制规范适用制度限于合同。[②]

中国立法没有限制《法律适用法》第 4 条下强制性规定的领域范围。《〈法律适用法〉解释（一）》将之限缩解释为法律、行政法规，在解释和判断冲突法层面的强制性规定时试图与现行实体法协调一致。[③] 目前《合同法》及其司法解释（一）要求能导致合同无效的规定必须来自法律、行政法规，相应排除部门规章及以下层级规范性文件的适用资格。这表明国际强制规范主要存在于合同领域[④]，尤其表现为影响合同效力的公法强制规范。出于查漏补缺的需要，对第三国强制规范适用制度可以不作明确的范围限制，其构成法律适用领域的一般条款。[⑤]

（二）与法院地强制规范适用制度的关系

其次，就与法院地强制规范适用制度的关系而言，是否不加区分而规定相同的适用条件。除个别国际文件外[⑥]，立法多分别规定。就此种情形而言，又多在同一分款加以规定[⑦]，且法院地强制规范适用制度在前。《罗马公约》将第三国强制规范置于法院地强制规范之前的做法只是特例，已经为《罗马条例 I》所

① 参见《土耳其国际私法与国际民事程序法》第 31 条。

② 参见 1986 年《德国民法施行法》第 34 条。

③ 《〈法律适用法〉解释（一）》的第三稿仅使用“法律”一词，后为避免解释的宽窄不一，最终修改。

④ 参见胡康生：《全国人民代表大会法律委员会关于〈中华人民共和国涉外民事关系法律适用法（草案）〉主要问题的汇报》，载《全国人大常委会公报》，2010（7），644 页。

⑤ 《〈法律适用法〉解释（一）》针对《法律适用法》总则部分，将分则部分纳入法律适用具体领域的解释（二）是稳妥的做法，如此可以考虑将第三国强制规范在法院地国的适用限于合同领域。

⑥ 如《代理法律适用公约》第 16 条、《合同与非合同之债法律适用公约（草案）》第 7 条。

⑦ 《土耳其国际私法与国际民事程序法》将第 6 条和第 31 条分开，是因为法院地强制规范适用条款构成法律选择总则的一般制度，而第三国强制规范仅限于合同。《捷克国际私法》第 3 条规定了捷克本国必须适用的法，第 25 条规定了外国必须适用的法，但未作领域限制。

放弃。

本质上第三国和法院地之强制规范的适用标准相似。其一，二者都需要法官通过自由裁量并综合考虑诸多因素后才确定是否适用。其二，都与案件存在密切联系[①]，且作用于私法关系。其区别是第三国强制规范往往不满足法院地国对国际强制规范的判断标准。其三，规范性质和目的以及适用与不适用的后果应构成所有国际强制规范适用考虑的因素。[②] 过分强调二者的不同难以达到国际私法追求的法律交换目的。但考虑到问题的复杂性，单独确立第三国强制规范适用制度也是较稳妥的方式。另外，《北京稿》将是否适用所要考量的条款作为共通的因素，实现适用制度部分要件的统一，值得借鉴。

（三）具体内容的适当权衡

再次，就条文的设计而言，应就如何适用作适当权衡，即需要考虑联系的要求、规范的性质以及适用的后果。联系要求取决于如何设计领域范围以及处理与法院地强制规范适用制度的关系。从立法实践看，如仅限于合同领域，《罗马条例Ⅰ》对履行地的规定在逻辑上可行；一旦将该制度推向所有的民商事领域，采用密切联系的《罗马公约》则更具吸引力。另外，尽管密切联系略显模糊，需要加以类型化，但在条文设计上难以过多解释。履行地联系虽然有不尽如人意之处，但其毕竟构成合同领域最重要的连结因素，与修订《国际货物买卖合同法律适用公约》的提议不存在根本冲突。故可在采用密切联系的同时声明关注履行地国法的要求。

就规范的性质以及适用后果而言，可以仿效《罗马公约》或《罗马条例Ⅰ》那样较为笼统的规定，将自由裁量权交由法官行使。为了实现裁判结果的一致，更宜考虑借鉴《瑞士联邦国际私法》在此基础上加以细化，即对规范的性质、目的作正当性与合理性分析[③]；而就适用或不适用的后果，应明确考虑对有关国家以及当事人所产生的影响[④]，以真正做到当事人利益、国家利益和包括国际礼让在内的国际利益的平衡。

---

① See Gralf-Peter Calliess, ed., *Rome Regulations*, Kluwer Law International, 2011, p. 206.

② 在 Sorensen 案中，荷兰法院从美国法的适用对本地劳动市场产生影响的角度决定荷兰《特别劳动关系法》能否直接适用。Sorensen v. Aramco Overseas Company, Hoge Raad, 23. 10. 1987, NJ, (1988), 842.

③ 参见 2012 年《捷克国际私法》第 25 条、《瑞士联邦国际私法》第 19 条。

④ 参见 2005 年《罗马条例Ⅰ（草案）》第 8 条第 3 款、《罗马尼亚民法典》第 2566 条第 2 款。

（四）条文的内容

最后，参酌《北京稿》第 5 条第 2 款、《罗马公约》第 7 条第 1 款以及《罗马条例 I》第 9 条第 3 款，拟定独立、全面的中国第三国强制规范适用制度如下：可以给予与案情有密切联系的第三国的强制规范以效力（在合同领域特别表现为履行地国的履行要求），只要此类规范根据该国法律必须适用。在决定是否给予此类强制规范以效力时，应考虑它们的性质、目的是否正当以及适用或不适用对有关国家以及当事人所产生的后果。

第二节　第三国强制规范在中国适用的替代方式

在缺乏制度安排时，需要通过实体法和冲突法方法等替代方式考虑第三国强制规范在中国的适用。随着社会主义法律体系的逐步建立、健全，存在利用中国现有的法律框架实现第三国强制规范适用的可能。

一、可行的实体法方法

各国普遍采用作为准据法的实体法考虑第三国强制规范对合同效力以及履行所产生的影响。在中国合同法体系下，通过适当的解释和运用，第三国强制规范能通过基本条款和具体规则发挥作用，对合同效力和履行产生私法效果。

（一）合同效力规则

1.《合同法》第 52 条第 4 项

《合同法》第 52 条第 4 项规定损害社会公共利益的合同无效，这与《德国民法典》第 138 条第 1 款“法律行为违反善良风俗无效”类似。作为大陆法系国家，中国不能像英国那样通过判例确立适用于涉外合同的特殊公共政策的条件，可以仿效德国法院对一般公序良俗条款进行适当解释，将合同违反第三国法纳入作为准据法的中国社会公共利益受损的范围，这成为赋予第三国强制规范以效力的现实路径。

在解释公共利益时，应特别考虑以下方面。首先，应考察该第三国强制规范所追求的目的、宗旨是否与中国公共利益相容。根据德国的实践，与普遍文明国家的利益不一致、服务自私的贸易政策或直接损害德国利益的第三国强制规范不会考虑。[①] 如第三国出于政治目的对中国实施经济制裁，该国禁令当然不能通过中国公共利益的渠道被赋予效力。其次，第三国与案件事实是否存在紧密联系。此种联系要求涉及对第三国强制规范范围合理性的评判，但更主要是为了维护当事人的适用法期待，避免明显不合理的第三国法对个案产生影响。最后，关注当事人缔约时的意图。应特别借鉴英国的学说和判例，在无法证明当事人具有违反第三国强制规范的意图时，仅仅存在触犯外国法的事实不能使合同无效。[②] 如果只有一方有此种意图，相对方不知道也不应知道这种意图的存在，为保护无辜人的正当期待，一般不会认定合同无效。当仅仅涉及审批或登记要求，根据合同负有报批、登记义务的一方故意不履行时，善意方仍可提出违约损害赔偿要求。[③]

总之，通过《合同法》第 52 条第 4 项实现第三国强制规范在中国的适用所要考虑的因素类似第三国强制规范适用制度，需要平衡作为准据法所属国和作为法院地国的中国的公共利益、第三国的利益和当事人缔约自由、正当期待间的关系，在是否赋予规范效力上实现外国和本国利益、公益和私益的统一。

2.《合同法》第 54 条

与共同错误相类似，重大误解也是由于当事人错误地作出不真实的意思表示而导致合同产生效力瑕疵。《合同法》第 54 条第 12 项规定，因重大误解订立合同的当事人一方有权请求法院或者仲裁机构变更或撤销。虽然重大误解与共同错误在对象、后果上不完全等同，但可以作为因第三国强制规范的缘故撤销合同的依据。

首先，一般认为引起当事人误解的是对合同事实的认识，但不妨碍将第三国强制规范看作重大误解的对象。无论采用事实说还是法律说，外国法毕竟不同于本国法，不能要求法官像对待本国法那样一概采取司法认知，也不能要求当事人必须知悉外国法。对于需要证明的第三国法，当事人在缔约时极有可能发生误解。其次，只有双方误解才构成撤销合同的理由。如果一方对第三国强制规范发生误解，除非对方有意误导或明知，否则为保护当事人的合法利益，不允许误解的一方撤销或变更合同。再次，是否发生误解也与约定有关。如果当事人对作为

① See Kerstin Ann-Susann Schäfer, *Application of Mandatory Rules in the Private International Law of Contracts*, Peter Lang, 2010, pp. 197 - 198.

② See Lawrence Collins, et al., eds., *Dicey, Morris & Collins on the Conflict of Laws*, 14th ed., Sweet & Maxwell, 2006, p. 1631.

③ 从《合同法》第 44 条第 2 款、《〈合同法〉解释（一）》第 9 条、《〈合同法〉解释（二）》第 8 条以及《最高人民法院关于审理外商投资企业纠纷案件若干问题的规定（一）》第 1 条不难看出，立法对未依照法律、法规审批的合同效力的态度发生转变，但尚未影响外汇管制审批要求的实施。

缔约基础的认识作出安排，可视为一方已经同意承担认识错误的风险[①]，除非发生严重不公平的结果，否则应予承认。最后，重大误解要求对缔约事实的错误认识和理解必须重大，这与共同错误的要求相似。如果不足以影响合同实质履行或可采取适当的补救措施，则不能运用重大误解。

（二）合同履行规则

1.《合同法》第94条第1项、第117条

与英国法将不可抗力（Act of God）视为当事人约定的合同条款[②]不同，中国《合同法》第94条第1项及第117条规定了不可抗力制度，将此种客观情况的发生作为当事人履行不能或迟延履行的法定免责理由。不可抗力须满足3个条件：（1）当事人在订立合同时无法预见；（2）不能避免；（3）所发生的后果无法避免或克服。从类型看，常见的情形包括水灾、地震、海啸、泥石流等自然灾害以及战争、暴乱、大规模有组织罢工、政府禁令等社会状态。因一国行使立法、行政、司法等职能而导致债务的不履行及损害的发生或扩大[③]，如外国政府禁令的实施，构成不可抗力发生的重要情形。

首先，第三国强制规范必须是事实或法律上的履行地国以及其他履行必然涉及的地域，如货物所在地国。对于后者，无论特定物还是种类物，如果源自当事人共同期待的来源地国，应予以考虑。反之，仅仅因当事人的住所地或营业地国的强制规范禁止合同域外履行[④]，并不必然发生履行不能障碍。[⑤] 就域外实施的贸易禁止而言，一国可通过规定法律责任的方式迫使当事人遵守。但法院地国不愿意将外国制裁的风险视为不可抗力[⑥]，因为通常不能证明制裁真正施加于被要求履行合同的一方。[⑦] 合同订立后[⑧]，因必然涉及外国强制规范的实施而造成的

① 《欧洲合同法原则》第4.103条第2款规定，当出现下列情况时，当事人不得以事实或法律错误为由撤销合同：1. 具体情势中的错误不可原谅；2. 错误风险已被该方承担，或按具体情势应由其承担。

② 如Czarnikow案的被告即因为合同存在此种条款而免责。

③ 参见韩世远：《履行障碍法的体系》，39页，北京，法律出版社，2006。

④ Kleinwort Sons & Co. v. Ungarische Baumwolle Industrie，[1939] 2 KB 678 (CA).

⑤ 如约定一方可在数个履行地中选择，则某一备选履行地颁布的禁令不足以免除不履行责任。

⑥ 这同样不被视为发生情势变更的履行艰难情形。See Jürgen Basedow，"Private Law Effects of Foreign Export Controls"，*Ger. Y. B. I. L.*，Vol. 17（1984），133.

⑦ See H. van Houtte，"Impact of Trade Prohibitions on Transnational Contracts"，*Int'l Bus. L. J.*，No. 2（1988），142.

⑧ 在ICC审理的案件中，挪威买方以本国外汇管理当局不允许履约为由拒绝支付。仲裁庭认为该外汇管制在合同订立前已经存在，当事人缔约时可以预见，不符合不可抗力的条件。See ICC Case No. 2216，1974.

履行障碍，自然在缔约时不能合理预见，且此类情势表现为该国领域内直接行使经济管制职能的公权行为，当事人无法避免，更无法克服，故符合不可抗力的要求。

其次，《合同法》规定的不可抗力构成解除合同及免责的法定事由，作为强制规定当事人不得概括放弃。如果合同在订立后因第三国强制规范的实施发生履行不能，则不论是否约定不可抗力条款，都不影响当事人援引作为准据法的中国不可抗力制度。然如果当事人就第三国强制规范发生的履约风险进行划分，则就风险负担问题而言，强制规范虽然事实上禁止履行行为的发生，但不影响负担履约风险的一方承担损害赔偿责任；就风险转移问题而言，通常在以交货为标志的风险转移之后出现的第三国强制规范无关紧要，由此造成的损失只能由买方承担。

另外，不可抗力免责必须发生在合同订立后、履行期届满前。迟延履行本身构成违约。主张不可抗力的一方不仅负有及时通知的义务，还应当在合理时间内证明不可抗力的发生，否则无法实现免责的效果。① 此类要求准用于因第三国强制规范出现的不可抗力。

2.《〈合同法〉解释（二）》第16条

原《经济合同法》第27条第1款第4项曾将“一方当事人虽无过失但无法防止的外因，致使经济合同无法履行”作为与不可抗力并列的变更或解除的情形。该条款被视为情势变更原则在中国法的表现，但存在争议。为防止过分依赖该制度破坏合同机制，《合同法》未予采纳。② 为应对美国“次贷危机”带来的复杂经济形势，《〈合同法〉解释（二）》第16条确立情势变更制度。出于维护正常市场交易秩序的考虑，该条在中国的运用受到严格限制。《最高人民法院关于当前形势下审理民商事合同纠纷案件若干问题的指导意见》第1条强调合理区分情势变更与商业风险，在调整尺度上遵循侧重保护守约方的原则。

就第三国强制规范在法院地国的适用而言，当出现类似德国啤酒案的案件时，涉及装运合同而非履行必然违反进口禁令的到货合同，或者那些长期供货合同的当事人面临进口国征收高额反倾销税或反补贴税。如果将合同订立后颁布的第三国法令视为免除一方履约责任的不可抗力不甚公平，而继续履行合同又违背

① 参见《合同法》第118条。如ICC认可了罗马尼亚当事人主张的因本国当局取消出口许可证的缘故而未交付构成不可抗力，但以没有及时通知为由判决承担其违约责任。ICC Case No. 2478，1974.

② 参见韩世远、下森定：《履行障碍法研究》，29页，北京，法律出版社，2006。

当事人缔约的预期，则在准据法为中国法时，可以考虑援引情势变更制度调整当事人的权利和义务，合理分担因情势变化产生的损失。

二、可行的冲突法方法

选法善意等对当事人选法自由的限制、定性和分割的巧妙运用、最密切联系的例外、特别私法冲突规范以及反致等冲突法上的制度构成第三国强制规范适用的冲突法方法。具体到中国，除反致不存在利用的可能外，其他冲突法方法的作用都有待分析。

（一）当事人选法自由的限制

1. 选法范围的限制

关于选法范围，中国的国际私法赋予广泛的选法自由①，从未对当事人选择合同准据法的范围作联系或合理性上的全面限制。② 与《罗马公约》和《罗马条例I》不同，当事人只能就涉外③合同选择准据法。本质上仅与某一外国联系却选择在中国诉讼的案件虽构成涉外案件，但因为中国法不存在类似于《罗马条例I》第3条第3款的规定，无法实现该国强制规范的适用，故不存在替代第三国强制规范适用制度的可能。

2. 选法意图的限制

《最高人民法院关于贯彻执行〈中华人民共和国民法通则〉若干问题的意见（试行）》第194条、《最高人民法院关于审理涉外民事或商事合同纠纷案件有关法律适用若干问题的规定》第6条对法律规避作了规定。虽然实践中法律规避制度主要适用于涉外合同案件，但仅限于中国法，不能作为第三国强制规范适用的依据。基于法院援引法律规避制度服务于中国国际强制规范的适用，确立强制性规定直接适用的《法律适用法》干脆予以取消。④ 《〈法律适用法〉解释（一）》

① 不加以联系要求的原因是遵循市场经济的规律。参见万鄂湘：《〈中华人民共和国涉外民事关系法律适用法〉条文理解与适用》，297页，北京，中国法制出版社，2011。

② 参见《民法通则》第145条第1款、《合同法》第126条第1款以及《法律适用法》第41条。

③ 涉外因素传统上从法律关系的主体、客体和内容中寻找，而晚近则认为一切与外国、外国法有实质联系的因素都构成。参见肖永平：《国际私法原理》，3页，北京，法律出版社，2007。

④ 参见郭玉军：《中国国际私法的立法反思及其完善》，载《清华法学》，2011（5）；Jieying Liang, "Statutory Restrictions on Party Autonomy in China's Private International Law of Contract", *J. Priv. Int'l L.*, Vol. 8, No. 1 (2012), 110。

第 11 条恢复了这一制度，但它不仅没有将规避的对象扩展到外国法层面，反而要求制造连结点规避中国法的行为由一方所为，故将其排除于合同的法律适用，无法作为第三国强制规范在合同领域适用的依据。

3. 冲突法上的公共政策

与通行的国际私法实践保持一致，中国的公共秩序保留构成排除本应作为准据法的外国法的手段，不能成为第三国强制规范适用的依据。虽然美国《第二次冲突法重述》第 187 条第 2 款 b 项独具匠心，但中国不宜仿效普遍采用利益分析学说的做法。当然，该款的运用应为在美从事经营活动的中国当事人所关注。

（二）定性和分割的巧妙运用

1. 能力问题

《法律适用法》第 14 条原则上将法人的能力交由属人法决定，未如同自然人的行为能力那样关注交易地秩序的维护。由此，因参与跨国交易的外国法人缔约能力欠缺对合同的影响存在由登记地或主营业地法支配的可能，无直接适用的必要。如中国公司法人对外担保资质这一担保能力问题由属人法支配，并非合同准据法的范畴。即使当事人选择域外法，中国关于对外担保缔约能力的规定仍可以根据冲突规范的援引适用。1997 年《外汇管理条例》第 24 条规定，提供对外担保，只能由符合国家规定条件的金融机构和企业办理，并须经外汇管理机关批准。[①] 由此，无外汇收入来源、无对外担保经营范围的非金融企业法人不具备对外担保的资格。[②] 此种对企业法人从事特殊商业活动能力的限制是主体资格上的要求。

此外，国家机关不得作为担保人。[③] 该属人法上的能力限制在许多案件中被归入准据法的范畴。如在中国银行（香港）诉湛江第二轻工公司等担保纠纷案[④]中，法院认为，湛江市政府与中国银行（香港）没有约定适用法，因担保人住所地在内地，依据最密切联系适用内地法。在华比富通银行诉广东省水利厅担保纠纷上诉案[⑤]中，法院以香港法的适用违反内地对国家机关提供担保设置的强制性规定体现的社会公共利益为由，否定当事人合意选择香港法的效力。可以看出，法院没有区分缔约能力与合同权利、义务的适用法，虽然因指向中国法的缘故未改变法

---

① 参见《境内机构对外提供外汇担保管理办法》第 4 条、《担保法》司法解释第 6 条第 4 项。

② 参见中国银行新加坡分行诉麦科特集装箱等借款案，（2001）民四终字第 26 号。

③ 参见《担保法》第 8 条、《境内机构对外担保管理办法》第 4 条第 2 款。

④ 参见（2004）粤高法民四终字第 26 号。

⑤ 参见（2004）粤高法民四终字第 232 号。

律适用的后果，但说理部分存在失误。一旦第三国有类似的限制规定，中国法院极有可能定性为合同准据法支配的事项，使之丧失通过冲突法方法适用的机会。

2. 履行方式

中国法没有为合同履行方式规定特别的冲突规范，履行实质和方式都由合同准据法支配[①]，故无法通过分割考虑履行方式领域的第三国强制规范。对中南美洲国家的特别交货要求，《最高人民法院关于审理无正本提单交付货物案件适用法律若干问题的规定》第 7 条明确其构成不承担凭单放货义务的合法例外。一般认为在中国法为准据法时，该实体规则方可适用。有人将该规定视为干预性规则的直接适用。[②] 即便如此，也是借助法院地强制规范适用制度实现第三国法的适用，不构成单独支配履行方式的冲突规范。更何况立法可能从履行地国的公权力强制对履约的影响这一实体法角度考虑[③]，而非出于法律选择之目的。

3. 可交易性

关于可交易性，《最高人民法院关于适用〈涉外经济合同法〉若干问题的解答》认为，只有在当事人没有选择法律时，才推定不动产租赁、买卖或者抵押的合同适用不动产所在地的法律。[④] 即使是不动产交易合同，也要适用当事人选择的法律。如果不动产位于外国，该国法律禁止此种交易，且合同根据当事人选择的另一国法有效，则中国法院也将面临是否考虑该第三国强制规范的问题。除从实体法的角度认定合同发生自始履行不能[⑤]外，可以将标的物的可交易性视为物权问题，从而由物之所在地法支配，即根据不同的争议点分割适用法律。

---

① 《最高人民法院关于审理涉外民事或商事合同纠纷案件有关法律适用若干问题的规定》第 2 条规定，准据法支配的合同争议包括合同订立、效力、履行、变更和转让、终止以及违约等争议，涵盖广泛的合同问题。

② 参见秦瑞亭:《国际私法案例精析》，325 页，天津，南开大学出版社，2011。构成直接适用的法还是准据法，有待澄清。参见达飞公司与被上诉人鑫鸿公司等无单放货纠纷案［（2011）浙海终字第 70 号］。

③ 此自始存在的履行障碍不构成不可抗力，也难认定当事人有意违反履行地国法，或认为其具有遵循履行地国履行要求的默示意图。See Okezie Chukwumerije, "Mandatory Rules of Law in International Commercial Arbitration", *Afr. J. Int'l & Comp. L.*, Vol. 5, No. 3 (1993), 570.

④ 另见《最高人民法院关于审理涉外民事或商事合同纠纷案件有关法律适用若干问题的规定》第 5 条第 2 款第 4 项。

⑤ 一般认为自始不能仅包含事实不能。法律不能构成违法，合同违反法律发生无效的后果。See Christoph Brunner, *Force Majeure and Hardship under General Contract Principles*, Kluwer Law International, 2009, p. 243. 外国法无法构成本国法律禁止，能否运用实体法方法令人怀疑。《国际商事合同通则》第 3. 1. 3 条评述认为，如自始履行不能是由于法律禁止造成的，则合同效力取决于实施禁止的法律是意图使合同无效还是禁止履行行为的发生，仍将交由合同违法的规定处理。

就动产而言，实践中突出的是外资股权转让审批要求的适用。它虽然不构成交易的绝对禁止，但与交易顺利履行密切相关。传统上，未经审批的股权转让合同无效。[①] 这延续到冲突法层面，如约定适用域外法的合同未办理审批义务，法院会以违反公共利益为由否定域外法的适用。基于维护审批部门公权力的目的，《最高人民法院关于审理涉外民事或商事合同纠纷案件有关法律适用若干问题的规定》第8条第4款要求此类合同必须适用中国法。可以考虑将第三国的类似规定定性为物权问题，即股权转让应考虑公司登记地国的强制要求。

《最高人民法院关于审理外商投资企业纠纷案件若干问题的规定（一）》改变原来的态度：依法律、法规须经审批机关批准才生效的外商投资合同未经批准的，应认定未生效，不影响报批义务条款的效力。结合转让方在股权转让合同成立后不履行报批义务的情形，受让方可请求解除合同并主张返还财产和损害赔偿，此时转让方须承担违约责任。此种实体法的态度投射到冲突法，使得定性对法律适用结果的影响不大，未审批发生的私法效果由中国法检验的准据法决定。即使第三国审批要求认定未审批的合同无效，为维护合同效力，中国法也只考虑此种规定对合同实际履行的影响，不会否定违约损害赔偿的发生。

4. 合同形式

现行法对合同形式不作要求外。[②] 合同书面形式多集中在不动产交易领域[③]，构成国际强制规范的情形不多。在冲突法上，中国法并没有对合同形式进行分割并单独制定冲突规范，可视为由合同准据法支配。不动产物权合同领域的形式要求可借助于不动产物权关系的分类予以适用。

除一般书面要求外，现行法对合同订立登记主要集中在涉外领域，如对自由进出口技术的合同实行登记制。此类合同成立时生效，不以登记为生效要求。只要经营人提供法律规定的材料，主管部门就应登记，不审查实质内容；不构成国际私法上的国际强制规范，对法律适用不发生影响。[④] 至于第三国登记要求，也很难通过分割适用。毕竟就中国而言，合同形式的法律适用被认为由准据法支配。与之相近的有合同审批。审批规定作为国家控制合同缔结的手段，不报批或未获得批准可能会发生合同无效或不成立的后果。无论这是否能获得域外承认，

---

① 参见澳门恒和物业与香港华闽股权转让纠纷案，（2003）民四终字第19号。

② 根据《合同法》第10条，除法律、法规另有规定外，当事人订立合同，有书面形式、口头形式和其他形式。我国对《国际货物销售合同公约》第11条提出的保留已经于近期声明撤回。

③ 如《城市房地产管理法》第15条、第41条及第50条，《物权法》第133条、第144条。

④ 如果不登记，经营人无法办理外汇、银行、税务、海关手续，合同产生履行障碍。

都宜视为合同的实质效力问题。

（三）最密切联系的例外

就中国而言，在当事人没有选法时主要采用特征性履行方的住所地或经常居所地作为与合同有最密切联系的推定。然从实践运用看，通过最密切联系选择合同准据法几乎无一例外地指向中国法，无视特征性履行理论。[①] 即使通过特征性履行指向外国法，也通过例外条款转而适用中国法。[②] 当前《法律适用法》第 41 条存在不明之处，会加剧这一问题。此种法院地主义倾向使得第三国强制规范不可能通过此种冲突法方法得到适用。

（四）特别私法的冲突规范

以往中国国际私法未就特别私法专门设置冲突规范。理论和实践多认为中国劳动法中的强制规范能够属地适用[③]，对外国类似法律则付之阙如。《法律适用法》为消费者和劳动合同专门设置冲突规范，指向与弱者一方存在密切联系的法域，不允许合意选择。此种针对特别私法制定的冲突规范，不仅能实现中国保护性强制规范的适用，还使得第三国强制规范具有适用法资格，发挥第三国强制规范适用制度的功能。

这与《罗马条例 I》不同。《罗马条例 I》引言 34 表示个人雇佣合同的法律选择规则不应损害 1996 年《欧盟议会和理事会第 96/71/EC 号指令》规定的派遣目的地国的超越型强制条款的适用。[④] 根据该指令第 3 条，最长工作和最短休息时间、最短带薪年假、最低工资、雇工条件、健康和安全条件，保护孕妇、产妇、儿童和年轻人，以及包括男女平等在内的劳动非歧视措施构成劳动派遣领域的国际强制规范。虽然该指令乃是为便利欧盟内人员自由流动施加的公法要求，同样会对跨境雇佣合同的法律适用产生作用，从而补充《罗马条例 I》第 8 条。欧盟成员国有义务完善冲突法以保证劳动派遣者获得工作地的劳动基准保护。考虑到中国作为劳务输出国的现状，《法律适用法》第 43 条已经规定了劳动派遣的法律适用，适当解释能发生相似的效果。

---

① 2001 年以来国际私法的实践述评，参见历年来的《中国国际私法与比较法年刊》。

② 如 American Eel Depot Corp. 与慈溪佳康进出口买卖合同上诉案，（2009）闽民终字第 792 号。

③ 《劳动法》第 2 条规定，在我国境内的企业、个体经济组织和与之形成劳动关系的劳动者适用本法。很长一段时间里，这被认为适用于我国境内的所有劳动关系，无须冲突规范的指引。

④ 该超越型强制性条款宜作为欧盟法中的特别冲突规范经由《罗马条例 I》第 23 条而适用。相反看法，see Jan-Jaap Kuipers，*EU Law and Private International Law*，Martinus Nijhoff Publishers，2011，p. 237。

结束语

行文至此，要阐述的观点都已经加以论证。在此简要提炼论文的主要观点以及写作的感慨体会，为论文画上完整的句号。

一、第三国强制规范在法院地国适用问题的复杂性

在合同领域，国内民法对公、私法关系的研究正如火如荼地开展，实体法层面的利益分析成为常态。然而这在国际私法学界并没有引起太多关注，国际私法学界大有置身事外之态。言国际强制规范的适用，多奉行拿来主义，从比较法的角度介绍，未深入探求该问题发生的根源，直接适用第三国强制规范更不啻遥远的传说。经济管制立法的大量出现以及人们对适用效果认识的改变必然作用于涉外合同的法律适用，第三国强制规范构成其中最复杂的情形。

此类规范在法院地国的适用处于极其弱势的地位。与法院地强制规范不同，它不能通过公共秩序保留、定性为程序等冲突法途径实现选法结果的矫正；与准据法所属国强制规范不同，它不能基于准据法一并指引实现自身的适用。尽管如

此，如果对第三国强制规范一概不予认可，则实为新的法院地主义，不仅不利于国家间的合作与案件的公正审理，还会导致挑选法院的发生；然不加以合理限制，同样会损害当事人的法律适用预期、提高缔约成本，最终阻碍国际商事交易的开展。

二、第三国强制规范在法院地国适用方式的优劣

以《罗马公约》和《罗马条例 I》为代表的立法表明在合同领域适用第三国强制规范逐渐达成共识。首先，作为一般方式，第三国强制规范适用制度极其抽象，涉及公、私法接轨的宏大命题。从性质上看，与贯穿公、私法渠道的转介条款类似，该制度是技术性规范，不能单独作为裁判依据。其不仅要打通第三国强制规范进入由准据法和法院地国法组成的适用法体系的路径，还要解决公法性强制规范如何作用于涉外合同的效力。两项任务二位一体，不容分割。从内容上看，一切管制法发挥的私法效果都应服务于市场经济长远、健康发展，满足个案公正的需要。在维护至关重要公益的同时，符合市场参与者的正当期待。由此，该制度应是提供适用判断的方法，而非明确解答的系统规则。故应赋予法官充分的自由裁量，进而要求法官具有较高的冲突法素养、丰富的比较法知识以及宽广的国际视野。

其次，适用的替代方式种类繁多，但不能很好实现第三国强制规范适用制度的功能。就实体法方法而言，合同订立后颁布的法令可构成顺利履行的障碍，根据合同落空、不可抗力以及情势变更发生私法效果。即便如此，仍不丧失规范属性，需考虑作用的对象范围、持续时间、有无溯及力或例外规定。废止金约款的法令虽不会导致合同履行构成非法，但意图使此类条款无效，而不仅仅是产生履行障碍；对于合同订立时已颁布的法令，无论禁止特别类型的合同，使之一开始即面临违法无效的境地，还是违法在履行阶段出现，诸如违反履约所需要的法定条件或步骤，都不能与事实等量齐观。以违反公共政策或公序良俗为由评判合同的效力构成循环论证。一旦准据法并非法院地国法，将第三国强制规范纳入外国准据法下的公序良俗当中，往往曲解法律的本意。冲突法方法更是大杂烩的集合，其意义在于，如果没有第三国强制规范适用制度，此类迂回方式成为构成适用第三国强制规范的唯一可能。具体而言，合同自体法的例外并非全部服务于第三国强制规范的适用，但通过适当解释大多能够实现该强制规范所在法律体系的指引。除采取利益分析说的美国《第二次冲突法重述》外，冲突法方法的作用十

分有限。

综上，第三国强制规范适用制度是冲突法和实体法的结合体，构成结果定向的选法模式，即根据法律适用的效果决定法律选择的过程。实体法方法试图在准据法层面解决第三国强制规范在法院地国的适用问题，超出了准据法功能的预期；基于融入第三国强制规范的适用考量，冲突法方法修正双边选法规范，但大多意图模糊、效果不佳。追根溯源，冲突法和实体法方法建立在双边选法模式上，不能实现要求单边适用的第三国强制规范的意图，更无法在这一过程中协调规范所属国、法院地国以及当事人的利益，故它们大多构成制度缺失时的权宜之计，不应过分推崇。

三、未来的研究之路

首先，尽管目前要求适用第三国强制规范的案件不多，但学界应转变思路，早做准备，对包含实体法取向的第三国强制规范的直接适用多作研究，为将其纳入中国立法体系打下基础。其次，关于第三国强制规范的具体适用情形，应本着类型化的原则，判断其在国际经贸各领域的大致分布。最后，就中国国际强制规范的域外适用问题，应该加以特别关注，以维护中国当事人在海外的合法权益。

由于第三国强制规范在法院地国的适用研究牵涉的专业领域较广，需要的法律知识较多，加之各国的理论和实践存在差异，本人的理解以及论述不够深入，有待进一步改进。就德文、法文等外文材料的使用，虽仔细斟酌，但因为语言和思维的差异，必有不周之处，请读者批评指正。

主要参考文献

一、中文书籍

1. 杜涛. 国际经济制裁法律问题研究. 北京：法律出版社，2015

2. 霍政欣. 追索海外流失文物的法律问题. 北京：中国政法大学出版社，2013

3. 陈卫佐. 比较国际私法. 北京：法律出版社，2012

4. 刘贵祥. 合同效力研究. 北京：人民法院出版社，2012

5. 万鄂湘.《中华人民共和国涉外民事关系法律适用法》条文理解与适用. 北京：中国法制出版社，2011

6. 杨利雅. 冲突法中的单边主义研究. 北京：人民出版社，2010

7. 耿林. 强制规范与合同效力. 北京：中国民主法制出版社，2009

8. 许庆坤. 美国冲突法理论嬗变的法理. 北京：商务印书馆，2009

9. 钟瑞栋. 民法中的强制性规范. 北京：法律出版社，2009

10. 肖永平. 法理学视野下的冲突法. 北京：高等教育出版社，2008

11. 张利民. 经济行政法的域外效力. 北京：法律出版社，2008

12. 黄进. 宏观国际法学论. 武汉：武汉大学出版社，2007

13. 张圣翠. 国际商事仲裁强行规则研究. 北京：北京大学出版社，2007

14. 许军珂. 国际私法上的意思自治. 北京：法律出版社，2006

二、中文论文

1. 肖永平，张弛. 论中国《法律适用法》中的强制性规定. 华东政法大学学报，2015（2）

2. 卜璐. 第三国强制性规范在国际私法中的适用. 苏州大学学报，2013（6）

3. 林燕萍.《涉外民事关系法律适用法》第4条及其司法解释之规范目的. 法学，2013（11）

4. 肖永平，董金鑫. 第三国强制规范在中国产生效力的实体法路径. 现代法学，2013（5）

5. 刘仁山."直接适用的法"在我国的适用. 法商研究，2013（3）

6. 王立武. 国际私法强制性规则适用制度的发展趋势. 政法论丛，2012（1）

7. 肖永平，龙威狄. 论中国国际私法中的强制性规范. 中国社会科学，2012（10）

8. 杨利雅. 冲突法视域中的强行法——以《法律适用法》第四条规定为视角. 西南民族大学学报（人文社会科学版），2012（8）

9. 郭玉军. 中国国际私法的立法反思及其完善. 清华法学，2011（5）

10. 黄进. 中国涉外民事关系法律适用法的制定与完善. 政法论坛，2011（3）

11. 杜涛. 美国单边域外经济制裁的国际法效力问题探讨. 湖南社会科学，2010（2）

12. 许庆坤. 论国际合同中当事人意思自治的限度. 清华法学，2008（6）

13. 杨永红. 论契约冲突法的保护性强制规则. 南京政治学院学报，2008（3）

14. 吴光平. 即刻适用法与劳动法的直接适用. 玄奘法律学报，2005（4）

三、外文书籍

1. Mercedeh Azeredo da Silveira. Trade Sanctions and International Sales: An Inquiry into International Arbitration and Commercial Litigation. Kluwer Law International，2014

2. Pippa Rogerson & John Collier. Collier's Conflict of Laws. 4th ed.. Cambridge University Press, 2013

3. Vladimir R. Rossman & Morton Moskin, eds.. Commercial Contracts: Strategies for Drafting and Negotiating. 2nd ed.. Wolters Kluwer, 2013

4. Paul Hauser. Eingriffsnormen in der Rom I-Verordnung. Mohr Siebeck, 2012

5. P. Beaumont & P. McEleavy. Anton's Private International Law. 3rd ed.. Thomson Reuters, 2011

6. Franco Ferrari, et al.. Internationales Vertragsrecht. 2. Auflage. C. H. Beck, 2011

7. George A. Bermann & Loukas Mistelis, eds.. Mandatory Rules in International Arbitration. JurisNet, LLC, 2011

8. Gralf-Peter Calliess, eds.. Rome Regulations: Commentary on the European Rules on the Conflict of Laws. Kluwer Law International, 2011

9. Jan-Jaap Kuipers. EU Law and Private International Law: The Interrelationship in Contractual Obligations. Martinus Nijhoff Publishers, 2011

10. Louise Merrett. Employment Contracts in Private International Law. Oxford University Press, 2011

11. Kerstin Ann-Susann Schäfer. Application of Mandatory Rules in the Private International Law of Contracts. Peter Lang, 2010

12. Richard Fentiman. International Commercial Litigation. Oxford University Press. 2010

13. Christoph Brunner. Force Majeure and Hardship under General Contract Principles-Exemption for Non-Performance in International Arbitration. Kluwer Law International, 2009

14. Franco Ferrari & Stefan Leible, eds.. Rome I Regulation: The Law Applicable to Contractual Obligations in Europe. Sellier European Law Publishers, 2009

15. Richard Plender & Michael Wilderspin. The European Private International Law of Obligation. 3rd ed.. Sweet & Maxwell, 2009

16. Richard Stone. The Modern Law of Contract. 8th ed.. Routledge-Cavendish, 2009

17. Trevor C. Hartley. International Commercial Litigation: Text, Cases and Materials on Private International Law. Cambridge University Press, 2009

18. James J. Fawcett & Janeen M. Carruthers, eds.. Cheshire, North & Fawcett Private International Law. 14th ed.. Oxford University Press, 2008

19. Marie-Christine & Meyzeaud-Garaud. Droit International Privé. 2éd bréal, 2008

20. Mathias Kuckein. Die 'Berücksichtigung' von Eingriffsnormen im deutschen und englischen internationalen Vertragsrecht. Mohr Siebeck, 2008

21. Symeon C. Symeonides. American Private International Law. Kluwer Law International, 2008

22. Carole Murray, et al.. Schmitthoff's Export Trade: The Law and Practice of International Trade. Sweet & Maxwell, 2007

23. Ivana Kunda. Internationally Mandatory Rules of a Third Country in the European Contract Conflict of Laws. Rijeka: Faculty of Law, 2007

24. Lawrence Collins, et al., eds.. Dicey, Morris & Collins on the Conflict of Laws. 14th ed.. Sweet & Maxwell, 2006

25. Seyed Nasrollah Ebrahimi. Mandatory Rules and Other Party Autonomy Limitations. Athena Press, London, 2005

四、外文论文

1. Chukwuma Samuel Adesina Okoli. The Significance of the Doctrine of Accessory Allocationas a Connecting Factor under Article 4 of the Rome I Regulation. J. Priv. Int'l L., 2013, 9 (3)

2. Oliver Remien. Public Law and Public Policy in International Commercial Contracts and the UNIDROIT Principles of International Commercial Contracts 2010. Uniform Law Review, 2013, 18 (2)

3. Dieter Martiny. Beachtung ausländischer kulturgüterrechtlicher Normen im internationalen Schuldvertragsrecht (OGH, S. 553), IPRax, 2012, 32 (6)

4. Felix Maultzsch. Rechtswahl und ius cogens im internationalen Schuldvertragsrecht. RabelZ, 2012, 75 (2)

5. Jieying Liang. Statutory Restrictions on Party Autonomy in China's Private International Law of Contract: How Far Does the 2010 Codification Go? J. Priv. Int'l L., 2012, 8 (1)

6. Jan-Jaap Kuipers & Sara Migliorini. Qu'est-ce que sont les Lois de Police? European Review of Private Law，2011，19（2）

7. Vassiliki Marazopoulou. Overriding Mandatory Provisions of Article. 9 §3 of the Rome I Regulation. RHDI，2011，64（2）

8. Lutz-Christian Wolff. Hong Kong's Conflict of Contract Laws：Quo Vadis? J. Priv. Int'l L.，2010，6（2）

9. Michael Hellner. Third Country Overriding Mandatory Rules in the Rome I Regulation：Old Wine in New Bottles? J. Priv. Int'l L.，2009，5（3）

10. Robert Freitag. Die kollisionsrechtliche Behandlung ausländischer Eingriffsnormen nach Art. 9 Abs. 3 Rom I-VO，IPRax，2009，29（2）

11. Patrick J. Borchers. Categorical Exceptions to Party Autonomy in Private International Law. Tul. L. Rev.，2007—2008，82（5）

12. Andrew Dickinson. Third-Country Mandatory Rules in the Law Applicable to Contractual Obligations：So Long，Farewell，Auf Wiedersehen，Adieu? J. Priv. Int'l L.，2007，3（1）

13. Hans Smit. Mandatory Law in Arbitration. Am. Rev. Int'l Arb.，2007，18（1-2）

14. Ivana Kunda. Defining Internationally Mandatory Rules in European Contract Conflict of Laws. GPR，2007，4（5）

15. Adeline Chong. The Public Policy and Mandatory Rules of Third Countries in International Contract. J. Priv. Int'l L.，2006，2（1）

16. Horatia Muir-Watt & Luca G. Radicati di Brozolo. Party Autonomy and Mandatory Rules in a Global World. Int'l L. F.，2004，6（2）

17. L. Radicati di Brozolo. Mondialisation，Jurisdiction，Arbitrage：Vers des Règles d'application Semi-nécessaires? R. C. D. I. P.，2003，92（1）

18. Tillman Christopher. The Relationship between Party Autonomy and the Mandatory Rules in the Rome Convention. J. Bus. L.，2002，（1）

后　记

总是到了收尾的时候，才发现行文的仓促与不足。第三国强制规范在法院地国的适用看似是比较小的题目，却反映了十分复杂的法律适用问题。这既要有比较高的法理学、民法学素养，又要有扎实的国际法专业功底。坦率地讲，有些内容的研究对我而言还是比较欠缺的。

本书的完成离不开我的恩师肖永平教授的鼓励、细心指导和不厌其烦地修改。对该选题最初的关注源自恩师于 2011 年 7 月 5 日在上海国际法暑期学校所作的《论中国国际私法上的强制性规范》报告，这激发了我对国际强制规范适用研究的兴趣。在写作过程中，恩师在百忙之中多次进行细致的修改。可以说，本书从选题、构思到定稿的各个环节，无不凝聚着恩师的心血和汗水。我对恩师的感激之情无以言表。恩师在学术研究中的踏实作风，为人师表时的诲人不倦、谆谆教导的长者风范，以及豪爽的性格和宽广的心胸，无不令我由衷敬佩，能投在他的门下得到指导和教诲是我一生最大的荣幸！

在此，我还要特别感谢在我求学期间给予帮助的武汉大学国际法研究所以及中南财经政法大学法学院的诸位老师。对于老师们的关怀和教诲，我将永记在心，并用更优异的成绩来回报他们。同时感谢同窗的兄弟姐妹们，是他们陪伴着我一路走来，风雨兼程，充满着关爱，给我的人生留下了值得珍藏的最美好记忆。此外，还要感谢我目前所在的中国石油大学的领导、同事对我的关爱与照顾，使我有机会继续从事第三国强制规范的研究，并能将些许心得与我教授的法学本科生和国际经济法研究生共同分享。最后，借此感谢我白发苍苍的父母，在我求学和工作的过程中，离不开他们的理解和支持。是他们最无私的爱，支持着我一直走到了今天。

人生路漫漫，我将把大家对我的指导和关怀藏在心里，伴我在今后的道路上不断前行！